톰 라이트의 칭의론은 독특하다. 존 파이퍼가 거기에 질문을 던졌고, 라이트는 그에 답했다. 박영돈 교수는 그 답변에 다시 질문을 던진다. 대화는 흥미롭게 이어지고, 우리는 이 대화에 귀를 기울인다. 저자는 라이트의 논의를 세밀하게 따라가며 라이트의 많은 독자가 가졌을 법한 다양한 주석적·신학적 물음들을 능숙하게 찾아낸다. 그리고 신중하면서도 선명하게 그 물음들에 대한 자신의 생각을 제시한다. 특히 저자는 라이트 특유의 방법론적·역사적 '전제들'이 어떻게 실제 그의 성경 읽기를 주도하는지, 그리고 그것이 어떤 문제를 야기할 수 있는지를 잘 보여 준다. 이 대화에서 저자가 보여 주는 조직신학적 시선과 관심사 역시 이 책을 가치 있게 하는 또 하나의 특징이다. 물론, 나 자신이 그렇듯 많은 독자의 반응 역시 단순하지 않을 것이다. 때론 흐뭇한 미소로 고개를 끄덕이다가 때론 고개를 갸우뚱하며 당황스러워할 것이다. 하지만 바로 그것이 깨달음을 향한 여정이 아닌가. 그런 점에서 이 책은 라이트를 좀더 잘 이해하고 싶은 이들에게, 아니 그를 둘러싼 논의를 통해 바울의 복음을 더 선명하게 이해하고 싶은 모든 이에게 큰 배움과 깨달음의 도구가 될 것이다. 쉽지 않았을 과제를 수행해 준 저자에게 감사의 박수를 보낸다.

권연경 숭실대학교 기독교학과 교수

세계 성경신학계의 '슈퍼스타'라고 할 수 있는 톰 라이트의 칭의론을 비판적으로 검토한 책이 나왔다. 톰 라이트의 칭의론은 E. P. 샌더스가 제기한 언약적 율법주의의 관점과 아브라함의 언약이라는 틀에서 바울 서신을 새롭게 읽었다는 점에서 가히 혁명적인데, 『톰 라이트 칭의론 다시 읽기』는 그런 라이트의 학문적 탁월성과 공헌을 기꺼이 인정하면서도 라이트가 간과한 바울의 심층 논리는 물론 그가 잘못 읽은 바울의 본의까지 짚어 냈다. 그 점에서 저자의 예리한 신학적 통찰력과 세심한 본문 읽기가 돋보인다. 이 책은 라이트의 문제점과 약점을 명쾌하게 지적함으로써 그에게 열광하는 이들의 마음을 식혀 주는 한편, 그의 칭의론에 혼란스러워하는 독자들의 마음을 안온하게 해 줄 것이다.

길성남 고려신학대학원 신약학 교수

이 책은 톰 라이트의 신학 전반을 비추는 거울과도 같은 책이다. 샌더스로부터 시작된 '새 관점'의 전망에서 바울의 구원론을 재조명한 라이트가 바울의 구원론과 관련하여 칭의와 성화를 통합적으로 볼 수 있는 성령의 사역을 강조한 점은 매우 고무적이다. 하지만 루터나 칼뱅이 강조한 '전가'(imputation) 교리를 부정하고, 이중 칭의를 강조하는 것은 문제가 있다. 『톰 라이트 칭의론 다시 읽기』는 이와 같은 문제점을 성경 본문에 대한 주석을 통해 신랄하게 지적하고, 그 결과 라이트가 전통적 구원론으로부터 이탈하고 있다는 결론을 도출한다. 목회자들과 신학도들의 일독을 권한다.

최갑종 백석대학교 총장

이런 책이 나오기를 기다리고 또 기다렸다. 마침내 책이 나왔고 저자가 박영돈 교수라서 더욱 기쁘고 행복하다. 조국 교회의 여러 실패로 인해 칭의론 자체에 무슨 결함이 있는 것처럼 생각하는 오늘날, 대학자인 톰 라이트의 칭의에 관한 새 관점은 많은 사람에게 신선하고 매력적인 대안으로 여겨졌으나 종교개혁의 진리를 믿는 이들에게는 적지 않은 위협으로 다가온 것도 사실이다. 이런 상황 한가운데 출판된 『톰 라이트 칭의론 다시 읽기』는 라이트가 쓴 『톰 라이트 칭의를 말하다』를 중심으로 그의 해석학적 문제와 신학적 문제를 최대한 객관적인 입장에서, 그러면서도 전통적 개혁교회의 입장에서 탁월하게 잘 다룬다. 모든 성도가 이 책을 꼭 읽기를, 그래서 종교개혁 5백 주년을 앞두고 있는 조국 교회가 깊고 풍성한 진리의 아름다움을 꽃피우기를 기대한다.

화종부 남서울교회 목사

톰 라이트
칭 의 론
다시 읽기

IVP(InterVarsity Press)는
캠퍼스와 세상 속의 하나님 나라 운동을 지향하는
IVF(InterVarsity Christian Fellowship)의 출판부로
생각하는 그리스도인을 위한 문서 운동을 실천합니다.

톰 라이트
칭 의 론
다시 읽기

바울은 칭의에 대해 정말로 무엇을 말했는가?

박영돈

Ivp

차례

머리말   **9**

1장 라이트의 칭의론 해석의 틀   **15**
    샌더스의 배경: 언약적 율법주의
    던의 배경: 율법의 행위
    라이트의 언약적 신실성

2장 갈라디아서 주해   **53**
    갈라디아서 2:11-16
    갈라디아서 3:10-13
    갈라디아서 4-5장

3장 로마서 주해   **79**
    로마서 1:16-17
    로마서 2장
    로마서 3장
    로마서 4장
    로마서 5-8장
    로마서 9-11장

4장 **주석적 문제**   139

    해석의 전제

    언약적 율법주의

    율법의 행위

    연장된 유배기?

    하나님의 의는 언약적 신실성?

5장 **신학적 문제**   169

    구원의 개인적 차원

    전가 교리

    이중 칭의

    구원의 확신

6장 **바울의 칭의론**   209

    구약의 배경: 하나님의 의와 하나님 나라

    인간의 불의와 하나님의 의 출현

    예수의 죽음과 부활에 기초한 칭의

    칭의의 열매: 성화와 영화

    칭의와 최후의 심판

    두렵고 떨림으로 이루어 가야 할 구원

    칭의와 하나님 나라

맺음말   245

머리말

 2017년은 종교개혁 5백 주년을 맞는 해다. 이를 기념하기 위한 교계와 신학계의 행사 준비가 한창이다. 그러나 오늘날 한국 교회가 종교개혁의 유산을 잘 전수하고 있는지 돌아보는 일이 그 어떤 행사보다 우선되어야 한다. 그중 하나가 종교개혁의 간판 교리라고 할 수 있는 칭의론에 대한 빗발치는 비판과 도전을 올바로 진단하고 적절한 대응책을 강구하는 것이다. 종교개혁 당시 주요 쟁점이었던 칭의론이 5백 년이 지난 오늘날 또다시 논란의 핵심으로 떠오르고 있기 때문이다.

 지금 한국교회는 칭의론과 관련하여 양 방향의 위협 아래 놓여 있다고 해도 과언이 아니다. 종교개혁의 칭의론이 심각하게 왜곡된 상태로 전파되어 윤리적 방종과 나태를 야기하는 값싼 은혜의 복음으로 전락해 버린 문제에 직면한 것이 첫 번째 위협이다. 그리고 그런 혼란을 종교개혁 칭의론 자체의 결함에서 비롯된 것으로 잘못 진단하여 이 칭의론을 배척하는 분위기가 고조되고 있다는 점이 또 다른 위협이다. 이런 상황에서 많은 사람이 세계 신학계에 돌풍을 몰고 온 새 관점 학파의 칭의론을 신선하고 매력적인 대안으로 받아들이고 있다. 특별히 학문적 탁월성에다 대중적 호소력과 필치까지 겸비하여 수많은 독자의 마음을 사로잡은 톰 라이트는 새로운 칭의론을 한국교회에 확산시키는 데 지대한 공헌을 하였다. 그가 출간하는 책마다 국내 출판사들이 앞다투어 번역하여 출간하고 그의 책만 출간하는 전문 출판사가 등장했을 정도다. 라이트는 조국인 영국보다 한국에서 훨씬 두터운 독자층을 확보하고 있는 것 같다.

톰 라이트의 칭의론은 전통적 칭의론에 염증을 느끼거나 그에 대해 잘 모르는 이들에게는 아주 신선하고 창의적으로 다가가는 반면, 기존의 칭의론을 성경적 가르침으로 믿고 따르는 이들에게는 심각한 위협을 안겨 줄 것이다. 개혁교회가 5백 년이라는 세월 동안 바울의 가르침, 특별히 칭의론을 조직적으로 왜곡하여 바울이 전혀 말하지 않은 내용을 가르쳐 왔다고 주장하는 그의 도발적인 견해 때문이다. 그의 주장대로 종교개혁의 간판 교리라고 할 수 있는 칭의론이 성경을 심각하게 왜곡한 것이 사실이라면, 이는 종교개혁의 근간을 송두리째 뒤흔드는 사안이다. 그러니 개혁교회는 그의 도전 앞에서 전통적 가르침을 보수하기 위해 긴장하지 않을 수 없다.

이미 그의 칭의론에 대한 많은 반론이 국내외 신학계에서 등장하였다. 그중 이 책의 특징은 그러한 비판서들 중 하나인 존 파이퍼(John Piper)의 책에 반박하기 위해 라이트가 2009년에 출간한 『칭의』(*Justification*)를 중점적으로 재반박한다는 점이다.[1] 그 책만 본격적으로 비평

---

1 Tom Wright, *Justification: God's Plan and Paul's Vision* (London: SPCK, 2009). 『톰 라이트 칭의를 말하다』(에클레시아북스). 필자는 원서를 직접 번역해서 인용했으며 이

한 책은 아직까지 찾지 못했다. 필자는 그 책의 순서를 따라 내용을 분석하며 주석상의 문제점을 살펴보았다. 라이트가 책의 앞부분에서 제시한 해석의 틀을 비판적으로 점검하고 그것이 실제 갈라디아서와 로마서 주해에 어떻게 작용하는지를 추적했다. 그 책 6장에서 빌립보서, 고린도서, 에베소서에 나타나는 칭의와 관련한 본문을 단편적으로 다룬 내용은 별도의 장을 할애하지 않고 논의가 필요한 부분에서 산발적으로 다루었다. 그리고 라이트의 분명한 주해를 따라가며 그의 해석과 관점이 안고 있는 문제를 분석하였다.

이 책의 또 한 가지 특징은 필자가 조직신학으로 잔뼈가 굵은 교리학자면서도 성경신학자의 책을 평가하고 분석했다는 점이다. 그것도 성경신학자들조차 블랙홀이라고 말하며 논쟁하기를 꺼리는 톰 라이트라는 거장을 건드렸다. 무식하면 용감하다고 하던가. 성경신학에 대해서는 아마추어 수준밖에 안 되는 사람이 겁 없이 덤벼든 셈이다. 그렇기에 장단점이 있을 것이다. 성경신학자의 수준에서 보면 엉성한 면이 많을 수 있다. 그러나 이런 약점이 독자들에게 유익으로 작용할 수도 있다고 스스로 위안해 본다. 비전공자의 아마추어 성경 읽기 수준에서 세계적 신학자의 주해를 판단했기에 신학에 조예가 깊지 못한 교인들의 눈높이와 잘 맞을 것이다. 간혹 세계 최고의 석학들이 평범한 신자가 쉽게 파악할 수 있는 본문의 의미를 놓치는 해프닝이 일어날 수 있다는 점이 참 재미있다. 방대한 학문적 지식과 탁월성을 가진 이들이 평범한 범인보다 더 어리석을 수도 있다는 역설이 잘나고 똑똑한 자들

책에서는 책 제목을 원서 제목을 따라 『칭의』로 적었다. 다만 집필 과정에서 한글 번역본도 참고했음을 밝힌다.

을 부끄럽게 하며 못난 자들을 으쓱하게 하는 기이한 공평의 묘미를 창조한다.

　필자는 조직신학자로서 라이트의 견해를 필자에게 익숙한 교리와 전통의 틀에 집어넣어 간단하게 요리해 버리지 않으려고 나름 애썼다. 그러나 어떤 전제나 선입견이 완전히 배제된 객관적이고 순전한 성경적 주해는 불가능하다. 그렇기에 필자의 비판과 해석에도 미처 의식하지 못한 고정관념이 은밀하게 작용했을 가능성이 있다는 점을 겸허히 인정한다. 오래 습관화되고 훈련된 교리적 사유를 자제하려고 노력했고 교리적 잣대를 들이대 거기에 맞지 않는 부분을 다 잘라내 버리는 식의 비판을 최대한 절제하려고 한 것만은 사실이다.

　이 책의 한계는 하나님 나라 등 다른 주제에서 나타나는 라이트의 학문적 탁월성과 긍정적 기여를 거의 다루지 못했다는 점이다. 그의 신학에서 가장 논란의 여지가 많은 칭의론만 집중적으로 다루었기에 부정적 어조가 강한 점을 부인할 수 없다. 그러나 이 책은 다른 분야에서 라이트가 보여 주는 학문적 공헌이나 탁월성을 무시하거나 부인하기보다는 오히려 그 점을 당연히 전제하고 썼다는 점을 밝힌다.

　원래 필자는 한국교회에서 칭의론과 관련해서 일어나는 모든 혼란과 문제를 종합적으로 다루고 그에 대한 성경적 대안을 제시하는 책을 '다시 전하는 칭의와 성화'라는 제목으로 쓰려고 했다. 그 책에서 라이트의 칭의론도 한 장 정도로 짤막하게 다루려 했던 것이, 연구하다 보니 이렇게 한 권의 책으로 엮일 정도로 길어져 버렸다. 이제 이 책을 탈고했으니 원래 계획한 책과의 씨름으로 복귀해야 할 모양이다.

　이 책이 나오기까지 뒤에서 응원하며 기도해 준 모든 분에게 깊은 감사를 표한다. 글이 막혀서 기도를 부탁할 때마다 번거로운 요청을 마다하지 않고 기도로 돌파구를 열어 준 작은목자들교회 기도팀에 감사한다. 바쁜 중에도 원고를 읽고 미비한 점을 지적해 주신 길성남 교수께, 그리고 재미없는 교정 작업에 자기 일처럼 헌신해 준 최정복, 정우조 강도사에게 고마운 마음을 전한다. 더 좋은 책을 만들기 위해 끈질기게 물고 늘어지며 필자를 피곤하게 하면서도 귀한 자극과 도전을 안겨 주신 IVP 신현기 대표와 이종연 간사 그리고 편집부에 감사한다. 끝으로 방학 내내 방에 처박혀 두문불출하는 남편을 박대하지 않고 끼니를 챙겨 준 아내에게 심심한 감사를 표한다.

라 이 트 의
칭   의   론
해 석 의 틀

1장

라이트는 전통적 바울 해석과 칭의론에 반기를 든 이유를 종교개혁의 근본정신으로 돌아가기 위해서라고 밝힌다. 곧 모든 전통은 성경의 빛 가운데 새롭게 조명되어야 한다는 종교개혁의 원리에 철저히 충실하겠다는 것이다.¹ 그는 '오직 성경'(Sola Scriptura)의 잣대로 항상 개혁되어야 한다는 기치 아래 모든 전통적 교의를 성경에 충실한 주석을 통해 재점검하는 종교개혁의 근본 방법론을 그대로 계승하는 것이 자신의 작업임을 천명한다. 그는 루터나, 특별히 칼뱅 같은 종교개혁자들을 절대 무오한 존재로 취급하지 않는 것이 그들에게 돌릴 수 있는 "최대의 영예"라고 말한다.² 그들을 무오한 존재로 떠받드는 것은 종교개혁자들이 가장 혐오했을 일이며, 그들이 걸어간 개혁의 길을 따르는 것이 진정 그들의 뜻을 받드는 길이라는 것이다. 그런 의미에서 라이트는 자신이 개혁주의 전통의 충실한 후예라고 자처한다.³

이런 건전한 취지하에 라이트는 바울에 대한 새로운 해석을 시도한다. 그의 주장에 따르면, 바울에 대한 전통적 해석은 16세기의 특별한 실존적 문제와 교리적 논쟁을 투사하여 바울을 이해함으로써 전체 틀 속에서 바울이 진정으로 말하려는 바를 거의 놓치거나 심각하게 왜곡시켰다. 그 결과 바울이 전하려 한 메시지를 거의 들을 수 없게 되었다.⁴ 그러나 성경은 16세기가 아닌 1세기의 시각으로 읽어야 하

---

1   Wright, *Justification*, 13.
2   같은 책, 6.
3   N. T. Wright, "New Perspective on Paul", *Justification in Perspective: Historical Development and Contemporary Challenge*, ed. Bruce L. McCormack, 243-264 (Grand Rapids: Baker Academic, 2006), 263.
4   Wright, *Justification*, 20.

며, 성경과 다른 교리의 틀이 아니라 성경 고유의 문맥 속에서 이해해야 한다고 라이트는 주장한다.[5] 그는 신약성경이 기록된 1세기의 배경, 특별히 유대교에 대해 정확히 알수록 성경 고유의 시각과 세계에 접근하기 쉬운데, 현대 성경신학의 발전으로 오늘날 이것이 가능해졌다고 본다.

그래서 라이트는 1세기의 세계관과 성경적 문맥으로 돌아가 바울을 읽을 때 그가 전하는 메시지의 전체 윤곽과 핵심 내용을 가장 정확히 간파하며 명쾌하게 풀어낼 수 있다고 자신한다. 그런 시각으로 바울을 새롭게 읽을 때만이 개혁주의 전통이 그토록 강조하려고 한 메시지가 더 밝히 드러나며, 옛 관점에서 주장하는 내용들이 유실되지 않고 오히려 새로운 틀 안에서 제자리를 찾아 더욱 강화된다고 한다.[6] 참으로 매력적인 제안이다. 그는 빼어난 글솜씨와 탁월한 주해 능력으로 자신의 새로운 관점에 기막힐 정도로 딱 맞아떨어지게 성경을 풀어냄으로써 사람들을 설복시킨다. 그래서 이의를 제기하거나 논박하는 일이 쉽지 않다.

성경을 무리하게 전통적 교리의 틀에 꿰맞추어 해석해서는 안 되고 성경 자체가 무엇을 말하는지 순수하게 읽어 내야 한다는 라이트의 주장은 백번 타당하다. 그는 모든 전통과 해석은 성경에 비추어 재조명되어야 한다는 종교개혁의 원리를 철저하게 따르기 원한다. 그렇다면 전통적 해석을 비판하는 그의 새로운 관점도 아무 편견 없이 성

---

5 같은 책, 21.
6 같은 책, 219. "개혁주의 전통이 최선을 다해 강조하려고 한 어떤 것도 잃지 않았다. 오히려 내 생각에는 그것들이 우주적 비전과 바울의 높은 기독론에서 비롯된 높은 교회론과 그 결과인 만물을 새롭게 하는 높은 선교론에 의해 제자리를 찾고 강화되기까지 한다."

경에만 근거한 것인지 의문을 제기해 보아야 한다. 어떤 주관이나 신학적 전제가 완전히 배제된 성경 해석이란 존재하지 않기 때문이다.

라이트도 그 점을 인정한다. 그 누구도 "백지 상태의 마음"(a blank mind, *tabula rasa*)으로 본문에 접근하지는 않는다.[7] 무언가를 마음에 품고 본문을 읽는다. 라이트에 따르면 모든 해석은 그 무언가에 따라 좌우된다. 그러므로 중립적 해석이란 존재하지 않는다. 우리가 1세기의 고유한 관점과 세계관을 가지고 텍스트를 해석하지 않으면 그 공백을 다양한 전통과 교리의 틀이 메우게 된다. 결국 그것들이 성경 해석을 은밀하게 주관한다. 그러므로 이런 모든 전통은 점검되어야 한다는 것이다.

그렇다면 라이트의 관점도 이 테스트에서 면제될 수 없다. 라이트의 주장을 주관하는 틀도 과연 성경적 범주인지 확인해 봐야 하는 것이다. 전통적 교의의 틀에 맞추어 성경을 해석하는 것은 티가 확 나지만, 아무런 신학적 전제 없이 성경 자체만을 순수하게 해석하는 것 같을 때 그것을 은밀하게 주관하는 틀은 좀처럼 드러나지 않는다. 그래서 라이트같이 성경 주해 능력이 뛰어난 성경신학자일수록 그런 해석 틀이 어떻게 작용하는지 간파하기가 어렵다.

라이트의 경우 그의 전반적인 주석 작업을 조정하는 전제가 무엇인지 확연히 드러난다. 그가 직접 그의 책 『칭의』 앞부분에서 어떤 관점에서 칭의를 이해해야 하는지 밝히기 때문이다.[8] 그는 전통적 칭의론의 문제점을 지적하고 바울의 칭의론을 올바르게 파악할 수 있는 해석

---

7 같은 책, 33.
8 같은 책, 3-87.

의 틀이 무엇인지를 논하면서 옛 관점을 주관하는 전제와 비교되는 새 관점의 기본 입장이 무엇인지 솔직하게 드러낸다. 그것은 새 관점의 대부라고 할 수 있는 샌더스(E. P. Sanders)에게서 전수받은 언약적 율법주의라는 사상 그리고 새 관점을 꽃피운 제임스 던(James Dunn)이 발전시킨 율법의 행위에 대한 견해, 마지막으로 하나님의 의에 대한 자신의 새로운 개념이다. 따라서 필자는 이러한 해석 틀이 그의 성경 주해를 구체적으로 어떻게 주관하고 있는지 살펴보고, 그것이 과연 성경적인지 점검하려고 한다. 그렇게 하는 것이 그의 주장대로 과연 그의 새 관점이 종교개혁의 원리(*sola scriptura*)에 충실한지를 확인하는 방법이다.

샌더스의 배경: 언약적 율법주의

라이트는 자신이 샌더스와 제임스 던을 따르는 새 관점 학파로 규정되기를 원치 않는다. 그는 옛 관점뿐 아니라 새 관점까지도 뛰어넘어 바울을 역사적·주해적·신학적·목회적으로 좀더 정당하게 다룰 수 있는 다른 관점이 필요하다고 말한다.[9] 그는 새 관점 학파의 주요 학자들과 자신을 차별화하면서도 그들의 신학적 공헌에서 자신이 독립적일 수 없다는 점을 시인한다. 라이트는 동료들이 바울 이해에 특별하게 기여했다고 판단되는 부분을 도입하여 그 위에 자신의 견해를 세워 간다. 라이트는 샌더스의 주장에 모두 동의하지는 않지만 샌더스의 기본 입장만큼은 바울과 유대교에 대한 전통적 이해를 획기적으로 뒤집는 혁

---

9 같은 책, 13.

신적인 견해라며 열렬하게 호응한다.[10] 또한 샌더스의 업적을 바울 해석의 주류를 이루었던 개신교의 입장을 전복시키는 "샌더스 혁명"이라고 표현하는 데 동의한다.

샌더스는 그의 책 『바울과 팔레스타인 유대교』(*Paul and Palestinian Judaism*)[11]에서 제2성전 시대(주전 536년-주후 70년)의 초기 랍비 문헌, 사해 사본, 지혜 문서, 가경들에 대한 폭넓은 연구를 통해 유대교에 대한 아주 색다른 이해를 제시하였다. 곧 예수님과 바울 시대의 유대교는 전통적으로 이해해 온 것처럼 율법을 지킴으로써 의롭다 함을 얻는다고 가르치는 율법주의(legalism) 종교가 아니었다는 것이다.[12] 그의 주장에 따르면, 1세기 팔레스타인 유대교에는 그런 율법주의가 존재하지 않았다. 오히려 유대교는 하나님의 선택과 언약에 근거한 은혜의 종교였다. 유대인들이 율법을 지킨 것은 의롭다 함을 얻기 위한 수단이 아니라 은혜에 대한 감사의 반응이었다. 언약 관계 속으로 들어가기 위한 수단(getting in)이 아니라 언약 안에 머물기 위한 수단(staying in)이었다는 것이다. 그러므로 당시 유대교는 율법주의가 아니라 언약적 율법주의(covenantal nomism) 또는 언약적 신율주의로 보아야 한다는 것이 샌더스의 주장이다.[13]

유대교가 율법주의가 아니라면 바울은 왜 율법의 행위를 통해 하나

---

10 N. T. Wright, *What Saint Paul Really Said?* (Grand Rapids: Eerdmans, 1997), 18-20. 『톰 라이트 바울의 복음을 말하다』(에클레시아북스).

11 E. P. Sanders, *Paul and Palestinian Judaism: A Comparison of Patterns of Religion* (London: SCM, 1977).

12 같은 책, 33 이하.

13 같은 책, 422. 여기서 언약적 율법주의에 대한 정의를 발견할 수 있다.

1. 라이트의 칭의론 해석의 틀

님의 호의를 얻으려는 이들에 대해 신랄한 비판을 했다는 말인가? 샌더스에 따르면, 그것은 누구도 율법의 요구를 지킬 수 없다는 이유 때문이 아니었다.[14] 바울은 율법이 요구하는 바를 지킬 수 없는 자신의 전적인 무능 때문에 절망하다가 그리스도의 의로움 안에서 유일한 위로를 발견한 1세기의 루터가 아니었다. 그렇기 때문에 샌더스는 바울에게서 루터의 영적 고뇌를 읽어 내고 중세 로마 가톨릭을 유대 율법주의의 새로운 버전으로 이해하는 통상적 바울 읽기는 심각한 오류라고 본다.

샌더스가 생각할 때 바울은 율법을 지킬 수 없는 인간의 무능력 때문에 율법의 행위가 무의미하다거나 저주를 불러온다고 보지 않았다. 바울이 율법의 행위를 반대한 이유는 율법이 구원의 수단으로 제시되기 때문이었다. 그렇게 되면 오직 그리스도를 믿음으로써 오는 구원의 복음이 부인되기 때문이다.[15] 샌더스는 "오직 그리스도 안의 하나님의 행위만이 구원을 제공하며, 그렇기에 다른 모든 것을 실제로 무익한 것처럼 만들어 버린다는 논리가 율법에 대한 바울의 견해를 지배하고 있는 것 같다"고 한다.[16]

샌더스는 바울이 율법의 의를 반박한 또 다른 이유는 율법의 행위를 구원의 방편으로 제시하는 것이 이방인을 제외시키는 결과를 초래하기 때문이라고 보았다. 그래서 바울이 반대한 것은 유대교의 율법주

---

14 E. P. Sanders, *Paul, the Law, and the Jewish People* (Minneapolis: Fortress, 1983), 33 이하. 『바울, 율법, 유대인』(크리스챤다이제스트). 샌더스는 이 책에서 바울이 율법의 의를 배격한 이유를 논한다.
15 같은 책, 137 이하.
16 Sanders, *Paul and Palestinian Judaism*, 485.

의가 아니라 배타주의였다는 것이다. 그는 언약 백성으로 받아들여지기 위해 오직 예수 그리스도에 대한 믿음 외에 유대적인 규례를 이방인들에게 요구하는 것을 바울이 비판했다고 본다. 즉 이방인이 유대인처럼 되어야 한다는 요구가 잘못이었다는 것이다. 결국 샌더스는 유대교의 문제는 "기독교가 아니라는 점"이라고 결론짓는다.[17]

샌더스에 따르면, 칭의는 바울 복음의 핵심이 아니라 부수적 가르침일 뿐이다. 칭의는 언약 백성의 신분에 관한 것이다. 이 신분은 유대인이나 이방인이나 오직 그리스도를 믿음으로써 획득하기에 이 신분을 얻기 위한 조건으로 율법의 행위를 제시할 수 없다. 칭의는 그리스도 안에 나타난 하나님의 의, 즉 이방인을 유대인과 함께 당신의 백성으로 받아들이는 언약을 하나님이 신실하게 성취하신 일에 근거한다. 이런 샌더스의 견해는 전통적 칭의론과 상당히 유사해 보인다. 그러나 샌더스는 칭의와 관련하여서 죄책으로부터의 해방보다는 죄의 세력으로부터의 해방에 더 역점을 둔다. 그는 죄의 지배에서 그리스도의 지배로 전환하는 개념으로 칭의를 이해한다.[18]

라이트는 샌더스가 그의 혁신적 작업을 끝까지 밀고 나가지 못했다고 못내 아쉬워한다.[19] 그는 샌더스가 제시한 해석의 틀이 바울서신에서 실제 어떻게 작용하는지에 대한 상세한 주해가 샌더스의 연구에는 결여되었다고 지적한다. 라이트는 샌더스가 남겨 놓은 과제를 떠맡아 샌더스가 발견한 새로운 틀이 바울을 바르게 이해하는 데 얼마나

---

17 같은 책, 552.
18 같은 책, 502-508.
19 Wright, *What Saint Paul Really Said?*, 19.

실제적인 효력이 있는지를 바울서신의 광범위한 주해를 통해 증명하려고 했다. 그는 샌더스의 주장에서 논리적 일관성이 결여된 부분을 자주 지적하면서도 유대교와 바울에 대한 그의 획기적인 이해를 적극 수용하여 바울 해석의 근간으로 삼는다. 그는 샌더스로부터 바통을 이어받아 전통적 견해에 대한 공세를 강화한다.

라이트의 주장에 따르면, 개신교의 전통적 입장은 "가짜 바울과 그가 배격한 가짜 유대교를 양산했다."[20] 유대교를 옛 이단 펠라기우스의 한 형태로 만들었고 바울을 율법의 요구 앞에 고뇌하는 1세기 루터로 둔갑시켰다는 것이다. 그래서 종교개혁의 칭의 교리는 로마 가톨릭과의 논쟁을 1세기에 투사하여 "유대교는 가톨릭, 기독교는 루터의 역할을 한 것"으로 보았다.[21] 바울이 유대인들의 완고한 율법주의를 비판하는 맥락에서 오직 믿음으로 의롭게 된다는 칭의론을 전파했다고 잘못 이해함으로써, 바울이 진정으로 말하는 바를 완전히 곡해했다는 것이다.

샌더스의 책이 나온 후 제2성전 시대 유대교가 언약적 율법주의라는 주장에 대한 많은 반론이 제기되었다. 라이트도 이런 문제점을 어느 정도 인식한 것 같다. 그래서 제2성전 시대 문헌과 모든 고고학 자료와 증거를 통해 당시의 역사적 배경을 탐색할 수는 있지만 1세기 유대교에 대한 정확한 그림을 파악할 확실한 보장은 없다는 점을 수긍한다.[22] "주전 마지막 2-3세기부터 주후 2세기까지의 유대교는 매우 다양

20　N. T. Wright, "The Paul of History and the Apostle of Faith", *Tyndale Bulletin* 29 (1978), 78.
21　같은 책, 80.
22　Wright, *Justification*, 38.

해서 많은 사람이 유대교를 다원주의적으로 말하고 싶어 한다는 것은 이해할 만하다."[23] 라이트는 이스라엘 조상의 위대한 전통 안에는 많은 상이한 신학들과 표현들, 관점들이 있다는 사실을 인정한다. 은혜에 대한 서로 다른 해석과 입장뿐 아니라 율법에 대한 견해가 다양하다는 점에 대해서도 마찬가지다. 그러므로 모든 보편화는 잘못이라는 것이다.

그럼에도 라이트는 학자들의 반론이 샌더스의 입장을 근본적으로 흔들 정도로 설득력이 있다고 보지는 않는다. 그는 존 파이퍼가 자기 독자들을 안심시키기 위해 인용한 자료인 『칭의와 다양한 율법주의』(*Justification and Variegated Nomism*, vol. 1) 같은 책을 너무 신뢰한다고 지적한다.[24] 라이트가 보기에 그 책은 편집자의 주장만큼 성공적인 연구 결과물을 내놓지는 못했는데, 그것은 편견이라는 문제에서 자유롭지 않기 때문이다.

그러면서 라이트는 이 모든 역사 자료와 증거들 속에 확연히 나타나는 거대한 흐름을 부인할 수 없다고 주장한다. "모든 이스라엘을 예수와 바울의 시대까지 이끌어 온 이 밀물은 바로 희망의 물결이었다. 곧 이스라엘의 하나님이 아브라함과 그의 가족과 맺은 언약을 마침내 실현하시고, 선지자들이 예언한 임박한 회복이 궁극적 성취에 이르도록 다시 한 번 일하시며 이번에는 온전히 이루실 것이라는 희망이다."[25] 라이트는 많은 1세기 유대인들이 이런 언약의 성취가 당대에

---

23 같은 책.
24 같은 책, 31.
25 같은 책, 39.

일어나기를 기대했다고 주장한다. 라이트가 볼 때, 요세푸스도 기록했듯이, 그들은 그 구원이 언제 임할지 다니엘 9장에 근거하여 추정하였다. 그는 거기에 언급된 70년 유배 기간이 아직 끝나지 않았다고 본다. 그들은 70년을 "칠십 주에 해당하는 햇수 70×7=490으로 해석하였다"는 것이다.[26] 이러한 계산은 그들이 여전히 유배 가운데 있으며 그들이 대망하던 구원과 해방의 날이 그 시대에 임박했다고 믿게 만들었다.

라이트가 볼 때는 이것이 바울 사상의 배경을 형성한다. 다시 말하면, 1세기의 많은 유대인은 아브라함과의 언약에서부터 오랜 예언의 역사를 거쳐 그 성취의 결정적 순간까지 펼쳐지는 구원 역사의 내러티브 안에 자신들이 살고 있다고 생각했다. 더불어 이 내러티브를 다니엘 9장에 기초하여 "지속되는 유배 상태를 가로지르는 긴 통로"로 이해하였다.[27] 물론 모든 유대인이 한결같이 이렇게 생각하지는 않았을지라도 이것이 대다수 유대인들의 사상과 삶을 주관한 이야기였으며, 바울이 자신의 복음과 칭의론을 전한 사상적·역사적 배경이었다고 라이트는 단언한다.

모든 사람이 죄를 범해 멸망하게 되었고 거기서부터 구원이 절박한 상황에 처했다는 관점에서 칭의론을 논하는 전통적 개신교인들과는 달리 바울은 로마서나 갈라디아서를 그런 맥락에서 기록하지 않았다고 라이트는 주장한다. 죄인인 인간이 어떻게 거룩한 하나님 앞에 의롭다 함을 얻을 것인가 하는 문제로 고뇌했던 루터의 관심은 바울에

---

26 같은 책, 40. 참고, 단 9:24.
27 같은 책, 41.

게는 너무도 생소했다. 그렇게 개인 구원에 대한 실존적 시각에서 바울 칭의론을 해석하는 전통적 시도는 바울의 의도와 맥락과 배경 모두를 놓치거나 오해하여 바울이 전혀 의도하지 않은 허구의 메시지를 고안해 내고 말았다.

또 로마서와 갈라디아서 그리고 그의 다른 서신서에 기록된 바울의 복음을 총괄적으로 주관하는 핵심 주제는 아브라함과 그 후손과 맺으신 언약을 끝내 성취하시고야마는 하나님의 신실하심이 그리스도 안에서 나타남으로써 이스라엘의 오랜 숙원인 유배 상태에서의 획기적 해방이 임했다는 것이 라이트의 주장이다. 개종하기 전의 바울도 여느 1세기 유대인들과 똑같이 언약을 성취하시는 하나님의 신실하심이 극적으로 나타나 이스라엘이 유배 상태에서 귀환하기를 학수고대했다는 것이다. 바울이 그리스도를 만나기 전에 가졌던 열심은 그런 유대적 소망에서 나온 것이지 율법을 지킴으로써 의롭다 함을 얻으려는 행위 구원의 논리에서 나온 것이 결코 아니었다. 따라서 16세기의 개인 구원을 향한 실존적 고뇌와 관심을 바울에게 투사해서 그를 새로운 루터로 둔갑시키는 것은 얼토당토않은 해석상의 오류라고 라이트는 비난한다.

라이트의 주장에 따르면, 바울은 회심한 후에도 자신과 동일한 소망과 기대를 가지고 있던 동료 유대인들에게 이스라엘의 언약과 소망이 예수 그리스도 안에서 성취되었다고 전했다. 그것이 로마서와 갈라디아서의 핵심 주제와 맥락을 형성한다. 바울은 개종하기 전의 자신처럼 율법을 엄격하게 지킴으로써 의롭다 함을 얻으려는 유대 율법주의자들과 치열하게 싸운 것이 아니었다. 그렇다면 바울이 로마서나 갈라디아서에서 자주 율법을 비판한 이유는 무엇인가? 라이트는 '유배로부터의 귀환'이라는 사상이 이를 미처 생각지 못한 샌더스나 제임스 던과 자신을 차별화하는 독창적인 아이디어이며 새 관점의 미비한 면을 보완하여 더욱 발전시킨 점이라고 자부한다.[28] 그러나 앞의 질문과 관련하여 라이트는 다시 제임스 던의 기여에 의존한다.

던의 배경: 율법의 행위

제임스 던은 제2성전 시대 유대교에 대한 샌더스의 입장을 적극적으로 수용한다. 그는 샌더스가 주장한 대로 유대교가 율법주의가 아니고 언약적 율법주의라면 왜 바울은 그의 서신에서 율법의 행위를 비판하였는가에 대한 새로운 답변을 제시한다. 던은 유대교에 대한 샌더스의 혁신적인 이해가 전통적인 바울 해석의 오류를 바로잡고 올바른 바울 읽기의 초석을 제공한다고 평가한다.[29]

그럼에도 던은 바울의 율법관에 대한 샌더스의 견해에는 문제점이 있다고 본다. 특별히 바울이 율법을 믿음에 적대적인 것으로 보고 거부하였다는 샌더스의 제안은 받아들이기 힘들다고 비판한다.[30] 샌더스는 바울이 오직 그리스도 안에서의 믿음만을 강조한 나머지 여전히 율법의 권위를 주장하는 유대교와 날카롭게 결별했다고 보았는데, 이는 샌더스가 주장한 1세기 유대교가 언약적 율법주의였다는 맥락에서

---

28 같은 책, 43.
29 James D. G. Dunn, "The New Perspective on Paul", *Jesus, Paul and the Law: Studies in Mark and Galatians* (Louisville: Westminster, 1990).
30 같은 책, 188.

벗어나는 일관성 없는 해석이라는 것이다.

이제 샌더스가 해결하지 못한 과제가 던의 손에 넘겨졌다. 유대교를 재평가하면서 샌더스가 새롭게 제기하였으나 답하지 못한 질문은 이것이다. 즉 유대교가 율법주의가 아니라 언약에 기초한 은혜의 종교라면 바울이 율법의 행위를 배격한 이유는 무엇인가? 만약 율법주의가 아니라면 어떤 오류에 대응해서 바울은 율법의 행위가 아니라 오직 믿음으로 의롭다 함을 얻는다는 칭의론을 전했다는 말인가?

그리스도 안에서의 믿음을 강조한 바울이 여전히 율법을 신봉하는 유대교와 날카롭게 결별했다고 보는 샌더스와는 달리 던은 바울이 유대교와 근본적으로 연속선상에 서 있다고 이해한다. 바울의 구원관도 당시 유대교가 따르던 언약적 율법주의와 상충되기보다는 그 맥을 같이한다고 본다. 그래서 그가 볼 때 바울의 칭의론은 유대교의 잘못된 구원론을 반박하고 바로잡기 위한 가르침이 아니었다. 던에 따르면 1세기 유대교 안에는 그렇게 비판할 행위구원론이나 율법주의 자체가 존재하지 않았다. 결국 전통적 개신교 입장은 실제 존재하지도 않은 허구의 인물들과 유대교를 만들어 낸 셈이다.

던의 주장에 따르면, 바울의 칭의론은 잘못된 유대교 구원론에 대한 공격이 아니라 민족적 우월의식과 배타주의를 겨냥한 것이었다. 이방인도 할례와 같은 유대적 정체성을 드러내는 특정한 율법 의식을 따라야 한다고 고집하는 유대인들과의 치열한 논쟁 과정에서 칭의론이 탄생한 것이다. 따라서 칭의론은 원래 바울에게 계시로 주어진 복음이 아니라 이방 선교 상황에서 야기된 민족 갈등과 교회 분열을 해결하기 위해 등장한 교리다. 던은 이신칭의 복음이 갈라디아서 2:11-21에 기록된 안디옥 사건을 계기로 점차 구체화되었다고 주장한다.³¹ 안디옥에서 베드로와 바나바를 비롯한 유대인들이 이방인들과 식사를 하다가 유대 할례주의자들이 나타나자 그들을 두려워하여 도피한 사건이 발단이 되었다는 것이다.

던에 따르면, 바울은 율법의 행위를 하나님 앞에 의롭다 함을 얻는 방편으로 삼으려는 시도를 비판한 것이 아니다. 샌더스가 밝힌 대로 언약적 율법주의를 따르는 1세기 유대교의 맥락에서 그랬을 가능성은 희박하다. 그렇다면 바울은 무엇을 염두에 두고 율법의 행위로 의롭다 함을 얻을 수 없다고 한 것인가? 던은 율법의 행위가 원칙적으로는 모든 율법의 요구를 포함한다는 것을 인정한다.³² 그러나 갈라디아서에서 살펴볼 수 있듯이, 바울이 처한 상황에서 율법의 행위는 유대인과 이방인을 갈라놓는 장벽 역할을 하는 특별한 부류의 율법을 뜻한다.³³ 이는 유대인이 이방 죄인들과 구별된 하나님의 언약 백성이라는 분명한 표징 역할을 하는 율법, 즉 할례나 안식일, 음식법을 가리킨다. 할례와 같은 율법 의식은 유대인들이 언약 밖에 있는 이방인과 자신들을 구별하는 경계 표지이며 언약 백성으로서의 자신들의 정체성을 표현하는 방식, 즉 언약 구성원의 배지로 작용했다고 던은 보는 것이다.

이런 관점에서 던은 바울이 이방인도 유대인과 똑같이 이런 율법 의식을 지켜야만 언약 백성의 일원이 될 수 있다는 유대인들의 민족적

---

31 James D. G. Dunn, "The Incident at Antioch (Gal. 2:11-18)", *JSNT* 18 (1983).
32 이후 많은 비판을 받은 던은 "율법의 행위"가 율법의 전반적 실천을 내포한다고 인정하며 자신은 율법의 도덕적 요소를 배제한 적이 없다고 주장한다. James D. G. Dunn, *The Theology of Paul the Apostle* (Grand Rapids: Eerdmans, 1998), 358.
33 같은 책.

우월주의와 배타주의를 비판한 것이라고 주장한다. 이방인이 언약 공동체의 일원이 되기 위한 조건으로 그리스도를 믿는 것 외에 할례와 같은 의식을 따라야 한다는 요구는 유대인과 이방인이 그리스도 안에서 하나가 되는 것을 방해하는 복음의 거침돌이라는 것이다. 결국 이런 거침돌을 제거하고 유대인과 이방인을 분리시키는 사회적·문화적 장벽을 허물기 위해 바울의 칭의론이 등장했다고 던은 역설한다. 그러므로 던이 볼 때 바울이 율법의 행위가 아니라 오직 믿음으로만 의롭다 함을 얻는다고 말할 때 그것은 이방인들이 할례 같은 유대인의 규례와 의식을 지켜 유대교로 개종할 필요 없이 오직 그리스도를 믿음으로만 언약 백성으로 편입된다는 의미다.[34]

던에 따르면, 바울의 칭의론은 구원론이 아니라 교회론이나 선교론의 범주에 속한다. 개인 구원을 다룬 것이 아니라 민족적·교회적 갈등의 해결책을 제시했다고 보는 것이다. 칭의론에서 바울의 관심을 개인의 영혼이 어떻게 하나님 앞에 의롭다 함을 얻고 하나님과의 평화를 발견할 것인가로 이해해 온 종교개혁 전통은 바울의 핵심 의도와 메시지, 그 맥락과 상황을 완전히 곡해했다는 것이 던의 주장이다.[35]

던은 이런 관점에서 율법의 행위와 믿음으로 의롭다 함을 얻는다는 말씀이 기록된 갈라디아서와 로마서의 본문을 재해석한다. 그는 특별히 유대 할례주의자들에 대항하여 복음을 논증한 갈라디아서에서 이런 칭의의 의미가 분명해진다고 본다. 이방인도 할례를 받고 유대 음식법을 따라야 한다는 주장에 대해 바울은 그런 율법의 행위가 아니라

---

34 Dunn, *Jesus, Paul and the Law*, 162-163.
35 Dunn, *The Theology of Paul the Apostle*, 365.

오직 믿음으로만 의롭다 함을 얻는다고 단호하게 선언했다는 것이다(갈 2:15-16). 그리스도 안에서는 할례 같은 율법 의식이 아니라 이제 믿음만이 언약 백성을 나타내는 새로운 표식이다. 또한 던이 볼 때 의롭다 함을 얻는다는 것은 언약 백성의 일원이라고 하나님께 인정받는 것을 뜻한다. 따라서 바울이 말하는 칭의는 언약 안에 있다는 하나님의 인정이다. 던은 의로움과 칭의에 대한 바울의 개념은 철저히 유대적이라고 본다. 당신의 백성을 의롭다고 하시는 하나님의 의는 이스라엘과의 언약에 충실한 결과로 그들을 위해 옳다는 판결을 내리시는 하나님의 언약적 신실성이라는 것이다.[36]

그러면 "율법의 행위에 속한 자는 저주 아래 있다. 그리스도가 우리를 위하여 저주를 받으셨다"는 바울의 선언은 어떻게 이해해야 하는가?

[10]무릇 율법 행위에 속한 자들은 저주 아래에 있나니 기록된 바 누구든지 율법 책에 기록된 대로 모든 일을 항상 행하지 아니하는 자는 저주 아래에 있는 자라 하였음이라. [11]또 하나님 앞에서 아무도 율법으로 말미암아 의롭게 되지 못할 것이 분명하니 이는 의인은 믿음으로 살리라 하였음이라. [12]율법은 믿음에서 난 것이 아니니 율법을 행하는 자는 그 가운데서 살리라 하였느니라. [13]그리스도께서 우리를 위하여 저주를 받은 바 되사 율법의 저주에서 우리를 속량하셨으니 기록된 바 나무에 달린 자마다 저주 아래에 있는 자라 하였음이라. (갈 3:10-13)

---

36   Dunn, "The New Perspective on Paul", 190.

통상 이 구절을 옛 관점으로 해석하는 것이 가장 무난한 반면, 새 관점으로 재해석하면 큰 어려움에 봉착한다고 생각해 왔다. 옛 관점은 여기서 인용한 신명기 27:26에 명기된 대로, 모든 육체는 율법의 요구를 온전히 지킬 수 없으므로 율법의 저주 아래 있으며, 이런 우리를 대신하여 그리스도께서 십자가에서 율법의 저주를 받으사 우리를 그 저주에서 구원하셨다고 바울이 말하는 것으로 본다. 그러나 던은 이런 전통적 해석은 본문을 근본적으로 곡해한 것이라고 비판한다. 앞에서 살펴본 갈라디아서 2:15-16에서처럼, 여기서도 바울의 주된 관심은 율법의 정죄 아래 있는 죄인이 어떻게 그 저주에서 구원을 받느냐에 있지 않고, 어떤 근거로 하나님이 유대인뿐 아니라 이방인까지 동일하게 당신의 백성으로 인정하느냐에 있다는 것이다.

던의 주장에 따르면, 이 구절에서도 율법의 행위는 율법의 모든 요구를 지키는 것이 아니라 유대인이 이방인과 구별된 언약 백성이라는 표징인 할례와 음식법 등을 가리킨다.[37] 율법의 행위에 속한 이들은 특별히 그런 율법 의식 준수를 고집하는 유대인들을 뜻한다. 또한 바울이 말한 율법의 저주는 율법을 범한 죄인들이 받아야 할 보편적인 정죄와 저주를 의미하는 것이 아니라 하나님의 언약적 축복을 이런 율법 의식을 행하는 유대인들로 제한하는 배타적인 태도와 관련이 있다.[38] 이런 우월주의와 배타주의는 이방인을 당신의 백성으로 인정하여 열방을 축복하시려는 하나님의 뜻을 거스르는 것이며, 율법책에 기

---

37 James D. G. Dunn, "Works of Law and the Curse of the Law (Gal. 3:10-14)", *Jesus, Paul and the Law: Studies in Mark and Galatians* (Louisville: Westminster, 1990).
38 같은 책, 228-229.

록된 모든 것을 항상 행하는 데 대한 실패다. 그래서 이런 일을 행하는 이들을 율법의 저주 아래 있게 한다는 것이다. 결국 그들은 이방인과 함께 언약 밖에 서 있는 자신들을 발견하게 된다.

던에 따르면, 그리스도는 십자가에서 율법의 저주를 담당하실 때 자신을 언약 축복 밖에 두셨다. 즉 "자신을 이방인의 위치에 두셨다."[39] 그리하여 율법의 저주 아래 있는 유대인과 이방인에게 동일하게 구원이 임하게 하셨다. 이런 던의 해석은 톰 라이트도 지적했듯이 매우 억지스럽고 신빙성이 결여되어 있었다.[40] 던은 예수 그리스도가 십자가에서 제거한 저주는 율법을 오해한 저주라고 본다.[41] 곧 유대인이 율법을 배타적으로 이해하고 사용한 민족주의적 오만에 대한 율법의 저주를 대신 지신 것이다.

그렇다면 이방인들을 위해 그리스도가 담당하신 저주는 무엇인가? 이에 대한 김세윤의 지적은 적절하다. "그렇게 되면 유대인들은 그들의 민족주의 때문에 율법으로부터 받은 저주로부터 해방된다. 하지만 그렇다면 이방인들은 어떻게 그 저주에서 해방되는가? 그들은 애당초 Dunn이 해석한 의미에서의 '율법의 저주'를 조금이라도 가지고 있었는가?"[42] 물론 던은 아브라함의 언약이 이방인에게 미치는 것을 막는 "율법의 잘못된 이해"의 저주가 제거됨으로써 이방인들이 이제 아브라함 언약 축복의 수혜자가 되었다고 말한다. 그러나 그는 그리스도의 죽음을 우리 죄에 대한 율법의 저주를 담당한 대리적 속죄로 이해하

---

39 같은 책, 230.
40 N. T. Wright, *The Climax of the Covenant* (Edinburgh: T & T Clark, 1991), 153.
41 Dunn, "Works of Law and the Curse of the Law", 229-230.
42 김세윤, 『바울 신학과 새 관점』(두란노), 219.

지는 않는다. 또한 여기서 그가 말하는 유대인들이 해방된 저주는 고작해야 "율법에 대한 잘못된 이해"의 악영향뿐이다. "따라서 Dunn의 해석은 십자가상에서 이루신 그리스도의 구속 사역을 사실상 유대인과는 아무 관계가 없는 것으로 만들어 버린다."[43]

라이트는 던이 율법의 행위를 새롭게 해석함으로써 샌더스가 닦아 놓은 언약적 율법주의의 터 위에 바울에 대한 새로운 관점을 더욱 공고히 다질 수 있는 발판을 마련했다고 본다. 라이트는 율법의 행위에 대한 던의 견해를 적극적으로 수용하면서도 던의 설명이 봉착한 한계와 딜레마를 나름 극복하려고 노력했다. 라이트는 "율법의 행위에 속한 이는 율법의 저주 아래 있다"는 바울의 언급에 대한 던의 해석은 설득력이 없다고 본다. 또한 앞에서 살펴보았듯이 그런 식으로 해석할 경우 야기될 문제도 예상했을 것이다.

라이트에 따르면, 유대인도 율법에 대한 잘못된 이해의 저주 정도가 아니라 실제적인 율법의 저주에 종속된다. 유대인 안에도 아담의 옛 사람이 존재하며 그들도 모든 사람과 같이 죄를 범하였다.[44] 유대인의 특수하면서도 '복합적인 죄'(meta sin)는 그들에게 주어진 하나님의 선택과 언약과 부르심이라는 특권을 민족적 우월주의와 배타주의의 근거로 삼은 것이다.[45] 그들은 언약 백성이라고 구별하는 상징인 할례와 안식일과 음식법을 '우월성의 배지'로 취급하였다.[46] 하나님의 언약을 이

---

43 같은 책, 221.
44 N. T. Wright, "The Law in Romans 2", *Paul and Mosaic Law*, ed. James D. G. Dunn (Grand Rapids: Eerdmans, 2001).
45 Wright, *The Climax of the Covenant*, 240.
46 같은 책, 243.

유대적 표식을 보이는 사람들에게만 국한시켜 해석했다. 결과적으로 이스라엘을 통해 이방에까지 빛이 비치고 아브라함 언약의 은총이 미치는 것을 가로막은 것이다. 그로 인해 다름 아닌 언약의 목적 자체가 위협받게 되었다. 이런 죄 때문에 신명기 27-29장에 명기된 대로 이스라엘 민족에게 율법의 저주가 임한 것이다. 그 저주는 개인적이라기보다 국가적이다. 이스라엘 국가 전체가 유배된 것이다.

라이트는 이런 유배 상태가 1세기에도 계속되었다고 보는 것이 당시 유대인의 보편적 인식이며 믿음이었다고 주장한다. 이런 사실은 요세푸스의 증언뿐 아니라 "쿰란에서 토비트까지, 바룩서에서 마카베오하, 그리고 랍비 문헌에 이르기까지 당시의 다양한 문헌에서" 엿볼 수 있다.[47] 무엇보다 구약 선지서가 이스라엘의 유배 상태가 온전히 회복되지는 않았다는 사실을 시사해 준다. 비록 많은 유대인이 바벨론의 포로로 끌려갔다가 귀환하여 지리적인 유배는 끝났을지라도 그들이 경험하고 있던 유대적 상황은 선지자들이 예언한 종말론적 회복이나 구원과는 거리가 멀었다. 이사야가 제시한 영광스러운 약속들, 에스겔이 내다본 새 성전과 시온에 임할 여호와의 영광에 대한 경이로운 비전, 말라기를 비롯한 선지자들의 위대한 예언은 아직 성취되지 않았다.[48] 특히 로마제국의 속박 아래 있는 그들의 처지는 유배 상태가 계속 진행되고 있다는 인식을 굳히기에 충분했다.[49] 그래서 그들은 여전히 포로 상태에서의 귀환, 즉 메시아를 통한 이스라엘의 회복을 간절히 기

47　Wright, *Justification*, 42.
48　같은 책, 41-42.
49　Wright, *The Climax of the Covenant*, 141.

다렸다는 것이다.

　라이트는 율법의 행위에 대한 새로운 해석으로 새 관점의 활로를 연 던 앞에 놓인 거침돌인 '율법의 저주'에 대한 바울의 언급을 계속되는 유배의 관점에서 극복하려고 한다. 그는 갈라디아서 3:10-14을 이런 배경과 맥락에서 해석해야 한다고 주장한다. 율법에 불순종할 때 임하게 될 저주를 선포한 신명기 26:26과 29:19을 함께 엮어 인용한 갈라디아서 3:10은 이스라엘 민족이 계속되는 포로기에 있다는 그 당시 유대인들의 통념을 반영한 것이라고 한다. 또한 갈라디아서 3:13은 메시아를 통한 이스라엘의 회복, 포로됨과 회복의 구조를 잘 반영하고 있다는 것이다.

　라이트가 볼 때, 이스라엘 민족의 유배와 이방에 속박됨으로써 나타난 율법의 저주는 로마 정권에 의해 이스라엘의 메시아가 살해되면서 그 절정에 이른다. 예수 그리스도는 그의 죽음에서 그의 백성들이 처한 운명, 즉 저주를 담당했다. 예수 그리스도의 대표적인 죽음과 부활을 통해 오랜 기간 계속 진행되던 유배 기간이 드디어 막을 내리고 저주가 걷힌 것이다.[50] 동시에 하나님의 언약적 축복이 이방인들에게 확산되는 것을 막던 이스라엘 위의 저주가 걷힘으로써 이제는 그 약속이 이방인에게까지 미치게 되었다. 새 언약의 영인 성령의 선물이 그리스도를 믿는 모든 이방인에게도 주어진다는 사실이 그 확증이다.[51]

　이런 라이트의 해석은 일견 기발하며 참신하기까지 하다. 갈라디아서 3:10-14에 대한 던의 엉성하고 억지스러운 해석보다는 확실히 진일

50　같은 책.
51　같은 책, 154.

보한 주해다. 이 점을 라이트는 매우 자랑스러워한다. 그가 제안한 '유배로부터의 귀환'은 샌더스는 물론 제임스 던조차도 전혀 알아채지 못한 개념이라는 것이다. 그는 "따라서 이 지점에서 새 관점은 갈라져 나간다!"라고 말하며 자신의 견해를 미처 탐구하지 못했던 새로운 영역으로의 도약이라고 자부한다.[52]

라이트의 언약적 신실성

라이트는 샌더스와 던이 제공해 준 새 관점의 원석(언약적 율법주의와 율법의 행위에 대한 새 해석)을 잘 다듬어 칭의론에 대한 해석의 틀을 본격적으로 세워 가는 기초석으로 삼는다. 라이트는 샌더스와 던의 기본 입장을 따라, 1세기 유대교는 율법주의가 아니라 언약에 근거한 은혜의 종교였고, 바울이 비판한 율법의 행위는 이방인과 차별화되는 유대적 특권 의식을 표징하는 행위를 뜻한다고 본다.

그렇다면 율법의 행위가 아니라 믿음으로 의롭다 함을 얻는다고 바울이 말할 때 그가 진정으로 전하려고 한 메시지는 무엇인가? 라이트는 바울이 전한 복음의 핵심을 간파할 수 있는 해석의 틀이 하나님의 언약적 신실성이라는 관점이라고 주장한다. 곧 구약과 제2성전 시대 유대교와 바울서신 전체에 맥맥이 흐르는 큰 물결은 하나님이 아브라함과 그 후손인 이스라엘을 통해 온 세상을 죄의 곤궁에서 구하고 세상을 축복하신다는 단일한 구원 계획, 즉 언약이라는 것이다. 라이트

---

52   Wright, *Justification*, 43.

에 따르면, 바울이 말한 하나님의 의란 이스라엘의 불순종에도 불구하고 그들을 통해 온 세상을 축복하시려는 언약을 그리스도 안에서 끝내 성취하시고야마는 하나님의 언약적 신실성이다.

라이트는 전통적 칭의론이 중세적인 의(Iustitia, 유스티티아)의 개념을 투사해서 법정적이고 윤리적인 의미로만 바울을 이해하는 경향이 있다고 지적한다. 그러나 구약에 등장하는 하나님의 의는 하나님의 차가운 공의라는 의미보다는 곤궁에 처한 인간을 구원하고 치유하고 회복하는 하나님의 따뜻한 사랑과 자비와 연결되어 있다고 본다.[53] 그래서 구약에는 자주 하나님의 의가 구원과 연결되어 나타난다. 시편과 이사야서에서 하나님이 압제받는 당신의 백성을 변호하고 구원하시는 행위에서 하나님의 의가 나타난다고 말씀하시는 이유는 하나님이 그들과 맺은 언약을 신실하게 행하시는 것이 바로 하나님의 의이기 때문이다.[54] 따라서 라이트에게는 하나님의 의를 언약에 대한 하나님의 신실성으로 이해하는 것이 이런 구약적 증거에 가장 충실한 정의다.

라이트는 바울이 로마서나 갈라디아서에서 하나님의 의라고 할 때 이런 의미를 염두에 두었다고 확신한다. 그래서 바울이 로마서에서 증언한 하나님의 의는 이스라엘의 불순종에도 불구하고 아브라함과 그 후손과 맺은 언약을 끝내 지키시는 하나님의 신실하심이 나타난 것이라고 본다. 하나님이 이스라엘의 언약적 불성실 때문에 임한 율법의 저주를 예수 그리스도의 순종적 죽음(롬 3:24-26)을 통하여 제거하셨고, 그로써 이스라엘을 통해 모든 민족을 축복하시려는 당신의 언약을 마

---

53   같은 책, 69.
54   같은 책, 46, 51-52.

침내 성취하셨다는 맥락에서 로마서가 전개되고 있다는 것이다. 아브라함과의 언약이 기록된 창세기 15장, 율법의 저주를 선언한 신명기 27-29장, 다니엘 9장과 이사야서와 시편의 많은 구절이 완벽하게 어우러져 구성된 구약적 언약의 틀이 로마서와 갈라디아서에서 전파된 바울의 칭의론을 주관하고 있다고 라이트는 역설한다.[55]

그러면서 라이트는 전통적 가르침은 언약의 맥락에서 바울의 칭의론을 해석하는 데 실패했다고 비판한다. 파이퍼를 비롯한 대부분의 학자가 칭의를 유대적·언약적 맥락에서 이해하지 못했다고 개탄한다.[56] 라이트는 칭의에 대한 거작을 남긴 알리스터 맥그래스(Alister McGrath)를 계속 인용하며 자신의 주장을 뒷받침한다. 맥그래스는 칭의에 대한 전통적 논의가 바울이 실제 말하려는 내용에서 상당히 빗나갔다고 지적한다. 이러한 주장을 인용하며 라이트는 전통적 가르침이 바울의 칭의론을 바울 자신의 맥락 속에서 읽으려는 진지한 노력은 하지 않고 이질적 관점을 바울에게 투사해서 엉뚱한 의미를 추출해 냈다고 비판한다.[57] 바울의 메시지를 바울의 시각과 배경에서 일관되게 읽지 않고 전통적으로 선호하는 칭의 개념을 지지해 줄 증거 본문을 바울서신 여기저기서 뽑아내고 거기에 잘 들어맞지 않는 내용은 걸러 냄으로써 바울이 전달하려는 진정한 의미를 뒤엎었다는 것이다.

라이트는 이런 비판을 받아야 할 대상은 칼뱅주의보다는 루터주의

---

55 같은 책, 48-49.
56 같은 책, 62-63.
57 같은 책, 59-63. 거기에 인용한 맥그래스의 책은 다음과 같다. Alister McGrath, *Iustitia Dei: A History of Christian Doctrine of Justification from 1500 to the Present Day* (Cambridge: Cambridge University Press, 1986), 1.2-1.3. 『하나님의 칭의론』(CLC).

라는 점을 짚고 넘어간다. 그는 언약적 율법주의와 감사의 원리로 율법의 유용성을 강조하는 칼뱅주의는 어느 면에서 맥을 같이한다고 본 것 같다. 또한 칭의를 근본적으로 그리스도와의 연합의 맥락에서 이해한 칼뱅의 가르침을 칭의에 대한 '법정주의'와 '참여주의' 관점을 모두 아우를 수 있는 입장으로 본다. 그래서 라이트는 칼뱅주의에 대해 극찬을 아끼지 않는다. "만약 계몽주의 이후 2백 년 동안 성서학계를 주도한 것이 바울과 율법에 대한 루터주의가 아니라 칼뱅주의 견해였다면 지금과 같은 형태의 새 관점은 필요하지 않았을 것이다." 그뿐 아니라 "지난 백 년간 구원론에 있어서 '참여주의'와 '법정주의'로 양극화되어 진행되어 온 논쟁도 필요하지 않았을 것"이라고도 했다.[58] 그렇기에 그는 "만약 우리가 칼뱅과 루터 사이에서 양자택일해야 한다면, 신학적 이유와 주해적 이유 모두에서 칼뱅을 택해야 한다고 나는 판단한다"고 했다.[59] 그래서 라이트는 칼뱅과 같은 최고의 주석가를 통해 바울이 말하려는 바를 성경의 빛 가운데서 새롭게 조명해 보며 위대한 전통과의 비판적이고 창의적인 대화를 하도록 부름받았다는 도전을 받는다고 말한다.[60]

라이트는 이제는 구약성경 전체와 1세기 유대인들과 바울 사상이 그 궤를 같이하는 유대적·아브라함적·언약적 틀 속에서 바울의 복음을 새롭게 이해할 때가 되었다고 주장한다. "바울을 반-언약적으로 해석하는 곳에 난무한 온갖 주해적 뒤틀림과 왜곡과 누락과 혼동은 주

---

58 같은 책, 53.
59 같은 책, 54.
60 같은 책, 65.

석가들이 경건하게 의존하는 그 신성한 본문을 해체한 직접적인 결과다."[61] 따라서 바울의 칭의론은 필히 아브라함과 그 후손, 이스라엘을 통해 온 세상을 축복하려는 하나님의 단일한 계획, 즉 언약을 끝내 성취하시는 하나님의 언약적 신실성의 맥락에서 해석해야 하며, 그 의 즉 신실함이 그리스도의 죽음과 부활을 통해 경이로운 방식으로 확정되었다는 기독론의 관점에서 탐구되어야 한다.

라이트는 로마서 전체 흐름을 한 맥락에 꿰어서 가장 잘 풀어낼 수 있는 개념이 언약적 신실성이라고 보고 로마서를 시종일관 이런 관점에 딱 맞아떨어지게 주해한다. 그는 로마서 1:17, 3:21, 10:3에 기록된 하나님의 의가 구약 시대부터 있었던 하나님의 위대한 계획, 즉 이스라엘을 통해 온 피조 세계를 구원하고 회복하려는 계획과 언약을 성실히 수행하신 하나님의 신실하심이라고 본다. 그래서 이스라엘의 궁극적인 회복을 통해 하나님의 언약적 신실성이 완벽하게 드러날 것을 밝히는 로마서 9-11장을 로마서의 중심이자 절정으로 보는 새로운 해석을 시도한다. 그의 주장에 따르면, 로마서에서 바울이 전한 복음은 개인의 구원과 칭의가 아니라 이스라엘을 통해 전 세계를 축복하시려는 하나님의 원대한 계획을 그리스도의 죽음과 부활을 통해 놀라운 방식으로 성취하신 하나님의 언약적 신실성, 즉 하나님의 의의 나타남이다.

라이트에 따르면, 칭의 자체는 바울의 복음이 아니다. 그 복음에 내포된 일면일 뿐이다. 이신칭의는 "그의 전도 메시지의 주된 취지가 아니었다."[62] 라이트는 칭의가 바울 사상의 중심이 아니라고 말한다고 해

---

61   같은 책, 78.
62   Wright, *What Saint Paul Really Said?*, 94.

서 칭의를 부차적이고 비본질적인 문제로 격하시키는 것은 아니라고 에둘러 변명한다.[63] 그러면서 전통적으로 그래 왔듯이 복음이 개인의 영혼이 어떻게 구원받는지에 대한 교리 체계라는 생각은 복음의 참된 의미를 심각하게 곡해하는 것이라고 비판한다.[64] 즉 유대인이나 이방인을 막론하고 모든 인간은 율법의 행위나 선행이 아니라 오직 예수 그리스도를 믿음에서 오는 은혜로 값없이 의롭다 함을 얻는다는 것이 바울의 복음이 아니었다는 것이다. 라이트가 볼 때 바울은 그런 무시간적이고 비역사적인 구원의 체계에는 관심이 없었다. 결국 라이트는 이신칭의에 대한 전통적 관점은 바울의 복음이 담고 있는 풍성하고 부요한 의미를 제대로 다루지 못할 뿐 아니라 여러 면에서 심각하게 왜곡시켰다는 진단을 내린다.[65]

라이트가 볼 때 바울이 전한 복음의 핵심 메시지는 예수 그리스도가 주이며 왕이시라는 것이다.[66] 예수 그리스도가 죽음과 부활을 통해 만물을 주관하는 권세를 가지신 주와 왕이 되셨다는 선포다. 동시에 예수 그리스도의 메시아 사역으로 말미암아 이스라엘을 통해 만물을 회복하려는 하나님의 위대한 계획, 언약을 성취하시는 하나님의 언약적 신실성, 즉 하나님의 의가 출현했다는 기쁜 소식이다. "죄를 처리하는 것, 죄로부터 인류를 구원하는 것, 그들에게 은혜와 칭의와 영화를 주는 것, 이 모든 것이 처음부터 하나님의 단일한 언약의 목적이었

---

63 같은 책, 114.
64 같은 책, 40-41.
65 같은 책, 113.
66 같은 책, 55-56.

으며 이제 예수 그리스도 안에서 성취된 것이다."[67] 복음은 개인 구원이라는 좁은 범주로 축소될 수 있는 것이 아니라 전 우주적으로 확장되는 그리스도의 주권과 구원 사역과 관련된다.

그러면 바울이 말하는 칭의는 무엇인가? 라이트의 주장에 따르면, 칭의 교리는 이방 선교 상황에서 결정적으로 적용되었다. 즉, 이방 그리스도인들에게 율법 의식을 요구하는 유대주의자들 때문에 혼란스러워하는 이들에게 오직 믿음으로 말미암아 그들이 언약 백성에 속했다는 점을 확신시켜 주는 데 필요한 교리였다.[68] "칭의가 의미하는 바는 이제 하나님이 할례자와 무할례자를 동일하게 옳은 상태(in the right), '언약 가족의 일원'(members of the covenant family)이라고 선언하신다는 것이다."[69] 그러므로 칭의는 누가 언약 백성에 속했는지에 대한 하나님의 선언이다. "1세기에 칭의는 어떻게 한 개인이 하나님과 관계를 맺는가를 이야기하지 않았다. 그것은 미래와 현재에 누가 실제 자기 백성의 일원인지에 대한 하나님의 종말론적 정의였다. 샌더스의 용어로 바꾸면, '들어가기'(getting in) 혹은 '머물기'(staying in)에 관한 것이라기보다는 '그 안에 있는 이가 누구인지를 어떻게 말할 수 있는가'였다. 보편적인 신학 언어로 말하자면, 그것은 구원론이라기보다 교회론에 관한 것이며, 구원보다는 교회에 대한 것이다."[70]

라이트는 바울 칭의론의 네 차원, 즉 언약, 법정, 기독론, 종말론을 강조한다. 그의 주장에 따르면, 바울의 칭의론은 기독론과 종말론

---

67   Wright, *Justification*, 74.
68   Wright, *What Saint Paul Really Said?*, 94.
69   Wright, *Justification*, 190.
70   Wright, *What Saint Paul Really Said?*, 119.

의 틀 속에서 언약적 차원과 법정적 차원이 하나로 맞물린 통합적 관점으로 이해해야 한다. 예수 그리스도의 죽음과 부활에서 아브라함과 그 후손을 통해 온 세상을 축복하시려는 언약에 대한 하나님의 신실하심이 나타났다는 큰 맥락에서 칭의의 교리를 새롭게 해석해야 한다는 것이다. 예수 그리스도의 죽음과 부활을 통해서 하나님은 종말에 이루실 일을 이미 성취하셨다. "예수의 유일하고 결정적인 죽음은 '옳은 상태에 있다'는 판결이 마지막 날에 앞서 선언될 수 있는 근거다."[71] 하나님이 예수를 죽은 자 가운데서 살리신 것은 무엇을 의미하는가? 그것은 예수를 의롭다 하신 것이며 그를 통해 아브라함과의 언약을 성취하신 것이다. 또한 예수의 부활은 죽음과 그 원인인 죄가 이미 패배했음을 뜻한다. "그것이 바로 판결이 정당하게 선언될 수 있는 이유다. 그것이 우리가 현재 누가 언약 가족에 속했는지를 말할 수 있는 이유다."[72]

결국 라이트에게 칭의는 우선적으로 언약 구성원 자격에 관한 문제다. 칭의란 유대인과 이방인으로 구성된 언약 가족의 일원이라는 것을 하나님께 인정받는 것이다. 라이트는 이런 언약적 의미뿐 아니라 칭의의 법정 의미를 애써 살리려고 한다. 신자는 예수 그리스도와 연합하므로 옳다고 인정받는다. 그 법정적 판결의 근거는 예수 그리스도의 대표적인 죽음과 부활(representative death and resurrection)이다. "부활은 예수와 그의 백성이 하나님 앞에 의롭다는 선언이다."[73]

---

71 Wright, *Justification*, 189.
72 같은 책, 189.
73 N. T. Wright, "Justification", *New Dictionary of Theology*, ed. Sinclair B. Ferguson (Downers Grove: IVP Academic, 1988), 360.

그러면 여기서 의롭다는 의미는 무엇인가? 라이트는 아우구스티누스에서부터 내려오는 중세 로마 가톨릭의 견해, 즉 '실제적으로 의롭게 만든다'는 개념을 배격한다. 그의 주장에 따르면, 바울은 우리를 실제 변화시키는 행위가 아니라 우리에게 어떤 신분(status)을 부여하는 선언으로서 칭의의 의미를 전달하려 했다.[74] 칭의를 통해 우리의 신분이 변화되는 것이지 실제 존재와 인격이 변화되는 것이 아니다. 도덕적으로 새로워지거나 어떤 의가 주입되는 것도 아니다. 이 점에서 라이트의 견해는 중세 로마 가톨릭과 결별하고 개혁주의 진영으로 넘어온 것처럼 보인다.

그러나 바로 이 점에서 라이트와 개혁주의 입장이 가장 첨예하게 대립된다. 라이트는 우리에게 전가된 예수 그리스도의 의에 근거하여 의롭다고 칭함을 받는다는 전통적 견해는 법적 허구라고 신랄하게 비판한다. 법정에서 판사가 자신의 의를 피고에게 전가하거나 전수한다는 것은 도저히 생각할 수 없는 난센스라는 것이다.[75] 법정에서 "판사가 자신의 의를 피고에게 입혀 주지 않는다. 그가 피고에게 메시아의 의라고 칭하는 것을 주지도 않는다. 바울은 그것을 전혀 암시조차 하지 않았다."[76]

그렇다면 개혁주의에서 주장하듯이 어떤 의가 전가되는 것도 아니고 로마 가톨릭에서 가르치듯이 의가 주입되는 것도 아니며, 어떤 도덕적·자질적 변화도 없는 단순한 신분 변화라면 그것은 또 다른 법적 허

---

74   Wright, *Justification*, 70.
75   Wright, *What Saint Paul Really Said?*, 98.
76   Wright, *Justification*, 180.

구 아닌가? 라이트는 칭의가 실제적이고 도덕적인 변화가 일어나는 것을 뜻하지 않지만 어떤 의미에서 분명한 변화를 초래한다고 본다. "칭의는 참으로 의, 옳다고 인정받은 신분을 창조한다."[77] 하나님은 칭의를 선언함으로써 메시아에게 속한 모든 사람에게 의롭다고 인정받는 신분을 실제로 창출해 내신다는 것이다. 라이트는 그것이 바로 예수 그리스도의 구속으로 말미암아 하나님의 은혜로 값없이 의롭다 함을 얻는다는 말씀(롬 3:24)의 의미라고 주장한다.[78]

그렇다면 라이트는 의롭다고 인정받는 것의 실제 의미를 어떻게 이해하는가? 그것은 메시아의 의로움 안에서 그를 믿는 모든 언약 백성들이 '옳다'는 판결이다. 하나님은 아브라함과 그 후손인 언약 백성이 결국 옳다는 법적 판결을 내리심으로써 이스라엘을 통해 전 세계를 새롭게 하시려는 언약을 성취하신 것이다.[79] 라이트는 이 점에서 칭의의 언약적인 면과 법정적인 면은 하나로 어우러져 있다고 본다. 메시아의 신실한 죽음 안에서 하나님이 죄에 대한 형벌을 선고하심으로써 메시아에게 속한 사람들이 아무런 선행과 공로가 없고 경건치 않음에도 옳다는 선고를 받고 그 결과 언약 공동체의 당당한 구성원이 된다는 것이다.[80] 여기서 라이트의 견해는 개혁주의 칭의론에 매우 근접한 것 같다. 그러나 바로 이 부분에서 둘 사이에 메울 수 없는 간극이 벌어진다.

이 대목에서 라이트는 그동안 호평과 칭찬을 아끼지 않으며 자신도 그 발자취를 따르기 원한다고 했던 개혁주의 노선에서 돌아선다. 그는

---

77 같은 책, 71.
78 같은 책, 180.
79 같은 책, 180-181.
80 같은 책, 187.

1. 라이트의 칭의론 해석의 틀

도덕적인 율법의 요구에 순종한 예수 그리스도의 의로움이 믿는 자들에게 법적으로 전가되어 그들이 값없이 의롭다 함을 얻는다는 전통 교리를 신랄하게 비판한다. "예수가 율법에 순종했고 그로 인해 그를 믿는 이들의 것으로 여길 의로움을 획득했다고 생각하는 것은…영락없는 범주 오류다."[81] 아무리 경건을 고양하는 데 도움이 되고 목회적 유익이 있을지라도 성경 고유의 관점과 아주 상이한 교리의 틀을 무리하게 본문에 뒤집어씌워 해석하는 것은 성경의 원래 의미를 완전히 뒤바꾸는 결과를 초래한다는 것이다.[82]

라이트는 전통적인 전가 교리보다 훨씬 더 성경적인 관점에서 구원의 복음을 이해할 수 있는 길이 있다고 주장한다. 그것은 바울이 로마서 6장에서 명쾌하게 밝히고 있는 참여의 관점이다. "나는 전가된 의가 강조하려던 것이 로마서 6장에서 완벽하게 이루어졌다고 생각한다. 거기서 바울은 메시아에게 사실인 것이 그의 모든 백성에게도 사실이라고 선언한다. 예수님은 그의 형벌적인 죽음 이후에 하나님으로부터 메시아로 입증되었다. 나는 메시아 안에 있다. 그러므로 나 역시 죽고 부활하였다. 로마서 6장에 따르면, 하나님은 세례받은 자를 보실 때 그리스도 안에서 그들을 보신다. 그러나 바울은 우리가 그리스도가 획득한 공로의 옷을 입은 것으로 하나님이 보신다고 말하지 않는다. 그것은 '옳음'이나 '의로움'에 대한 잘못된 의미일 것이다. 하나님은 우리를 그리스도의 판정 안에서 보신다. 즉 우리가 그리스도와 함께 죽고 그

---

81 같은 책, 205.
82 같은 책, 134, 206.

와 함께 다시 살림을 받은 것으로 보신다."[83]

라이트의 주장에 따르면, 바울은 그리스도가 율법에 완벽하게 순종하셨기에 우리도 그 안에서 율법에 순종한 것으로 하나님이 간주하신다고 말하지 않는다. 바울이 말하는 바는 그리스도와의 연합을 근거로 우리도 죄에 대해 죽고 의에 대해 부활했다는 것이다. 하나님은 그리스도를 믿는 우리가 죄에 대해 죽고 새 생명으로 다시 살아난 것으로 간주하신다.[84] 라이트는 예수 그리스도가 위대한 해방자이며, 그의 죽음과 부활은 '위대한 유월절'을 뜻한다고 본다. 그 유월절 사건에 참여함으로 우리는 죄의 노예 상태에서 전격 해방되어 단숨에 하나님의 언약 백성이라는 신분을 얻는다. 라이트는 전통적인 전가 교리가 제시하려고 했던 진리를 바울이 이러한 언약적 틀 속에서 전달하였다고 주장한다.[85] 전가 교리가 의도하는 것보다 바울은 사실 더 많은 것을 이루었다는 것이다. "한 사람이 죽었다가 다시 살아났다는 사실을 아는 것이 한 사람이 토라를 대리적으로 성취했음을 아는 것보다 목회적인 차원에서 훨씬 더 중요하다."[86] 라이트는 자신의 견해를 '전가된 의'(imputed righteousness)를 대신한 '참여된 의'(incorporated righteousness), '전가에 의한 칭의'(justification by imputation)가 아니라 '참여에 의한 칭의'(justification by incorporation)라고 부를 수 있는 가능성을 시사한다.[87]

---

83 Wright, "New Perspective on Paul", 260-261.
84 Wright, *Justification*, 205.
85 같은 책, 205-206.
86 같은 책, 206.
87 같은 책.

라이트에 따르면, 의롭다는 선언은 기독론적 바탕 위에서 종말론적 판결이 선취되는 것이다. 최종 판결은 전 생애를 바탕으로 마지막 날에 내려진다(롬 2:1-16). 그러나 예수님의 성취에 근거하여 현재로 앞당겨진다. 이렇게 최종 판결이 현재로 앞당겨질 수 있는 근거가 기독론이다. 하나님은 예수 그리스도의 죽음과 부활 사건 안에서 마지막 때에 하실 일을 선취하셨다. 부활이 마지막에 일어날 사건이 아니라 이미 역사의 지평에서 일어난 것이다. 예수 그리스도의 죽음과 부활을 통해서 예수님에게 내려진 의롭다는 판결이 그리스도와 연합한 모든 사람에게도 동일하게 적용된다. 그리스도의 죽음과 부활이야말로 최종 판결이 종말에 앞서 현재 우리에게도 정당하게 선언될 수 있는 근거다.[88] 곧 그리스도 안에서 우리가 죄로부터 자유하였고 하나님의 언약 백성의 일원이라는 판결의 기초가 된다는 말이다. 그리고 믿음은 언약 백성의 일원이라는 표식이다.[89]

   라이트는 현재적 칭의의 방편은 단순히 믿음이라고 말한다. 그러면 최종 칭의의 방편은 무엇인가? 그는 최종 판결은 우리의 모든 행위에 근거하여 내려질 것이라고 한다. 그렇다면 믿음으로 내려지는 현재적 칭의와 미래적 칭의는 어떻게 일치하는가?[90] 결국 이런 주장은 칭의가 인간의 행위에 의해 완성된다고 보는 오류에 치우치는 것 아닌가? 이런 빗발치는 비판에 대응하여 라이트는 그에 대한 변론에 심혈을 기울인다. 그는 이런 모든 우려를 불식시킬 수 있는 답변을 성령론에서 찾

---

88   같은 책, 189.
89   같은 책.
90   같은 책, 86.

으려고 한다. 그는 오직 믿음에 기초하여 내려지는 현재적 칭의와 미래적 칭의는 일치한다고 말한다.[91] 그것이 어떻게 가능한가. 그에 대한 대답은 성령론이다. 그는 성령을 굳게 믿는다고 선언한다. 성령의 역사가 최종 칭의의 보증이라는 것이다.

---

91 같은 책, 165.

갈라디아서 주해

2장

갈라디아서 2:11-16

지금부터는 라이트가 바울의 칭의론을 이해하는 기본 틀과 개념이 칭의와 관련한 바울 본문을 해석하는 데 구체적으로 어떻게 작용하는지 살펴보려고 한다.

라이트가 제안한 해석 틀이 가장 잘 맞아떨어지는 바울서신은 갈라디아서일 것이다. 그래서인지 그는 『칭의』의 주해 부분에서 가장 먼저 갈라디아서를 다룬다.[1] 물론 이는 칭의론이 가장 먼저 언급된 곳이 갈라디아서라고 보았기 때문이기도 할 것이다. 라이트에 따르면 칭의론이 어떤 배경과 논쟁에서 전개되었는지, 어떤 의도로 쓰였는지 가장 확실히 파악할 수 있는 서신이 바로 갈라디아서다. 칭의 논쟁은 갈라디아서 2:11-13에 기록된 안디옥 사건을 계기로 촉발되었다는 사실이 여기서 분명하게 드러난다.

> [11]게바가 안디옥에 이르렀을 때에 책망받을 일이 있기로 내가 그를 대면하여 책망하였노라. [12]야고보에게서 온 어떤 이들이 이르기 전에 게바가 이방인과 함께 먹다가 그들이 오매 그가 할례자들을 두려워하여 떠나 물러가매 [13]남은 유대인들도 그와 같이 외식하므로 바나바도 그들의 외식에 유혹되었느니라.

이방인과 함께 식사를 하다가 베드로가 예루살렘의 야고보에게서

---

1 Wright, *Justification*, 91-118.

온 사람들을 보고 할례자들을 두려워하여 그 자리에서 피했고 바나바와 다른 유대인들도 그런 외식에 빠졌다. 이것이 갈라디아서에서 처음으로 등장하는 칭의 논쟁을 이해할 수 있는 배경이며, 갈라디아서 전체를 주관하는 문맥이다.

이방인도 언약 백성의 교제 속으로 들어오기 위해서는 유대인같이 되어야 한다는 할례주의자들과의 대립이 바울의 칭의론이 등장한 근접 문맥임이 틀림없다. 바울은 그런 유대적 배타주의에 맞서 율법의 행위가 아니라 오직 믿음으로 의롭다 함을 얻는다고 역설했다고 볼 수 있다. 이런 면에서 라이트의 새 관점은 갈라디아서에서 매우 유리한 고지를 선점한 듯하다. 라이트는 전통적 칭의론이 이런 바울의 핵심 논점을 헛짚었다고 비판한다. 바울이 해결하려던 과제는 아우구스티누스나 루터가 씨름한 문제와 전혀 상관이 없다는 것이다.[2] 그것은 어떻게 하나님과 관계를 맺고 그리스도인이 되는가의 문제가 아니었다.

라이트에 따르면, 갈라디아서를 옛 관점이 아니라 그 고유의 맥락, 즉 자신이 제안한 해석의 틀 속에서 읽어야 메시지가 선명해진다. 갈라디아서의 핵심 쟁점은 누가 진정한 언약 백성의 구성원인가, 누가 식탁 교제에 참여할 수 있는가였다. 그리스도 안에서 유대인을 이방인과 차별화했던 민족적 정체성의 표지(mark)가 제거되고 그들을 한 언약 백성으로 묶는 새로운 정체성의 표지가 주어진 것이다.[3] 이런 맥락에서 바울이 "칭의론을 최초로 서술한 본문", 즉 사람이 율법의 행

---

2 Wright, *What Saint Paul Really Said?*, 120.
3 Wright, *Justification*, 95.

위가 아니라 믿음으로 의롭게 된다는 말씀을 읽어야 한다는 것이 라이트의 생각이다.[4]

> [16]사람이 의롭게 되는 것은 율법의 행위로 말미암음이 아니요 오직 예수 그리스도를 믿음으로 말미암는 줄 알므로 우리도 그리스도 예수를 믿나니 이는 우리가 율법의 행위로써가 아니고 그리스도를 믿음으로써 의롭다 함을 얻으려 함이라. 율법의 행위로써는 의롭다 함을 얻을 육체가 없느니라. (갈 2:16)

라이트의 관점에서 보자면 여기서 의롭게 되는 것은 죄의 용서를 받는 것, 도덕적으로 옳다고 간주되는 것을 뜻하지 않는다. 그보다는 구체적으로 "하나님 가족의 진정한 일원으로 하나님께 인정되는 것, 그래서 식탁 교제를 나눌 수 있는 권리를 갖는 것"을 의미한다.[5] 바울이 칭의를 말할 때는 이렇게 항상 언약 백성의 일원이라는 하나님의 선언과 유대인과 이방인이 함께 진정한 언약 백성의 일원이 되었다는 것을 염두에 두었다는 것이다. 바울의 이러한 사고의 흐름을 따라 본문을 읽는다면, 그가 말한 우리를 의롭게 하지 못하는 율법의 행위가 무엇인지도 명백해진다. 그것은 오랜 개혁주의 전통에서 당연시해 온 해석, 즉 도덕적 선행이나 율법의 모든 행위를 뜻하지 않는다. 오히려 근접 문맥이 분명히 말해 주는 "이방인과 유대인을 구분 짓는 행위들"

---

4   같은 책.
5   같은 책, 96.

가령, 유대인은 이방인과 같이 식사를 하지 않는다는 행위 등이다.[6]

사람이 율법의 행위로 의롭다 함을 얻지 못한다면 어떻게 의롭다 함을 받을 수 있는가? 라이트는 '예수 그리스도를 믿음으로'(피스테오스 예수 크리스투, πίστεως Ἰησοῦ Χριστοῦ)를 '예수 그리스도의 신실함으로'라고 읽어야 한다고 주장한다. 율법의 행위가 아니라 예수 그리스도의 신실함으로 말미암아 우리가 의롭다 함을 얻는다는 것이다. 여기서 그리스도의 신실함은 아브라함과 그 가족을 통해 전 세계를 축복하시려는 하나님의 언약에 대한 메시아의 신실함이다. 그러므로 2:16에 최초로 기록된 바울의 칭의 본문의 진정한 의미를 라이트는 이렇게 해석한다. 이스라엘을 통한 하나님의 단일 계획, 즉 언약이 메시아의 신실한 언약적 죽음으로 성취되어 유대인과 이방인이 함께 진정한 언약 구성원이 되었다는 하나님의 선언이다. 언약 백성의 정체성을 규정하는 것은 유대인을 이방인과 구분하는 율법의 행위, 즉 할례와 안식일과 음식법이 아니라 오직 믿음이다. 그렇게 보면 2:16이 라이트의 해석의 틀이 가장 잘 맞아떨어지는 본문인 것 같다.

그러나 라이트의 해석 틀은 2:16 하반부에는 잘 들어맞지 않고 삐걱거린다. 바울은 "율법의 행위로는 의롭다 함을 얻을 육체가 없다"고 하면서 유대인들에게 너무도 익숙한 시편 143:2을 인용하였다.[7] 이 구절은 인간의 보편적 부패성을 증거하는 대표적인 본문이다. 라이트는 똑같은 시편 구절을 인용한 로마서 3:20에서 부연 설명하듯이 율법의

---

6   같은 책.
7   "주의 종에게 심판을 행하지 마소서. 주의 눈 앞에는 의로운 인생이 하나도 없나이다"(시 143:2).

행위로 의롭다 함을 얻지 못하는 이유는 율법으로는 죄를 알게 되기 때문이라고 주장한다. 여기서 율법의 행위로 의롭다 함을 얻지 못하는 이유가 한 가지 더해졌다. 곧 율법의 행위가 잘못된 방식으로 유대인과 이방인을 갈라놓는 것 외에 율법이 죄를 드러내기 때문이라는 것이다. "율법을 완전히 지킬 수 없다는 사실 때문에 유대인도 나머지 인류와 마찬가지로 죄인일 뿐이라는 점이 드러난다."[8]

여기서 라이트는 논리적인 모순에 빠진다. 바로 앞에서 율법의 행위는 도덕적 선행이 아니라 할례와 같이 유대인들을 구별하는 의식이라고 주장해 놓고는 곧바로 율법의 행위에 대한 전통적 이해로 전환해서 아무도 율법을 지키지 못하며 율법은 죄를 드러낸다고 말하기 때문이다. 지금까지 라이트는 율법을 완전히 지킬 수 있는 육체가 없기에 율법의 행위가 아니라 믿음으로 의롭다 함을 얻는다고 이 구절을 해석하는 옛 관점을 본문의 왜곡이라고 배격하지 않았는가.

여기서 그는 어쩔 수 없이 팽개쳐 버린 옛 관점을 슬그머니 다시 불러들인다. "여기에서 새 관점과 옛 관점은 편하게 나란히 자리하게 되는데, 이 둘은 하나의 심장을 공유하는 신학적 샴쌍둥이라 할 수 있다."[9] 이 부분에서 그의 해석의 틀은 벽에 부딪힌다. 이 본문은 처음부터 일관되게 옛 관점을 따라 해석하는 것이 훨씬 자연스럽다. 그러나 라이트는 옛 관점을 운운하며 자신의 해석이 부딪힌 딜레마를 모면하고는 곧바로 새 관점으로 돌아가 이 구절의 주해를 결론짓고 만다. "의가 의미하는 바는 이제 메시아를 믿는 유대인과 이방인으로 구성된

---

8 같은 책. 98.
9 같은 책. 한글 번역본을 인용하였다.『톰 라이트 칭의를 말하다』, 157.

하나님의 진정한 가족이 누리는 신분이다."[10] 그리고 칭의는 누가 그 언약 백성의 일원인지에 대한 판결을 뜻한다고 주장한다.

갈라디아서 3:10-13

갈라디아서에서 바울이 일차적으로 할례와 같은 특정한 율법의 행위에 의존하는 자들과 쟁론한 것은 분명하다. 그러나 그런 행위는 본질적이고 포괄적인 인간의 문제, 즉 그리스도의 은혜보다 율법의 행위를 더 자랑하고 의존하는 육체의 교만과 맞닿아 있고 바울은 그것을 겨냥하여 그의 공세의 폭을 넓혀 간다. 바울의 관점이 특정한 율법 의식으로 이방인들을 차별화하는 유대적 우월주의에만 국한되지 않고 복음의 은혜를 대적하는 모든 육신의 행위와 자랑까지 포괄하는 차원으로 확대된다는 점이 3:10-13에서 분명히 드러난다.

[10]무릇 율법 행위에 속한 자들은 저주 아래에 있나니 기록된 바 누구든지 율법 책에 기록된 대로 모든 일을 항상 행하지 아니하는 자는 저주 아래에 있는 자라 하였음이라. [11]또 하나님 앞에서 아무도 율법으로 말미암아 의롭게 되지 못할 것이 분명하니 이는 의인은 믿음으로 살리라 하였음이라. [12]율법은 믿음에서 난 것이 아니니 율법을 행하는 자는 그 가운데서 살리라 하였느니라. [13]그리스도께서 우리를 위하여 저주를 받은 바 되사 율법의 저주에서 우리를 속량하셨으니 기록된 바 나무에 달린 자마다 저주 아래에 있

---

10 같은 책, 100.

는 자라 하였음이라.

바울은 할례나 음식법과 같은 율법의 행위로 의롭다 함을 얻는다고 주장하는 자들에게 율법은 율법에 기록된 모든 조항을 항상 행하지 않는 모든 이에게 저주를 선언한다고 못 박는다(3:10). 바울이 인용한 신명기 27:26의 말씀, "이 율법의 말씀을 실행하지 아니하는 자는 저주를 받을 것이요"가 가리키는 율법의 행위는 단순히 할례나 안식일, 음식법이 아니다. 그 근접 문맥인 신명기 27:11-25을 보면, 저주를 받을 행위는 우상을 만드는 행위(15절), 부모를 경홀히 여기는 행위(16절), 이웃의 경계표를 옮기는 행위(17절), 맹인에게 길을 잃게 하는 악한 행위(18절), 객이나 고아나 과부의 송사를 억울하게 하는 행위(19절), 여러 종류의 음행(20-23절), 이웃을 살해하는 행위(24절), 무죄한 자를 죽이려고 뇌물을 받는 행위(25절)다. 바울은 거기에 더해 율법의 모든 일이라는 어구를 첨가하였다. 그래서 율법 책에 기록된 "모든 일"을 "항상" 행하지 아니하는 "모든" 자는 저주 아래 있다고 했다. 바울이 분명히 명시한 대로 여기에서 제외된 율법의 행위는 없으며 열외인 사람도 없다. 율법의 행위를 할례와 같이 유대인을 차별화하는 표지 역할을 하는 것으로 국한시키는 새 관점은 이 부분에서 전혀 힘을 발휘하지 못한다.

라이트는 이 구절의 명백한 문자적 의미를 무시하고 에둘러서 자신의 관점에 억지로 꿰맞추려 한다. 그는 다시 이 장에서 바울이 의도하는 바는 율법이 정죄하거나 죄를 드러낸다는 것이 아니라고 말한다. 율법의 문제는 그것이 아브라함에게 주어진 언약의 성취를 방해한다는 데 있다. "첫째는 이스라엘의 실패 가운데 언약을 현저히 질식시킴으로써(10-14절), 그리고 약속된 단일 가족이 둘로 나뉘도록 위협함으로써 (15-18절), 마지막으로 모든 사람을 죄의 감옥에 가둠으로써" 언약의 길목을 가로막는다.[11]

그렇다면 바울이 명시한 '모든' 율법, '모든' 사람은 어떻게 이해해야 하나? 라이트는 바울이 인용한 신명기 27:26은 27장뿐 아니라 더 큰 문맥, 27-30장에서 살펴봐야 한다고 주장한다. 거기서 범죄한 이스라엘에 대한 심판과 유배와 회복이라는 패턴이 나타나며, 개인이 아니라 국가적인 죄에 초점이 맞추어져 있다는 것이다. 그 부분에서의 주된 관심은 "개인이 죄를 지으면 무슨 일이 생기는가가 아니라 국가 전체가 율법 전체를 지키는 데 실패할 때 무슨 일이 발생하는가에 대한 질문이다."[12] 결국 갈라디아서 3:10에서 바울의 의도는 이스라엘 전체가 율법적 언약에 충실하지 못함으로 율법의 저주 아래 놓이게 되었다는 것이다.[13]

라이트가 말하는 율법의 저주는 전통적으로 이해해 온 것처럼 개인이 율법을 범함으로 말미암아 당하게 될 율법의 정죄와 거기에 따르는 하나님의 심판과 진노를 의미하지 않는다. 오히려 그것은 이스라엘 국가가 유배 상태에 처하게 된 것을 뜻한다. 라이트에 따르면, 1세기의 유대인들과 바울은 바벨론 포로기가 끝난 후에도 이 유배 기간이 당시까지도 계속되고 있다고 보았다. 이스라엘이 여전히 국가적 실패로 임한 저주 아래 있었다는 것이다.[14] 이 저주가 영원히 그들 위에 머

---

11 같은 책, 102.
12 Wright, *The Climax of the Covenant*, 146.
13 같은 책, 136-156.
14 Wright, *Justification*, 104.

문다면 이스라엘을 통한 하나님의 단일 계획, 즉 온 세상을 축복하시려는 하나님의 언약은 결코 성취될 수 없고 언약의 축복은 이방 세상에까지 미치지 못할 것이다. 그러므로 이스라엘 메시아의 임무는 한없이 지속되는 유배 상태를 종식시키고 아브라함과 맺은 언약을 성취하는 것이다. 이런 관점에서 그리스도께서 우리를 위해 저주를 받으셨다는 3:13의 말씀을 해석해야 한다.

이런 해석에 따르면, 그리스도가 우리를 위해 나무에 달리심으로 그 저주는 절정에 이르렀고 국가적 저주가 불러온 유배 상태가 종결되어 언약의 축복이 이방인에게까지 흘러가는 대로가 열리게 되었다. 그리하여 유대인과 이방인이 모두 새 언약에 약속된 성령을 오직 믿음으로 받게 되었다(3:2, 5). 옛 언약 백성의 표지 역할을 하던 할례와 음식법은 이제 새 언약 백성의 진정한 표식인 믿음으로 대체되었다. 따라서 3:10-13은 최초로 기록된 칭의 구절인 2:16의 의미를 더욱 심화한 것이다. 라이트는 두 구절 다 개인의 구원 문제가 아니라 어떻게 언약 백성을 정의하느냐의 질문에 초점이 맞추어져 있다고 본다. 결국 이 부분에서 바울이 말하는 칭의는 언약 백성의 일원이 누구인지에 대한 선언이며, 믿음은 언약 백성임을 드러내는 표징이다.

라이트는 바울의 칭의론을 개인 구원의 차원으로 축소시키는 것에 극렬하게 저항한다. 믿음으로 의롭다 함을 얻는다는 칭의의 선언도 우선적으로 전 세계를 위한 신적 언약의 큰 틀에서 이해해야 하며 그 안에 개인 구원과 갱신도 포함되어 있다고 봐야 한다는 입장이다. 또한 "내가 그리스도와 함께 십자가에 못 박혔나니 그런즉 이제는 내가 사는 것이 아니요 오직 내 안에 그리스도께서 사시는 것이라"는 바울의 고백(2:20)도 전통적으로 이해하듯 사적 종교 체험을 의미하지 않는다고 본다. 이는 그리스도 안에서 "율법에 의해 정의되던 옛 정체성에 대해서 죽고" 그리스도를 믿음으로 말미암아 정의되는 새 정체성에 대해 다시 산 것을 뜻한다.[15] 곧 집합적 정체성의 의미에 초점이 맞추어져 있다는 것이다.

라이트는 갈라디아서에 나오는 바울과 유대주의자들의 싸움을 마치 옛 관점과 새 관점의 갈등처럼 패러디한다. "어리석도다. 갈라디아 사람들아…누가 너희를 꾀더냐"고 힐문했던 바울처럼, 라이트도 "옛 관점 수구분자들이여, 어찌하여 미혹을 당해 낭만주의적이고 실존주의적인 개인주의로 다시 돌이킨다는 말인가?" 하고 질타한다.[16] 라이트는 옛 관점이 여전히 필요하다고 인정하면서도 옛 관점이 성경의 유일한 권위를 내세워 자신들의 주장을 관철시키기 위해 성경을 조직적으로 곡해했다는 비난의 수위를 전혀 누그러뜨리지 않는다.[17] 실제 라이트가 말하려는 논지의 핵심은 옛 관점을 폐기처분하고 새 관점으로 바울을 읽을 때만 옛 관점이 주장하려던 참된 의미도 발견할 수 있다는 것이다.

필자는 이 지점에서 전 세계를 아우르는 하나님의 위대한 계획, 언약의 거대담론 속에서 개인적 구원과 체험은 과거의 심도 있는 논의의 자리를 박탈당한 채 사소하고 부수적인 첨언의 수준으로 밀려 나갔다는 인상을 지울 수 없다. 라이트는 바울이 인용한 신명기 27:26을 28-30장에

---

15 같은 책, 99.
16 같은 책, 109.
17 같은 책, 110.

근거하여 율법을 범한 국가적 죄로 이해한다. 그러나 27:26은 27:15-25에 근거해서 내려진 결론에 해당하는 말씀으로서 율법을 범한 개인의 죄를 가리킨다. 우상을 만들지 말고 부모를 거역하지 말라는 계명과 살인과 음행과 탐욕을 금하는 율법을 범하는 자에게 율법의 저주가 임한다고 선고한 것이 분명하다. 또한 라이트의 주장대로 국가적인 죄라고 인정하더라도 그것은 개인의 죄들의 집합으로서 개인의 죄와 근원적으로 연결된다. 하나님이 언약 공동체에 연대 책임을 묻고 연대적 징계를 내리기도 하시지만, 각 개인별로 죄를 심판하신다는 것은 하나님이 규정하신 불변의 법칙이다.

라이트의 해석은 많은 의문을 촉발한다. 어떻게 각 개인이 율법을 범함으로 각 사람 위에 임하는 저주가 다 뭉뚱그려져 국가적 차원에서 임하는 저주, 즉 유배로 대체되어 버리거나 환원될 수 있는가? 각 개인에게 임할 저주가 이스라엘이 포로가 되었다는 사실에 다 흡수되어 상쇄될 수 있다는 말인가? 예수 그리스도의 죽음은 고작 국가적 저주를 제거함으로써 이스라엘의 유배 상태를 종식시키는 것인가? 이스라엘의 국가적 저주를 위해 그리스도가 죽었다면 이방인에게는 그리스도의 죽음으로 제거해야 할 어떤 저주가 있다는 말인가? 그의 논리에 따르면, 그리스도의 죽음은 이스라엘의 저주를 제거함으로써 언약의 축복이 이방인에게 임하게 하였으나 그 죽음이 이방인이 받아야 할 저주를 대신 받은 것과 직접 연결되지는 않는다.

라이트는 갈라디아서 3:13을 그리스도의 대리적인 속죄를 의미하는 것으로 해석하는 것이 분명한 범주 오류라고 주장한다. 그는 죄와 구원의 문제가 중요하며 "그 중심에는 예수 그리스도가 우리의 죄를 위해 죽으셨다는 사실이 놓여 있다"는 점을 인정한다.[18] 그럼에도 죄로부터의 구원이라는 관점에서만 이 본문을 해석하게 되면 "바울 자신의 문맥에서 완전히 벗어나게 되며" "모든 시대에 바울이 전하려고 했던 말씀을 잃어버리게 된다"고 주장한다.[19] 이렇게 라이트는 조금도 양보하지 않고 새 관점을 고수하면서 옛 관점의 관심까지 그 틀 속에 끌어들이려고 한다. "하나님의 종말론적 백성의 멤버십에는 개인의 죄가 처리되었다는 개념이 그 핵심 요소로 포함된다. 가족 멤버십은 죄 사함과 상반되는 것이 아니라 오히려 그에 대한 적절하고 성경적인 문맥이다."[20]

죄에 대한 옛 관점의 관심에 부응하기 위해 라이트는 자신의 칭의론에도 법정적 의미가 내포되었다는 점을 부각시킨다. 칭의는 특정한 율법의 행위가 아니라 믿음으로 하나님의 언약 백성의 일원이 됨을 인정한다는 의미인데 여기에는 법정적 의미도 포함되어 있다는 것이다. '너희가 언약 백성'이라는 하나님의 판결에는 '너희가 더 이상 죄의 종이 아니라 죄에서 해방된 하나님의 자녀'라는 신분의 변화가 전제되어 있다. 라이트는 이 법적인 선언, 판정은 메시아의 죽음에서 확증된 그리스도의 신실함에 기초한다고 주장한다.

라이트는 '피스테오스 크리스투'(πίστεως Χριστοῦ)는 그리스도에 대한 믿음이 아니라 그리스도의 믿음, 신실함으로 해석해야 한다고 주장한다. 그리스도가 죽기까지 신실하게 하나님께 순종하심으로써 이스라

---

18 같은 책.
19 같은 책, 111.
20 같은 책, 112.

엘의 불순종이 불러온 율법의 저주와 그 결과로 계속되는 유배 상태를 종식시켰다는 것이다. 그로 말미암아 언약의 성취를 가로막고 있던 거침돌이 제거되고 언약 축복이 이방인에게까지 미치게 되었고, 이스라엘을 통해 온 세상을 축복하시려는 하나님의 단일 계획이 드디어 실현되었다. 라이트는 이렇게 해석할 때, 우리가 받아야 할 저주를 그리스도가 대신해서 받았다는 단순 교환의 의미로 이해하는 것보다 훨씬 더 큰 그림을 파악할 수 있다고 주장한다.[21] 그는 그리스도가 율법의 저주 가운데 죽은 것을 우리 대신 율법의 요구를 완전히 이루심으로 우리에게 법적으로 전가해 줄 의로움을 이루시기 위해서였다고 보는 전통적 관점은 갈라디아서 칭의 본문에 나타나는 바울의 의도를 완전히 벗어난 것이라고 비판한다.[22]

전가 교리에 적대적인 라이트의 입장 저변에는 그의 색다른 율법관이 깔려 있다. 그는 율법에 대한 전통적인 이해를 배격한다. 율법은 완벽한 순종을 요구하며 그 율법을 온전히 지키지 못했을 때는 저주를 받기 때문에 우리가 받아야 할 저주를 그리스도가 대신 담당했다는 견해는 심히 왜곡된 주장이라고 비판한다. 그렇다면 하나님이 율법 아래 있는 이들을 속량하시기 위해 당신의 아들을 율법 아래 태어나게 하시고 율법의 저주 가운데 죽게 하셨다는 말씀을 어떻게 이해해야 하는가?

---

21 같은 책, 114.
22 같은 책.

갈라디아서 4-5장

바울은 갈라디아서에서 "하나님이 그 아들을 보내사 여자에게서 나게 하시고 율법 아래에 나게 하신 것은 율법 아래에 있는 자들을 속량하시고 우리로 아들의 명분을 얻게 하려 하심이라"(4:4-5)고 했다. 이 말씀은 로마서 8:3과 짝을 이룬다. "율법이 육신으로 말미암아 연약하여 할 수 없는 그것을 하나님은 하시나니 곧 죄로 말미암아 자기 아들을 죄 있는 육신의 모양으로 보내어 육신에 죄를 정하사." 거기서 바울은 갈라디아서 3:13과 4:4-5이 의미하는 바를 결합하여 함축적으로 표현하였다. 곧 우리가 육신이 연약해서 율법의 요구를 지키지 못하기 때문에 아들을 육신의 모양으로 율법 아래 보내셔서 정죄함, 저주를 담당케 하셨다는 것이다. 이것이 바로 "그리스도께서 우리를 위하여 저주를 받은 바 되사 율법의 저주에서 우리를 속량하셨다"(갈 3:13)는 말씀이 의미하는 바가 아니고 무엇이겠는가.

그러나 라이트는 갈라디아서 4:4-5을 전혀 다루지 않고 건너뛴다. 또한 4:21-31에 기록된 사라와 하갈의 비유를 슬쩍 지나쳐 버린다.

²¹내게 말하라 율법 아래에 있고자 하는 자들아 율법을 듣지 못하였느냐. ²²기록된 바 아브라함에게 두 아들이 있으니 하나는 여종에게서, 하나는 자유 있는 여자에게서 났다 하였으며 ²³여종에게서는 육체를 따라 났고 자유 있는 여자에게서는 약속으로 말미암았느니라. ²⁴이것은 비유니 이 여자들은 두 언약이라 하나는 시내 산으로부터 종을 낳은 자니 곧 하갈이라. ²⁵이 하갈은 아라비아에 있는 시내 산으로서 지금 있는 예루살렘과 같은 곳이니 그가

그 자녀들과 더불어 종노릇하고 ²⁶오직 위에 있는 예루살렘은 자유자니 곧 우리 어머니라. ²⁷기록된 바 잉태하지 못한 자여 즐거워하라 산고를 모르는 자여 소리 질러 외치라 이는 홀로 사는 자의 자녀가 남편 있는 자의 자녀보다 많음이라 하였으니 ²⁸형제들아 너희는 이삭과 같이 약속의 자녀라. ²⁹그러나 그 때에 육체를 따라 난 자가 성령을 따라 난 자를 박해한 것같이 이제도 그러하도다. ³⁰그러나 성경이 무엇을 말하느냐 여종과 그 아들을 내쫓으라 여종의 아들이 자유 있는 여자의 아들과 더불어 유업을 얻지 못하리라 하였느니라. ³¹그런즉 형제들아 우리는 여종의 자녀가 아니요 자유 있는 여자의 자녀니라.

만약 라이트가 줄기차게 주장하듯이 아브라함과의 언약의 맥락 속에서 바울의 칭의론을 해석해야 한다는 원리를 일관되게 적용한다면 로마서 9-11장을 로마서의 절정이라고 했듯이 이 부분이 갈라디아서의 절정이라고 보아야 할 것 같은데 웬일인지 이 부분을 별로 주목하지 않는다. 그것은 그의 해석의 틀에 잘 맞아떨어지지 않기 때문일 것이다.

이 단락은 "율법 아래에 있고자 하는 자들아 율법을 듣지 못하였느냐"(4:21)라는 말로 시작된다. 여기서 바울이 말한 "율법 아래 있고자 하는 자들"은 앞에서 바울과 논쟁했던 율법을 통해 의롭다 함을 얻으려는 이들을 가리키는 것이 분명하다. 만약 그들과의 논쟁이 라이트가 주장한 대로 할례나 음식법 같은 율법 행위를 통해 언약 백성의 일원임을 주장하는 문제였다면 바울은 아주 엉뚱한 비유를 든 셈이다. 아직 율법이 주어지기도 전이니 아브라함이 그들과 같이 특정한 율법의 행위에 의존하여 언약 백성임을 내세운 사례로 비유될 수는 없는 노릇이다.

그렇다면 어떤 면에서 둘을 비교하는 것일까. 갈라디아 교회에서 문제를 일으켰던 율법에 속한 이들과 아브라함이 완벽하게 대비가 될 수 있었던 부분은 약속을 신뢰하지 않고 부패한 육신의 노력으로 언약을 성취해 보려던 시도였다. 곧 하갈을 통해 아들을 낳은 것이다. 바울은 이런 아브라함의 실수를 시내 산으로부터 종을 낳는 행위로 비유했다. 그것은 시내 산에서 주어진 율법을 통해 언약을 성취해 보려는 교만한 육체의 행위와 정확히 대비된다. 따라서 하갈로 비유된 시내 산으로부터 낳은 아들은 육체를 따라 난 자라고 했다. 반면에 사라로 상징되는 예루살렘으로부터 난 아들은 성령을 따라 난 자다.

여기서 시내 산과 예루살렘, 율법과 은혜, 종과 자유자, 육신과 성령의 대립 구도가 확연히 드러난다. 예루살렘의 은혜 언약을 믿음으로 약속의 자녀에게 주어지는 자유에 이르는 성령의 길과 그 은혜를 거부하고 시내 산의 율법을 통해 자기 의를 세우려는 육체의 길이 날카롭게 대립된다. 예수 그리스도를 믿음으로 말미암아 성령으로 거듭난 모든 사람은 사라를 통한 약속의 성취를 믿었던 아브라함의 길을 따르는 이들이다. 반면에 갈라디아 교회의 유대주의자들처럼 율법의 행위로 의롭다 함을 얻으려는 자들은 하나님의 약속을 육체의 노력으로 이루어 보려던 아브라함의 불신앙의 길을 쫓는 것이다. 전자는 성령 안에서 하나님 자녀의 자유함에 이르는 길인 반면 후자는 육체 가운데 율법의 비참한 멍에를 메는 길이다.

그래서 바울은 바로 이어지는 갈라디아서 5장을 이렇게 시작한다.

¹그리스도께서 우리를 자유롭게 하려고 자유를 주셨으니 그러므로 굳건하게 서서 다시는 종의 멍에를 메지 말라. ²보라 나 바울은 너희에게 말하노니 너희가 만일 할례를 받으면 그리스도께서 너희에게 아무 유익이 없으리라. ³내가 할례를 받는 각 사람에게 다시 증언하노니 그는 율법 전체를 행할 의무를 가진 자라. ⁴율법 안에서 의롭다 함을 얻으려 하는 너희는 그리스도에게서 끊어지고 은혜에서 떨어진 자로다. (갈 5:1-4)

바울은 여기서 다시 앞부분의 논의를 재개한다. 바울은 할례를 받는 자는 모든 율법을 행할 의무를 떠안는 것이고 그렇게 율법을 행함으로 의롭다 함을 얻으려는 자는 그리스도에게서 끊어진다고 말했다. 여기서도 그는 율법의 행위에 속한 이는 저주 아래 있다는 그의 논지를 일관되게 발전시킨다. 율법을 따르는 육체의 길은 결국 그리스도에게서 끊어지고 은혜에서 떨어지며 율법의 속박과 저주 아래 놓이게 된다. 오직 예수 그리스도를 믿는 성령의 길만이 진정한 하나님 자녀의 자유에 이르게 하고 믿음의 열매를 맺게 한다. 성령 안에서 믿음은 사랑으로 역사한다(5:6). 따라서 성령을 따라 행함으로 사랑의 열매를 맺어야 한다(5:16-26).

갈라디아서에서 바울의 칭의론은 믿음과 율법의 행위, 성령과 육체의 큰 대립 구도 속에서 전개되었다. 물론 칭의론의 직접적인 배경과 문맥에 유대 할례주의자들과의 논쟁이 있으며, 바울의 일차 공격 대상이 할례나 음식법 같은 특정한 율법의 행위로 이방인과 자신들을 차별화하는 유대인의 민족적 우월주의와 배타주의였던 것은 틀림없다. 그러나 바울은 거기에만 머물지 않고 더 포괄적 관점에서 칭의론을 논했다. 할례와 같은 특정한 율법의 행위에 의존한 배타주의뿐 아니라 그와 맞물린 더 큰 실체, 복음이 율법적으로 변질되는 본질적인 문제를 심도 있게 다룬 것이다.

바울은 "만일 누구든지 너희가 받은 것[복음] 외에 다른 복음을 전하면 저주를 받을지어다"라고 선언하였다(1:9). 복음의 변질이 갈라디아 교회를 향한 바울의 근본적인 우려였고 그에 대한 바울의 반론을 촉발했다고 볼 수 있다.[23] 바울의 칭의론은 단순히 민족적 우월주의뿐 아니라 거기서 표면화된 더 크고 심층적인 문제, 즉 인간의 도덕적 교만으로 인한 복음의 왜곡을 겨냥했던 것이다. 할례를 강요하는 것도 인간의 본질적인 부패성, 즉 하나님의 은혜보다 인간의 육신을 자랑하는 한 형태였다. 그래서 바울은 "너희에게 할례를 받게 하려 하는 것은 그들이 너희의 육체로 자랑하려 함이라"(6:13)고 하였다.

사라와 하갈의 비유를 통해 성령과 육신의 대립 구도가 더 선명하게 부각된다. 육체를 따라 난 자와 성령을 따라 난 자(4:21-31), 성령을 대적하는 육체의 행위(5:16-26)가 극명하게 대립된다. 결국 육체를 따라 난 자는 하나님의 은혜를 거부하고 할례와 같은 율법의 행위를 통해 육신을 자랑하고 헛된 영광을 구한다(5:26; 6:13). 그러나 성령으로 난 자는 믿음으로 하나님의 은혜에 의존하고 자랑하며 의의 소망을 기다

---

23 바울의 칭의론은 안디옥 사건을 계기로 정립된 것이 아니라 그의 선교 사역 초기부터 전해졌다. 김세윤 박사는 갈라디아서보다 먼저 기록된 데살로니가전서에 이미 칭의론이 나타난다는 점을 잘 변증하였다. 김세윤, 『바울 신학과 새 관점』, 145-167. 오래전에 메이첸(Machen)은 칭의의 복음이 이방 선교의 산물이 아니라 오히려 그 복음 때문에 바울이 이방 선교에 헌신하게 되었다고 했다. J. G. Machen, *The Origin of Paul's Religion* (London: Hodder and Stoughton, 1921), 278. 『바울 종교의 기원』(도서출판 베다니).

린다(5:4). 바울은 그리스도 안에서 값없이 주어지는 은혜에 의존하기보다 율법의 행위를 통해 육신을 자랑하려는 인간의 근본적인 죄성과 교만으로 인해 복음이 변질되는 실제 사례와 그 위험에 대응하여 칭의론을 전한 것이다.

라이트는 갈라디아서의 칭의 본문을 그 근접 문맥에서, 넓게는 구약적인 배경과 언약의 맥락에서 해석함으로써 고유의 방식을 따르는 바울 읽기의 충실한 모범을 보여 주는 것 같다. 그러나 이렇게 성경신학적으로 탁월해 보이는 해석의 저변에 깔린 전제들이 본문 주해에 영향을 주는 요소로 은밀하게 작용한다. 그 해석의 틀은 1세기 유대교와 율법의 행위에 대한 새로운 이해와 아브라함을 통한 전 세계 구원이라는 큰 그림으로 엮여 있다.

라이트는 1세기 당시 유대인은 누구도 율법을 지키지 못해서 언약에서 배제되고 영원한 저주 아래 놓이게 될 것을 염려하지 않았다고 주장한다. 그에 대한 처방책으로 언약 안에 은혜가 이미 약속되어 있기 때문이다. 이렇게 그 당시 유대교가 언약적 율법주의라고 가정했기 때문에 이 본문을 전통적으로 해석할 수 없었던 것이다. 또한 율법의 행위를 특정한 유대 의식으로 국한시킨 선입관이 작용했다는 것도 부인할 수 없다. 라이트는 율법의 모든 일이라는 바울의 명백하고 직설적인 표현 앞에서 옛 관점의 필요성을 인정하면서도 그것을 개인의 문제가 아니라 이스라엘 국가가 율법 전체를 지키지 못한 실패라면서 교묘히 빠져나갈 길을 만든다.

이스라엘의 실패로 받게 된 저주의 실체를 모호하게 만들어 버린 던과는 달리 라이트는 이 저주의 분명한 실체를 밝힌다. 그것은 이스라엘의 국가적 유배 상태의 연장이다. 그러나 라이트가 고안한 선입관을 뒤집어씌워 읽지 않는 한 갈라디아서 3:10-13에서 바울이 율법의 저주를 지속적인 민족적 유배로 보았다는 증거를 도무지 읽어 낼 수 없다. 그 본문뿐 아니라 갈라디아서 전체 문맥과 나아가 바울서신 전체에서 그런 사상이나 암시를 전혀 발견할 수 없다. 라이트는 주로 쿰란 문헌(4QMMT)에 의존하여 1세기 유대인들 대다수가 연장된 유배 상태 중에 있다는 생각을 했다고 주장하는데, 이는 성경 자체의 증언보다 유대 문헌에 더 큰 비중을 두는 심각한 오류다.

라이트는 이런 해석의 관점이 죄 문제 해결에 초점을 맞춘 옛 관점을 배제하기보다 포함한다는 점을 애써 강조한다. "하나님이 근원적인 문제인 죄를 처리하는 것과 유대인과 이방인을 함께 메시아 안의 한 가족으로 이끄는 하나님의 목적이 이 구절 전체에 걸쳐 너무도 견고하게 결합되어 있기에 이 둘을 분리하려는 시도는 헛될 것이다."[24] 그의 주장에 따르면, 새 관점은 이 둘 사이의 양자택일이 아니다. 죄로부터의 구원과 하나님의 단일 백성, 구원론과 교회론적 차원은 바울에게 있어서 서로 분리된 것이 아니라 동일한 실체의 핵심 요소들이다.

존 파이퍼를 비롯한 옛 관점 학파로부터 그가 구원론적인 차원을 축소시켰다는 맹렬한 비난을 받은 후에 라이트는 미비한 측면을 보완하려는 노력을 기울였다. 그 점에서 그의 이전 책, 『바울은 정말로 무엇을 말했는가?』(*What Saint Paul Really Said?*)와 칭의론에 대한 새로운 책, 『칭의』의 차이가 드러난다. 라이트는 바울의 칭의론에는 옛 관점이나

---

24   같은 책, 105.

새 관점 중 어느 한 시각으로만 단순하게 파악할 수 있는 내용보다 훨씬 더 풍성한 내용이 담겨 있다고 확신한다. 그래서 그는 전에 배격한 옛 관점을 다시 끌어안아 새 관점과 융화시켜 보려는 노력을 기울인다. 그럼에도 그의 해석의 일차적이고 주도적인 틀은 그가 발전시킨 새 관점이라는 사실에는 큰 변화가 없다. 그 관점에서 해석할 때 바울 자신의 맥락과 문맥에서 갈라디아서를 읽는 것이며, 그럴 때 바울의 메시지는 명백해진다는 신념을 라이트는 결코 굽히지 않는다. "이신칭의라는 전체 주제에 있어 핵심 구절의 하나인 갈라디아서 2장과 3장에서 바울이 거듭 강조하는 핵심은 '너희는 메시아 예수 안에서 모두 하나다. 만약 너희가 메시아에 속했다면 너희가 참으로 아브라함의 씨, 단일 가족, 약속에 따른 후사라는 것이다.'"[25]

라이트가 주장한 대로, 바울이 칭의의 복음을 언약의 거대한 흐름과 맥락에서 전했다는 것은 반론의 여지가 없다. 그러나 칭의 본문을 모두 언약의 큰 틀에 꼭 끼워 맞추어 무리하게 풀려는 시도는 그 구절 자체와 근접 문맥에서 명백하게 드러나는 의미를 심각하게 뒤트는 결과를 초래하였다. 그리스도인이라면 쉽게 파악할 수 있는 칭의 본문의 분명한 뜻을 라이트가 가진 해석의 전제를 알지 못하고는 도저히 읽어낼 수 없는 의미로 둔갑시켰다. 라이트의 해석적 전제를 가지고 읽지 않고서야 어떻게 그 본문을 언약 백성의 일원으로 선언하는 것이라고 읽을 수 있겠는가? 율법의 행위에 속한 자는 저주 아래 있고 그리스도가 이들을 대신해서 저주를 받았다는 말씀을 이스라엘이 국가적인 저

---

25 같은 책, 110.

주를 받아 연장된 유배 상태에 있었으며 그 저주를 제거하기 위해 주님이 고난받으셨다는 의미로 읽을 사람이 어디 있겠는가? 바울과 1세기 유대인들은 국가적 저주 때문에 자신들이 계속되는 포로기에 머물고 있다고 믿었다는 라이트의 선입 개념을 따르지 않고 그렇게 해석하는 것은 불가능하다. 그렇게 되면 일반 그리스도인들의 성경 해석은 성경 외 문서에 의존해서 1세기의 유대교와 배경을 색다르게 재구성할 수 있는 라이트 같은 학자가 주관할 수밖에 없다.

라이트는 자신이 걷어차 버린 옛 관점을 다시 끌어들여 유실된 구원론을 애써 복구해 보려고 하지만 코페르니쿠스 혁명과 같은 그의 새 관점은 폐기처분되어야 할 천동설과 같은 옛 관점과 결코 조화되지 않고 계속 모순과 충돌을 일으킨다. 온 세상을 축복하시려는 하나님의 위대한 언약이라는 틀 속에서 칭의론의 훨씬 더 풍성한 의미를 드러내려고 하다가 정작 선명하게 부각해야 할 구원의 핵심은 모호해지고 말았다.

라이트는 전통적인 견해가 바울의 복음을 16세기의 시각으로 곡해했다고 보는 데 반해 자신의 관점은 바울의 고유한 맥락에서 가장 잘 해석했다고 확신한다. 그러나 그의 관점보다는 구원론의 관점에서 출발하면 오히려 갈라디아서와 로마서에서 전개되는 칭의론의 자연스러운 흐름과 맥락을 더 잘 파악할 수 있다. 그럴 때에 라이트의 새 관점이 그토록 강조하는 언약의 거대한 틀과 맥락 속에 칭의론이 제자리를 찾을 수 있다. 바울의 칭의론은 우선적으로 구원과 관련되어 있지만 개인 구원, 특별히 신분의 변화라는 차원을 넘어 그리스도와의 연합과 그 몸인 교회와의 연합, 그리스도 안에서 만유의 통합이라는 선교적이고 종말론적 차원까지 연결된다. 그런 맥락에서 유대인과 이방인을 포함한 온 인류가 오직 그리스도를 믿음으로 아브라함과 같이 하나님의 언약 백성이 되고 아브라함과 그 후손 이스라엘을 통해 온 세계를 축복하시려는 하나님의 위대한 구원 계획이 성취되었다는 사실이 밝히 드러난다.

따라서 칭의론은 분명 성화론적이고 교회론적 함의를 가지며 삼위일체적 관점과 언약의 맥락에서 고찰되어야 한다. 전통적으로 이런 칭의론의 통합적 연결성을 무시한 채 칭의가 구원과 기독교 신앙의 모든 것인 양 잘못 이해해 온 경향이 있다는 점을 부정할 수 없다. 이 점에서 라이트의 새로운 관점은 칭의론을 성경적이고 신학적인 원궤도로 되돌리도록 우리를 도전한다.

로마서 주해

3장

로마서 1:16-17

할례주의자들과의 논쟁에서 촉발된 갈라디아서의 칭의론은 앞부분에서나마 라이트의 새 관점에 잘 맞아떨어지는 것 같았다. 그러면 바울 칭의론의 결정판이라고 볼 수 있는 로마서는 어떠한가. 라이트는 로마서에서도 갈라디아서에서처럼 처음부터 유리한 고지를 선점하려고 한다.

> ¹⁶내가 복음을 부끄러워하지 아니하노니 이 복음은 모든 믿는 자에게 구원을 주시는 하나님의 능력이 됨이라. 먼저는 유대인에게요 그리고 헬라인에게로다. ¹⁷복음에는 하나님의 의가 나타나서 믿음으로 믿음에 이르게 하나니 기록된 바 오직 의인은 믿음으로 말미암아 살리라 함과 같으니라. (롬 1:16-17)

전통적으로 로마서 1:16-17을 로마서의 주제라고 보지만 라이트는 동의하지 않는다. 그는 오히려 거기에 로마서 전체를 관통하는 언약적 개념, 즉 이스라엘을 통해 전 세계를 구출하려는 위대한 계획, 언약에 대한 하나님의 신실하심이라는 개념이 나타난다고 본다. 그것이 바로 "복음에는 하나님의 의가 나타나서 믿음으로 믿음에 이르게 하나니"(1:17)라는 말씀에 등장하는 '하나님의 의'다. 라이트는 여기서 '의'를 "온 세상이 지켜보는 가운데 위대한 묵시가 모습을 드러내듯 베일에 가렸던 하나님의 의가 드디어 그 모습을 드러낸 것"이라고 말한다.[1]

---

[1] Wright, *Justification*, 154. 참고. N. T. Wright, "The Letter to the Romans", *The New Interpreter's Bible*, vol. X (Nashville: Abingdon, 2002), 414-428. 로마서 주석(2002)보다 칭의(2009)만 중점적으로 다룬 책은 7년 후에 출간되었기에 좀더 최근에 나온 그 책을 일차적으로 분석하였다.

그의 주장에 따르면, "바울과 동시대 사람들이 뿌리를 내리고 있었던 유대교 사상"과 구약을 배경으로 이 말씀을 읽는다면, 하나님의 의를 당신의 언약에 대한 하나님 자신의 신실성이라는 의미 외에 달리 이해할 가능성은 없다. 오히려 "'하나님의 의'가 구약의 하나님이 줄곧 마음에 품었던 위대하고 심오한 계획, 즉 이스라엘을 통한 온 세계를 위한 계획, 그의 참 좋은 창조 세계를 구출하고 회복하려는 계획, 특별히 그 위대한 계획에 대한 하나님의 신실하심을 뜻한다고 당연히 생각했을 것"이다.[2]

이 부분에서도 라이트는 1세기 유대인들을 지배했던 사상은 이스라엘을 연장된 유배 상태에서 구출할 하나님의 의, 즉 이스라엘과의 언약에 대한 하나님의 신실하심이 나타날 것에 대한 기대였다고 본다. "시편과 이사야서, 다니엘 9장 그리고 많은 제2성전 시대 유대교 문헌들(특별히 에스라4서)"이 이 사실을 증명한다는 것이 그의 주장이다.[3]

라이트는 로마서 1:17, 3:21, 10:3에 등장하는 '하나님의 의'를 전 세계를 위한 이스라엘과의 언약에 대한 하나님의 신실하심으로 이해해야 한다는 자신의 관점대로 로마서를 새롭게 읽을 때 로마서의 한 구절 한 구절이 딱 들어맞게 풀어지며 그 풍성한 의미가 되살아난다고 말한다. 특별히 그동안 옛 관점에서 볼 때 로마서에 부적합한 내용이라고 홀대받아 온 9-11장, 옛 관점으로는 설명이 잘 안 되는 2장 등이 언약적 신실성이라는 맥락에서 해석하면 로마서 전체 흐름과 멋지게 맞아떨어지고 로마서의 큰 그림 안에서도 결정적으로 중요한 역할을 한

---

2 같은 책.
3 같은 책.

다고 한다. 따라서 라이트에게는 하나님의 언약적 신실성이 로마서 전체를 해석하는 열쇠인 셈이다. 그는 초장부터 이 언약적 신실성이라는 개념을 통해 로마서 해석의 기반을 확고히 다진다.

라이트가 볼 때 1:16-17은 복음에 대한 진술이 아니다. 오히려 복음은 1:3-5에 함축되어 있듯이, 예수님이 온 세상의 주라는 메시지다. 1:16-17은 복음의 효력에 대한 말씀일 뿐이다. 여기서 바울은 복음이 모든 믿는 자에게 구원을 주시는 하나님의 능력이며(16절) 오직 의인은 믿음으로 말미암아 살리라고 했다(17절). 전통적으로 이 구절은 바울이 로마서에서 계속 전개할 구원과 칭의 복음의 요약이라고 해석한다. 그러나 라이트는 이 구절이 오직 믿음으로 말미암아 의롭게 되고 구원받는다는 분명한 명제가 아니라 3:22에서 이야기할 내용을 여기서 미리 암시할 뿐이라고 한다. 곧 메시아 예수 그리스도의 신실함에 기초하여 하나님의 의, 즉 언약적 신실성이 모든 믿는 사람에게 드러남을 예시한다.

> [22] 곧 예수 그리스도를 믿음으로 말미암아 모든 믿는 자에게 미치는 하나님의 의니 차별이 없느니라. (롬 3:22)

라이트는 하나님의 의를 이스라엘을 통해 전 세계를 축복하시려는 하나님의 언약에 대한 신실하심으로 해석한다. 또한 '예수 그리스도를 믿음'을 '예수 그리스도의 믿음', 즉 하나님께 죽기까지 순종한 예수 그리스도의 신실함으로 주해한다. 그래서 이스라엘을 통해 전 세계를 구원하려는 계획을 성취하시는 하나님의 언약적 신실성, 즉 하나님의 의

가 마침내 그 아들의 신실한 죽음 안에서 그 장엄한 모습을 드러냈다는 것이다.[4]

라이트가 3:22을 그의 관점에 맞추어 해석할 수 있었던 까닭은 '예수 그리스도에 대한 믿음'을 '예수 그리스도의 믿음' 즉 신실함으로 읽었기 때문이다. 그러나 1:16-17에서는 그런 해석이 불가능하다. 이 구절에는 예수 그리스도라는 단어 없이 오직 믿음이라고만 못 박아 놨기 때문이다. 본문을 변질시키려고 작정하지 않는 한 믿음이라고만 명기된 말씀을 예수 그리스도의 신실성이라고 뒤바꿀 수는 없는 노릇이다. 여기서는 그의 해석의 전제가 잘 먹히지 않는다. 그러니 라이트는 본문의 뜻이 명백함에도 불구하고 그 의미가 불분명한 암시 정도로만 취급해 버린다. 그는 그 구절 자체만으로는 참된 의미를 유추할 수 없다고 주장한다.[5]

그러나 3:22을 라이트의 틀에 맞추어 해석하고 그것으로 1:16-17의 뜻을 역추적할 것이 아니라 그 고유의 의미로 읽어야 3:22과도 자연스럽게 연결된다. 1:16-17은 로마서에서 펼쳐지는 복음의 대단원을 미리 한 눈에 꿰뚫어 볼 수 있도록 압축한 말씀으로 로마서 전체와 일맥상통한다.

로마서 2장

전통적으로 로마서의 주제 본문을 1:16-17이라고 보지만 라이트는 로

---

4   같은 책, 157.
5   같은 책.

마서 2장을 더 중요하게 여긴다.[6] 그는 보편적으로 이 본문이 옛 관점과 잘 들어맞지 않는다고 보고 소홀히 취급하거나 그냥 지나쳐 버린다고 지적한다. 라이트에 따르면 로마서 2장에는 옛 관점으로는 도저히 풀어낼 수 없는 중요한 말씀이 담겨 있다. 즉, 바울은 로마서에서 전개될 큰 그림을 2장에서 보여 주었고 9-11장의 말씀을 미리 예고했다. 바울은 2:1-16에서 유대인도 하나님의 심판과 진노 아래 있는 죄인임을 입증하려던 것이 아니라 종말론적 심판에 대해 말했다는 것이다. 그는 2:13에서 바울이 처음으로 칭의에 대해 언급하였다고 본다.

[13]하나님 앞에서는 율법을 듣는 자가 의인이 아니요 오직 율법을 행하는 자라야 의롭다 하심을 얻으리니.

다음은 라이트의 주장이다. 로마서에서 칭의에 대한 최초의 언급은 믿음이 아닌 행위로 얻는 칭의다.[7] 그 앞에 기록된 1:16-17은 '믿음으로 의인됨'을 의미하지 않는다. 그것은 3:22에 등장할 내용, 즉 이신칭의와는 아주 다른 뜻을 암시할 뿐이다. 따라서 로마서에서 바울이 최초로 그리고 유일하게 명확히 말한 칭의는 오직 행함으로 의롭다 함을 얻는 것이다. 라이트는 바울이 2장에서 미래 심판의 보편적 원칙, 즉 "율법을 행하는 자가 의롭게 될 것"이라고 진술했다고 본다. 전통적으로는 바울이 "선을 행하는 각 사람에게는 영광과 존귀와 평강이 있으리니"(2:10)라고 말한 이유가 선을 행함으로 존귀와 영광에 이를 육

---

6   Wright, "The Letter to the Romans", 436-452.
7   Wright, *Justification*, 159.

3. 로마서 주해

체는 없다는 사실을 주지시키기 위해서라고 해석한다. 그러나 라이트는 그것은 주석적으로 거의 불가능한 해석이라고 일축한다. 그는 바울이 여기서 정말 의롭다 함을 얻는 근거, 원칙에 대해서 말했다고 주장한다.

라이트에 따르면, 마지막에 하나님이 각 사람을 그 행위에 따라 심판하실 것이다. 이는 성경이 일관되게 증거하는 바다. 그래서 바울은 2:1-16에서 그가 다른 곳에서 말한 내용과 상충되게 말한 것이 아니라 줄곧 강조해 온 핵심 명제를 부각시켰다고 본다. 곧 하나님이 인간을 최종적으로 심판하실 기준을 제시한 것이다. 이런 "전체적인 틀에 완벽하게 맞아떨어지게 해석하지 않는다면 우리는 주석가로서 할 일을 못한 것이며 신학자로서는 더욱 그러하다."[8]

라이트는 자신을 비판하는 이들이 행위가 아닌 오직 믿음으로 칭의를 얻는다는 신념을 유지하기 위해서 칭의에 있어 행위가 어떤 역할도 하지 못하게 배제해야 한다는 강박에 사로잡혀 있다고 비난한다. 칭의는 오직 그리스도의 의로움, 공로에만 의존해야 하기에 그것이 설령 은혜에 대한 감사의 반응이든, 성령의 열매에서 비롯한 선행이든 그들은 모두 배제되어야 한다고 본다는 것이다.[9] 라이트는 이런 가르침이 하나님의 심판대 앞에 설 자신이 없어 항상 불안해하는 심약한 사람들을 위한 목회적 관심에서 나온 측면도 있다는 점을 인정한다. 그럼에도 그것을 근본적으로 성경에서 빗나간 주장이라고 비판한다.

라이트는 최후 심판의 근거가 되는 행함은 믿음과 행함이 혼합된

---

8   같은 책, 161.
9   같은 책.

신인협력주의의 산물이 아님을 분명히 한다. 그 행함은 '공로의 논리'가 아니라 '사랑의 논리'를 따라 이해해야 한다는 것이다. "사랑의 논리 안에는 성령의 사역에 대한 부요한 신학적 논리가 자리 잡고 있다."[10] 라이트는 이 풍성한 성령의 사역을 신뢰한다고 자부한다. 하나님의 마지막 심판의 근거가 되는 행함은 결국 이 성령 사역의 결산인 셈이다.

라이트는 2:1-16에서 비록 성령이 언급되지 않지만, 그것이 바로 명시하기보다는 오히려 은밀하게 암시하는 바울의 방식이라고 말한다.

[26]그런즉 무할례자가 율법의 규례를 지키면 그 무할례를 할례와 같이 여길 것이 아니냐. [27]또한 본래 무할례자가 율법을 온전히 지키면 율법 조문과 할례를 가지고 율법을 범하는 너를 정죄하지 아니하겠느냐. [28]무릇 표면적 유대인이 유대인이 아니요 표면적 육신의 할례가 할례가 아니니라. [29]오직 이면적 유대인이 유대인이며 할례는 마음에 할지니 영에 있고 율법 조문에 있지 아니한 것이라. 그 칭찬이 사람에게서가 아니요 다만 하나님에게서니라. (롬 2:26-29)

라이트는 2:26-29에서 바울이 언급한 율법을 온전히 지키는 무할례자는 이미 마음에 할례를 받은 이방인 그리스도인이라고 본다. 그의 생각에는 고린도후서 3장에 기록된 새 언약에 대한 말씀과 동일한 내용을 여기서도 읽을 수 있다. 곧 성령이 그들 마음에 율법을 기록하였

---

10 같은 책, 163.

고 그들은 마음으로 율법이 요구하는 바를 온전히 지킬 수 있게 되는 것이다. 라이트는 "그리스도인을 하나님의 새 언약의 구성원으로 보는 바울의 전체 신학"의 틀 속에서 로마서 2장도 이해해야 한다고 주장한다.[11]

따라서 그는 2:1-16도 2:26-29과 같이 로마서 나머지 부분에서 풍성하게 증언하고 있는 새 언약의 관점, 그리고 새 언약의 영인 성령 신학의 관점에서 고찰해야 한다고 본다.[12] 2:6-7, 10, 13-16에 언급된 사람, "참고 선을 행하여 영광과 존귀와 썩지 아니함을 구하는 자", 율법을 듣기만 하지 않고 행하는 자, 율법이 없이도 본성으로 율법의 일을 행하는 자도 모두 그런 새 언약의 관점에서 심령에 하나님의 법이 심긴 이로 보아야 한다는 것이다.

> [6]하나님께서 각 사람에게 그 행한 대로 보응하시되 [7]참고 선을 행하여 영광과 존귀와 썩지 아니함을 구하는 자에게는 영생으로 하시고. (롬 2:6-7)

> [10]선을 행하는 각 사람에게는 영광과 존귀와 평강이 있으리니 먼저는 유대인에게요 그리고 헬라인에게라. (롬 2:10)

> [13]하나님 앞에서는 율법을 듣는 자가 의인이 아니요 오직 율법을 행하는 자라야 의롭다 하심을 얻으리니 [14](율법 없는 이방인이 본성으로 율법의 일을 행할 때에는 이 사람은 율법이 없어도 자기가 자기에게 율법이 되나니 [15]이런

---

11   같은 책, 166.
12   Wright, "The Letter to the Romans", 437-442.

이들은 그 양심이 증거가 되어 그 생각들이 서로 혹은 고발하며 혹은 변명하여 그 마음에 새긴 율법의 행위를 나타내느니라.) ¹⁶곧 나의 복음에 이른 바와 같이 하나님이 예수 그리스도로 말미암아 사람들의 은밀한 것을 심판하시는 그 날이라. (롬 2:13-16)

로마서 2장에 대한 라이트의 주해는 기존의 해석을 뒤집는다는 점에서 매우 파격적이다. 그의 견해에 따르면, 로마서에서 칭의론이 확실하게 언급된 부분은 3:24-5:21이 아니라 2장이다. 라이트는 전통적으로 바울의 칭의론이 기록되었다고 보는 로마서 본문은 하나님의 언약적 신실성과 언약 구성원의 자격에 관한 말씀이라고 재해석한다. 반면 바울이 이방인뿐 아니라 유대인을 포함하여 이신칭의를 절대적으로 필요로 하는 근본 원인인 죄의 문제를 지적한 것으로 보는 2장은 오히려 칭의가 명확히 제시된 본문으로 간주한다.

전통적으로 1:18-3:9은 이방인뿐 아니라 율법을 자랑하는 유대인까지 모든 인류가 하나님의 진노 아래 있다는 보편적 선고로 이해해 왔다. 거기서 바울은 유대인처럼 율법의 행위로 의롭다 함을 받으려는 자는 결코 하나님의 마지막 심판을 무사히 통과할 수 없다는 사실과 율법을 의지하는 자들에게 적용될 엄격한 심판의 원리를 말하고 있다. 또 2:17-25에서 바울이 유대인들의 근본적인 문제, 위선을 결정적으로 질타했다는 해석이 전통적이었다. "유대인이라 불리는 네가 율법을 의지하며 하나님을 자랑하며 율법의 교훈을 받아 하나님의 뜻을 알고 지극히 선한 것을 분간하며 맹인의 길을 인도하는 자요 어둠에 있는 자의 빛이요 율법에 있는 지식과 진리의 모본을 가진 자로서 어리석은 자의 교사요 어린 아이의 선생이라고 스스로 믿으니"(2:17-20). 이 말씀이 라이트가 로마서 2장을 풀어 가는 맥락에 걸리는 지점이다. 그럼에도 라이트는 여기서도 기막히게 꿰맞추기식 해석의 진수를 보여 준다.

라이트는 바울의 말에는 유대인을 경멸하거나 비판하는 어투가 전혀 없다고 한다. "거기에는 바울이 빈정대며 말한 것이 하나도 없다. 유대인의 주장 중에 그리스도인인 바울에게 위선으로 보이는 주장을 흉내 내며 조롱하기 위해 말한 것이 전혀 없다."[13] 자랑하는 말과 실제 삶이 다른 위선자들이라고 바울이 유대인들을 질타한 것이 아니다. 오히려 바울은 유대인들이 주장하고 자랑하는 바에 동의했을 뿐이다. "그는 이 모든 내용을 진심으로 이야기했다."[14] 유대인들이 자랑한 내용은 바로 토라를 받은 이스라엘을 통해 하나님이 전 세계를 축복하실 계획을 갖고 계시다는 것이다. 다시 말하면, 자신들이 이방인들이 처한 곤경과 문제에 대한 해결책이라고 자랑했다는 뜻이다. 어두움에 있는 자의 빛이며 어리석은 자의 교사라는 말씀이 바로 그런 의미라고 라이트는 주장한다. 따라서 이 부분에서 바울의 진의는 율법을 자랑하는 유대인도 이방인과 똑같이 죄를 범했기에 하나님 앞에 의롭다 함을 얻을 수 없다는 것이 아니라 유대인들이 자랑하는 바, 즉 자신들이 세상 문제에 대한 해답이라는 주장이 더 이상 유효하지 않다는 사실을 밝히는 것이라고 한다.[15]

---

13 Wright, *Justification*, 169.
14 같은 책.
15 같은 책, 170.

라이트에 따르면, 여기서 바울은 "갈라디아서 3:10-14에서 언급했던 것과 똑같은 문제에 직면하였다. 즉, '이스라엘이 유죄이기 때문에 구원을 받지 못하는 것이 아니라' '이스라엘이 유죄이기 때문에 아브라함의 가족이 했어야 할 일, 곧 열방에 축복을 전달하지 못하게 되었다.'"[16] 결국 이스라엘을 통해 전 세계를 축복하시려는 하나님의 단일 구원 계획이 위협받게 되었다는 것이다. 라이트는 로마서 3:1-8이 이 사실을 밝혀 준다고 본다. 즉, 바울은 이스라엘이 불성실했기 때문에 오히려 그 언약에 충실한 하나님의 신실하심이 예수 그리스도 안에서 밝히 드러났다고 보았고 그런 관점에서 하나님의 의를 부각시킨 것이다.

라이트에게는 로마서 1:16-17보다 로마서 2장이 로마서 전체 내용을 관통하는 맥락을 파악하는 데 결정적으로 중요하다. 앞에서 살펴보았듯이 로마서 2장을 라이트의 방식으로 해석하지 않으면 로마서 3:21-4:25에 드러난 하나님의 의를 그의 새로운 관점으로 이해하기는 힘들다. 라이트는 로마서 2장에 대한 탈유대적 해석의 문제점을 지적하며 그 당시 바울과 유대인들이 처했던 상황과 그들을 주관했던 사상적인 맥락 속에서만 그 본문을 제대로 읽어 낼 수 있다고 주장한다. 그 모든 내용은 이스라엘을 통한 하나님의 단일 계획, 즉 언약이라는 유대교의 믿음 안에서만 뜻이 통한다는 것이다.

그러나 라이트는 유대교와 바울의 믿음에 대해 자신이 확신하는 바를 성경 본문에 투사하여 바울이 확실히 명시하는 바는 무시하고 바

---

16 같은 책.

울이 전혀 언급하거나 의도하지 않은 의미를 유추해 낸다. 물론 구약에 맥맥이 흐르는 아브라함과 그 후손을 통한 하나님의 계획과 언약의 맥락 속에서 바울의 복음을 이해해야 한다는 주장에 대해서는 반론의 여지가 없다. 그러나 바울서신의 모든 구절을 이 해석의 틀에 무리하게 꿰맞추려고 하면 본문을 심각하게 왜곡하거나 훼손시킬 수 있다. 전통적인 로마서 해석이 라이트가 지적한 대로 탈유대적 경향이 있다면 그의 해석은 범유대적 맥락으로 모든 것을 풀려고 하다가 바울의 고유한 관점과 의미를 제한하고 억압하는 오류를 낳았다. 바울은 이방인의 사도로서 자신의 유대적 배경과 맥락을 유지하면서도 그것을 이방 전도 상황에 적합한 방식으로 재조명하고 재구성했다고 봐야 한다. 로마서는 유대인뿐 아니라 이방인에게도 보낸 서신인데 그 모든 내용이 유대교의 믿음 속에서만 이해될 수 있는 맥락에서 기록되었다고 보는 것은 무리다.

로마서 2장은 당시 유대교의 믿음을 공유하거나 알지 못하는 이방인들뿐 아니라 모든 시대의 비유대인들도 기본 독해력만 있다면 누구든지 쉽게 이해할 수 있도록 쓰였다. 옛 관점이든 새 관점이든 모든 선입관을 뒤로하고 본문 자체를 문맥의 자연스러운 흐름에 따라 읽기만 해도 그 뜻은 분명해진다. 그런데 거기에 새로운 관점을 투사해서 이해하는 것은 라이트가 제안한 해석의 전제를 알지 못하고는 유추하기가 쉽지 않은 뜻으로 둔갑한다.

로마서 2장에서 바울은 율법의 의를 의지해서 이방인들을 판단하는 유대인들에게 그들도 율법을 범하는 것은 마찬가지이며 오히려 외식과 판단의 죄가 더함을 드러냄으로써 그들도 하나님의 심판과 진노 아래 있다고 선고했다.

> ¹그러므로 남을 판단하는 사람아, 누구를 막론하고 네가 핑계하지 못할 것은 남을 판단하는 것으로 네가 너를 정죄함이니 판단하는 네가 같은 일을 행함이니라. ²이런 일을 행하는 자에게 하나님의 심판이 진리대로 되는 줄 우리가 아노라. ³이런 일을 행하는 자를 판단하고도 같은 일을 행하는 사람아, 네가 하나님의 심판을 피할 줄로 생각하느냐. ⁴혹 네가 하나님의 인자하심이 너를 인도하여 회개하게 하심을 알지 못하여 그의 인자하심과 용납하심과 길이 참으심이 풍성함을 멸시하느냐. ⁵다만 네 고집과 회개하지 아니한 마음을 따라 진노의 날 곧 하나님의 의로우신 심판이 나타나는 그 날에 임할 진노를 네게 쌓는도다. (롬 2:1-5)

바울은 바로 이어서 진노의 날에 임할 하나님의 의로우신 심판에 대해 말한다(2:6-16). 그날에 유대인들의 외식은 통하지 않는다. 왜냐하면 하나님은 외모로 사람을 취하지 않으시고(2:11) 그 행한 대로 갚으시기 때문이다. "무릇 율법 없이 범죄한 자는 또한 율법 없이 망하고 무릇 율법이 있고 범죄한 자는 율법으로 말미암아 심판을 받으리라" (2:12). 하나님께서 마지막 날 율법을 자랑하며 율법을 의지해서 하나님께 인정을 받으려는 자들은 그들이 원하는 대로 율법을 따라 심판하신다는 것이다.

여기서 바울이 최후의 심판에 대해 말했다는 라이트의 주장은 맞다. 그러나 바울이 마지막 심판 때 믿음과는 상관없이 행위로 얻는 칭의가 모든 사람에게 적용되는 보편적 심판의 원리라고 말했다고 볼 수는 없다. 이 부분에서 바울은 그런 믿음의 관점은 아직 고려 대상으로 언급하지 않았다. 하나님이 믿음과 상관없이 행함으로만 인간을 심판하신다고 말한 것은 특별히 율법을 통해 의롭다 함을 얻으려는 이들을 향한 엄위한 심판의 원칙을 제시한 것이다.

여기서 바울의 강조점은 분명하다. 마지막 심판에서 율법의 행위로 의롭다 함을 얻을 육체는 없다는 것이다. 그런 이는 율법으로 심판을 받아 결국 율법의 저주 아래 놓이게 되기 때문이다. 그래서 바울은 이렇게 결론짓는다. "그러므로 율법의 행위로 그의 앞에 의롭다 하심을 얻을 육체가 없나니 율법으로는 죄를 깨달음이니라"(3:20). 여기서 바울의 논지는 갈라디아서 2:16과 맥을 같이한다. 로마서 2장에서 바울이 일관되게 관철하려고 한 핵심은 유대인도 이방인 못지않게 하나님의 진노의 대상인 죄인이라는 사실을 밝힘으로써 모든 사람이 죄를 범하여 하나님의 영광에 이르지 못하더니 오직 예수 그리스도를 믿음으로 의롭다 함을 얻는다는 결론(3:23-24)에 이르는 것이다.

그럼에도 라이트는 여기서 바울의 의도는 유대인들의 죄를 밝히는 것이 아니라고 주장한다. 유대인들의 문제는 율법을 통해 의롭다 함을 얻으려는 율법주의와 외식이 아니라는 것이다. 라이트의 주해에 따르면, 그들이 자랑한 것은 율법의 계명을 지킨 것이 아니라 토라를 소유한 것이다.[17] 곧 유대인들은 자신들에게 주어진 특권, 즉 이스라엘을 통해 온 세계를 축복하시려는 언약을 자랑한 것이다. 라이트의 해석에 따르면, 2:17-24에서 바울은 유대인들의 외식을 질타한 것이 아니라

---

17 Wright, "The Law in Romans 2", 139-140.

그들의 자랑에 진심 어린 동의를 표했다. 그러나 이 구절에서는 도무지 그런 뜻을 읽어 낼 수 없다. 여기서 바울이 율법을 의지하여 율법의 행위를 자랑하면서도 그 명분에 역행하며 사는 유대인들의 위선을 지적하였다는 사실 외에 다른 의미를 읽어 내는 것이 어떻게 가능한지 참으로 신기하다.

이 본문에서 분명하게 드러나는 것은 유대인이 단순히 언약 백성이라는 특권 의식이나 언약 백성의 표지로서의 특정한 율법 의식만이 아니라 율법의 보편적 계명을 따라 살았다고 자랑했다는 것이다. 그 사실이 바울이 유대인들을 힐문하는 문구에서 확실하게 드러난다.

> [21]그러면 다른 사람을 가르치는 네가 네 자신은 가르치지 아니하느냐 도둑질하지 말라 선포하는 네가 도둑질하느냐. [22]간음하지 말라 말하는 네가 간음하느냐 우상을 가증히 여기는 네가 신전 물건을 도둑질하느냐. [23]율법을 자랑하는 네가 율법을 범함으로 하나님을 욕되게 하느냐. [24]기록된 바와 같이 하나님의 이름이 너희 때문에 이방인 중에서 모독을 받는도다. (롬 2:21-24)

라이트는 자신의 관점에 거스르는 이런 본문은 제대로 다루지 않고 슬쩍 건너뛴다.

바울은 할례를 받을 때 율법을 지켜야 할 의무를 동시에 부여받는다고 본다(2:25-29).[18] 그래서 율법을 행하지 않으면 할례는 아무 유익이 없다. 역으로 할례를 받지 않아도 율법을 지키면 그가 진정한 할례자

18　"네가 율법을 행하면 할례가 유익하나 만일 율법을 범하면 네 할례는 무할례가 되느니라"(롬 2:25).

이며 유대인이다. 혈통으로 유대인이며 육신의 할례를 받았는지는 중요하지 않다. 성령으로 마음의 할례를 받아 율법의 참된 의미를 지키는지가 하나님 백성됨의 결정적 증거다. 여기서도 분명한 사실은 바울이 단순히 유대인들이 언약 백성의 표지로 자랑스러워하는 할례 같은 특정한 율법의 행위만이 아니라 율법의 모든 조항을 온전히 지키지 못하는 근본적인 문제를 정죄하고 있다는 점이다.

2장의 주해에서도 역시 유대교와 율법에 대한 라이트의 전제가 은밀히 작용한다. 그중 하나는 1세기 유대교는 근본적으로 율법으로 의롭게 되려는 율법주의가 아니었다는 확신이다. 따라서 라이트가 볼 때 2장을 율법의 행위로 의롭다 함을 얻으려는 유대인들의 문제를 지적한 것으로 보는 전통적 해석은 바울의 의도를 완전히 왜곡한 것이다. 바울이 공격해야 할 그런 유의 율법주의는 유대교에 존재하지도 않은 것이다.

다음은 라이트의 주장이다. 2:6-16에서 바울은 율법의 행위로 의롭다 함을 받으려는 자들이 그 행위에 근거하여 심판을 받기에 결코 구원받지 못한다는 사실을 주지시키려고 하지 않았다. 오히려 바울은 마지막 심판에서 언약의 은혜에 근거한 행함으로 의롭다 함을 얻는다는 진리를 천명했다. 이것이 바로 라이트가 언약적 율법주의라고 믿는 1세기 유대교가 추구했던 바와 일치한다. 이런 맥락에서 라이트는 로마서 2장을 새 언약의 관점에서 해석해야 한다고 주장한다. 바울이 2:25-29에서 언급한 사람은 새 언약이 그 마음에 이미 실현된 사람이다.[19] 바로

---

19 Wright, "The Letter to the Romans", 448-449.

이런 사람이 유대인이든 이방인이든, 할례자든 무할례자든 상관없이 언약 백성으로 인정될 것이며, "이것이 바로 칭의 교리"라는 것이다.[20] 언약의 은혜에 기초한 행함을 강조한다는 점에서 유대교의 구원관과 칭의론에 근본적인 문제가 없으며, 오히려 바울의 기독교적 칭의론과도 연속성이 있다. 그러니 바울이 그런 유대교의 칭의론을 공격할 하등의 이유가 없었던 것이다.

라이트에 따르면, 바울은 유대인들이 신적 소명을 이행하지 못하고 실패한 것을 지적했다.[21] 그들이 언약 축복을 이방에 전달하는 데 실패한 결과, 이스라엘을 통해 전 세계를 구출하려는 하나님의 단일 계획이 궁지에 몰렸다는 것이다. 율법은 이스라엘이 세상의 빛이 되라고 유대인들에게 위탁된 것인데 그들이 불성실한 결과 유배 상태에 처했다.[22] 라이트는 로마서 2장에서 모든 유대인들이 죄인임을 바울이 증명한 것이 아니라 이스라엘이 국가적으로 이런 곤궁에 빠져 있다는 사실을 묘사했다고 본다. 유대인들이 유배 상태에 처하게 된 근본 원인은 개인적인 죄가 아니라 이스라엘의 국가적인 실패, 국가적인 죄라는 것이다.

그러나 이런 해석은 본문에 전혀 부합하지 않는다. 이는 바울이 율법을 소유하고 지킨다고 입술로는 자랑하지만 마음과 삶으로는 율법을 범하는 유대인들의 위선을 지적하는 본문의 명백한 의미를 무시해 버린 해석이다. 또한 바울이 국가적 죄보다는 개인적 죄를 다루며, 특정한 할례와 같은 율법만이 아니라 율법의 보편적 계명을 범한 죄를

---

20   Wright, *What Saint Paul Really Said?*, 127.
21   Wright, *Justification*, 171.
22   같은 책, 172.

정죄하고 있다는 분명한 사실을 백안시하는 것이다. 라이트는 유대교가 율법주의(legalism)가 아니라 언약적 율법주의(covenantal nomism)이며, 1세기 이스라엘은 국가적 저주로 인해 연장된 유배 상태에 있었다는 그의 신학적 전제를 통해 로마서 2장을 해석하지 않고는 도저히 읽어 낼 수 없는 뜻을 발굴해 냈다. 라이트는 이런 해석학적 틀을 동원하여 그리스도 안에서 이스라엘의 실패를 만회함으로써 전 세계를 위한 구원 계획을 끝내 성취하시는 하나님의 신실하심이라는 관점에서 로마서에 등장하는 하나님의 의를 해석하기 위한 기초를 로마서 2장에서 단단하게 다진 것이다.

로마서 3장

로마서 2장의 압축된 리허설을 3:9에서 다시 들을 수 있다. "그러면 어떠하냐 우리는 나으냐 결코 아니라 유대인이나 헬라인이나 다 죄 아래에 있다고 우리가 이미 선언하였느니라." 이 말은 바울이 지금까지 율법에 의지하여 자신들은 다르다고 주장하던 유대인도 이방인과 똑같이 죄인임을 밝힌 2장의 결론이다. 이어서 바울은 구약을 인용하여 인간의 보편적인 죄악성을 드러낸다.

> [10]기록된 바 의인은 없나니 하나도 없으며 [11]깨닫는 자도 없고 하나님을 찾는 자도 없고 [12]다 치우쳐 함께 무익하게 되고 선을 행하는 자는 없나니 하나도 없도다. (롬 3:10-12)

바울은 율법 외에 하나님의 한 의가 나타났다고(3:21) 증거하기 전에 마지막으로 2장에서 길게 서술한 그의 논지를 다시 한 번 확실하게 못 박고 넘어간다.

¹⁹우리가 알거니와 무릇 율법이 말하는 바는 율법 아래에 있는 자들에게 말하는 것이니 이는 모든 입을 막고 온 세상으로 하나님의 심판 아래에 있게 하려 함이라. ²⁰그러므로 율법의 행위로 그의 앞에 의롭다 하심을 얻을 육체가 없나니 율법으로는 죄를 깨달음이니라. (롬 3:19-20)

이런 본문은 2장을 전통적인 방식으로 해석할 때 앞뒤가 딱 들어맞는다. 2장을 색다르게 해석한 라이트의 관점이 이 지점에서도 일관되게 적용될 수 있는지 매우 궁금하다. 여기서 라이트가 해석한 2장의 내용을 완전히 뒤집는 말씀이 등장하기 때문이다. 라이트는 2장에서 바울이 유대인들의 죄를 드러냄으로써 율법의 행위로 의롭다 함을 얻을 육체가 없다는 사실을 밝히려던 것이 아니었다고 강변했다.

그러나 3:9과 3:19-20에서는 완전히 상반되게 말한다. 이 지점에 와서는 해석을 위한 그의 전제가 전혀 힘을 발휘하지 못한다. 그 해석의 틀을 뒤집어씌워 새롭게 각색할 만한 여지가 없는 본문이기 때문이다. 라이트는 그 점을 인정한다. 3:9, 19에 "법정 용어가 강하게 전면에 부상한다"고 말한다.[23] 또한 이 두 구절 사이에 인용된 구약성경이 여지없이 이스라엘이 유죄라고 선언한다고 인정한다.[24] 라이트는 재빨리 옛

---

23   같은 책, 175.
24   Wright, "The Letter to the Romans", 456-461.

관점을 끌어들여 이 부분에서 "옛 관점과 새 관점의 강조점이 서로 긴밀하게 연결되어 있다"고 둘러댄다.[25]

그러나 이런 결론을 도출하게 된 바울의 모든 진술을 옛 관점으로 해석하는 것을 철저히 배격해 놓고 이 결론만 달랑 옛 관점으로 읽는 것이 주경학적으로 가능한 일인지 심히 의심스럽다. 라이트의 주장대로라면, 바울은 자신이 바로 전에 깡그리 부인한 내용을 금방 다시 인정한 셈이다. 바울은 로마서 2장과 3장에서 완전히 모순된 주장을 펼치며 심각한 논리적 딜레마에 빠진 꼴이 되었다. 그럴 바에야 처음부터 옛 관점으로 해석하는 것이 훨씬 나을 뻔했다. 라이트는 그의 새 관점이 더 이상 통하지 않는 부분에서 옛 관점을 슬쩍 도입하여 궁지를 모면하나 곧바로 제자리로 회귀한다. 그의 주해를 전반적으로 주관하는 것이 새 관점이라는 사실에는 조금도 변화가 없다.

이 점이 바로 이어지는 로마서 3:21-4:25에 대한 라이트의 주해에서 극명하게 드러난다. 그는 3:21에 등장하는 "하나님의 의는 2:17-3:8에 비추어 보면 하나님의 단일 계획, 즉 인간의 죄 문제를 처리하고 온 세상을 바로잡는 계획에 대한 하나님의 신실하심을 반드시 의미해야 하며 그것만 의미할 수밖에 없다"고 못 박는다.[26] 여기서 하나님의 의를 반드시 2:17-3:8에 비추어 해석해야 한다는 라이트의 주장에 주목해야 한다. 그는 방금 전에 로마서 3:9-20을 옛 관점으로 읽을 수밖에 없다고 인정하였다. 그 구절은 바울이 1:18-3:8까지 전개해 온 논지의 결론일 뿐 아니라 3:21과 바로 연결되는 근접 문맥이다. 그러니 마땅히

---

25 Wright, *Justification*, 175.
26 같은 책, 176. 참고. Wright, "The Letter to the Romans", 469-470.

그 말씀에 비추어서 다음 구절에 등장하는 하나님의 의를 해석해야 하지 않겠는가. 그런데 라이트는 옛 관점을 금세 내팽개치고 원래의 관점으로 되돌아온다. 하나님의 의가 하나님의 신실하심을 '반드시' 의미해야 하며 '그것만 의미할 수밖에 없다'는 표현에서 오직 새 관점으로만 해석해야 한다는 고집이 읽힌다.

이 점은 라이트의 다음 주장에서도 확연히 드러난다. "만약 우리가 1:18-3:20을 읽고 그 사이에 있는 모든 내용이 '모든 사람이 죄를 범했으니 구원이 필요하다'고 말하는 방식에 불과하다고 단순하게 결론 내리기보다 2:17-3:8에서 바울이 말하는 바를 제대로 읽는다면, 로마서 자체의 주장이 이 강조점을 강력하게 지지한다는 사실을 파악할 수 있을 것이다."[27] 이는 옛 관점으로만 해석될 수 있는 1:18-3:19이 아니라 새 관점으로 재해석된 2:17-3:8에 비추어서만 로마서 전체 내용을 제대로 파악할 수 있다는 주장이다. 그렇게 2:17-3:8을 새 관점으로 주해한 기초 위에서만 3:21-4:25의 새로운 해석도 가능해진다. 따라서 로마서 3:21-26을 바르게 해석하는 데 결정적 역할을 해야 할 3:9-20은 거추장스러운 존재로 취급된다.[28]

그러나 라이트와는 달리 3:9-20의 문맥을 따라 3:21-26을 읽으면 그 뜻이 너무도 자연스럽고 명확하다. 율법은 모든 사람이 죄인이며 하나님의 심판 아래 있다고 선고하는 역할을 한다. 그러므로 율법의 행위로 하나님 앞에 의롭다 함을 받을 육체는 없다. 이제는 율법 외에 하

---

27 같은 책.
28 라이트는 『칭의』뿐 아니라 그의 로마서 주석에서도 로마서 3:9-19을 단 한 페이지로 처리해 버린다. 그는 여기서 옛 관점을 따라 율법이 이방인과 똑같이 유대인의 유죄함을 밝힌다고 인정한다. Wright, "The Letter to the Romans", 457-458.

나님의 한 의가 나타났으니 이는 예수 그리스도를 믿음으로 말미암아 모든 믿는 자에게 주어지는 하나님의 의다. 이는 예수 그리스도의 속량을 믿는 이들을 값없이 의롭다고 하시는 하나님의 의다.

[21]이제는 율법 외에 하나님의 한 의가 나타났으니 율법과 선지자들에게 증거를 받은 것이라. [22]곧 예수 그리스도를 믿음으로 말미암아 모든 믿는 자에게 미치는 하나님의 의니 차별이 없느니라. (롬 3:21-22)

라이트는 이렇게 3:9-20에서 자연스럽게 연결되는 의미로 21절의 하나님의 의를 읽지 않는다. 오히려 이 구절을 건너뛰어 2:17-3:8과 연결해서 새 관점에서 선호하는 의미로 하나님의 의를 해석한다. 라이트는 3:21을 바로 주해하지 않고 새 관점으로 해석하기 원만한 3:25 이하를 먼저 다룬다.

[25]이 예수를 하나님이 그의 피로써 믿음으로 말미암는 화목제물로 세우셨으니 이는 하나님께서 길이 참으시는 중에 전에 지은 죄를 간과하심으로 자기의 의로우심을 나타내려 하심이니 [26]곧 이 때에 자기의 의로우심을 나타내사 자기도 의로우시며 또한 예수 믿는 자를 의롭다 하려 하심이라. (롬 3:25-26)

라이트는 이 구절에서 3번씩이나 하나님이 자신의 의를 계시하신다고 했는데 그것은 하나님의 언약적 신실성 외에 다른 의미일 수 없다고 주장한다. 그는 성경의 권위를 강조하는 사람들이 "이 중요한 단락이 말하는 바를 읽어 내는 데 자주 실패한다는 것이 놀랍고 충격적이

기까지 하다"고 탄식한다.[29]

라이트는 이 단락과 바로 연결되는 근접 문맥보다는 더 넓은 문맥을 우선적으로 고려한다. 3:9-29보다는 2:17-3:8과 4장이 이 단락을 해석하는 데 결정적 역할을 하는 일차 문맥이라는 것이다.[30] 라이트는 거기에서 바울이 이스라엘을 통해 전 세계를 축복하시려는 단일 계획에 대한 하나님의 신실하심에 관해 말하는 것이 분명하다고 주장한다. 라이트가 볼 때는 4장에서 바울은 아브라함을 단순히 믿음으로 의롭다 함을 받는 모범이나 예시로 제시하지 않았다. 오히려 4장의 핵심은 하나님의 "단일 계획은 하나님이 아브라함과 맺으신 약속과 함께 시작되었다"는 것이다.[31] 라이트는 3:1-8과 4장을 긴밀하게 연결시켜 바울이 3:4-8에서 이스라엘의 불성실함에도 불구하고 하나님은 그들과 맺으신 언약에 신실하실 것이라고 말했다고 본다. 그리고 4장에서는 그 약속의 내용이 무엇인지를 아브라함과의 언약을 통해 구체적으로 밝혀 주었다고 한다. 이런 앞뒤 문맥 속에서 3:24-26은 하나님이 어떻게 아브라함과 그 후손 이스라엘과의 언약을 성취하셨는지에 대한 진술이라고 보는 것이다.

하나님이 이 계획을 어떻게 실현하셨는가? 계획에 차질이 생긴 이유는 언약에 대한 이스라엘의 불성실함 때문이고 그래서 바로 새로운 이스라엘을 대표하는 메시아의 신실함이 필요해졌다는 것이다. 결국 하나님은 메시아의 신실함으로 이스라엘을 통해 세상을 구원하시려는

---

29 Wright, *Justification*, 176.
30 Wright, "The Letter to the Romans", 464-468.
31 Wright, *Justification*, 177.

언약을 성취하셨다. "이것이 바로 3:22의 의미다."[32] 라이트는 "예수 그리스도를 믿음"(피스테오스 예수 크리스투, πίστεως Ἰησοῦ Χριστοῦ)을 목적격 속격보다 주격 속격으로 본다. 그러나 예수 자신의 믿음이라고 보는 것도 반대한다. 그보다는 예수의 신실함을 의미한다고 본다. 그래서 3:22에서 바울이 말하려는 바는 "하나님의 의가 한편으로는 메시아 예수의 신실함을 통해서, 다른 한편으로는 모든 믿는 이의 혜택을 위해 나타난 것이다."[33] 라이트가 볼 때 메시아의 신실함은 죽기까지 복종한 메시아의 죽음이다. 이스라엘이 불성실해서 수행하지 못한 것을 예수가 시행함으로써 신실한 이스라엘 역할을 했고 이것이 3:24-26의 내용과 딱 맞아떨어지는 해석이라는 것이다.

그러면 전통적으로 대표적인 칭의 본문이라고 보는 3:24-26을 라이트는 어떻게 해석하는지 살펴보자.

[24]그리스도 예수 안에 있는 속량으로 말미암아 하나님의 은혜로 값없이 의롭다 하심을 얻은 자 되었느니라. [25]이 예수를 하나님이 그의 피로써 믿음으로 말미암는 화목제물로 세우셨으니 이는 하나님께서 길이 참으시는 중에 전에 지은 죄를 간과하심으로 자기의 의로우심을 나타내려 하심이니 [26]곧 이 때에 자기의 의로우심을 나타내사 자기도 의로우시며 또한 예수 믿는 자를 의롭다 하려 하심이라.

라이트에 따르면, 이 본문에서 의롭다는 것은 도덕적으로 선하다는

---

32 같은 책, 178.
33 같은 책.

의미가 아니다. 로마 가톨릭에서 주장하듯이 덕이나 의로움의 주입도 아니다. 개혁교회에서 신봉하는 전가된 의로움은 더더욱 아니다. 의로움은 어떤 신분(status)을 뜻한다. 여기에는 법정적 의미가 내포되어 있는데, 이는 의롭다는 판결이자 선언이다. "하나님은 자신의 선언을 통해 메시아에 속한 모든 이를 위해 참으로 이 신분을 만들어 내신다. '그들은 메시아 예수 안에 있는 구속으로 말미암아 그의 은혜로, 값없이 의롭게 되었다'(3:24)."[34]

그렇다면 하나님의 선언으로 말미암아 부여되는 신분은 무엇인가? 그것은 하나님의 언약 백성이라는 신분, 정체성이다. 따라서 의롭다는 것은 언약 백성의 일원이라는 판결이며 선언이다. 하나님이 옳다고 손을 들어 주는 백성이라는 인정이다. 따라서 그동안 개혁교회에서 대표적인 칭의 본문으로 여겨 온 3:24-26에서 전통적인 칭의의 의미는 전혀 읽어 낼 수 없다. 거기서 바울이 참으로 말하려는 바는 어떻게 개인이 하나님 앞에 의롭게 되어 구원받을지의 문제가 아니라 누가 언약 백성의 구성원이며 그가 언약 백성인지를 어떻게 말할 수 있는가에 관한 문제다. 라이트의 견해를 따라 해석하면 로마서 어디에서도 믿음으로 의롭다 함을 받는다는 개념을 발견할 수 없다. 로마서에서 바울이 분명히 말하는 칭의는 로마서 2장에서 언급한 오직 행함으로 얻는 칭의일 뿐이다.

라이트는 3:27-31도 이런 맥락에서 풀어 간다.[35]

---

34   같은 책, 180.
35   Wright, "The Letter to the Romans", 479-486.

²⁷그런즉 자랑할 데가 어디냐 있을 수가 없느니라 무슨 법으로냐 행위로냐 아니라 오직 믿음의 법으로니라. ²⁸그러므로 사람이 의롭다 하심을 얻는 것은 율법의 행위에 있지 않고 믿음으로 되는 줄 우리가 인정하노라. ²⁹하나님은 다만 유대인의 하나님이시냐 또한 이방인의 하나님은 아니시냐 진실로 이방인의 하나님도 되시느니라. ³⁰할례자도 믿음으로 말미암아 또한 무할례자도 믿음으로 말미암아 의롭다 하실 하나님은 한 분이시니라. ³¹그런즉 우리가 믿음으로 말미암아 율법을 파기하느냐 그럴 수 없느니라 도리어 율법을 굳게 세우느니라.

3:27에서 바울이 말한 자랑은 무엇인가? 옛 관점으로 3:21-26을 해석한다면 여기서 바울이 말한 바는 당연히 예수 그리스도의 속죄로 말미암아 오직 믿음으로 의롭다 함을 받기에 인간의 자랑이 완전히 배제된다는 뜻일 것이다. 그러나 그런 해석은 3:21-26을 다른 의미로 읽는 라이트의 관점과는 전혀 부합하지 않는다.

라이트에 따르면, 이 자랑은 행위에 근거한 것이 아니라 2:17-20에서처럼 유대인들에게 주어진 특별한 소명에 대한 자랑이었다. 다시 말하면, 율법에 의지해서 자신들이 하나님의 백성이라고 자부했던 우월의식을 뜻한다. 그런 자랑이 이제는 무효화되었다는 것이다. 율법을 자랑하는 사람이 아니라 믿음으로 율법을 지키는 사람이 하나님의 백성으로 인정될 수 있다. 바울이 이미 로마서 2:7, 10, 13-16, 25-29에서 묘사한 사람, 즉 마음에 할례를 받아 율법을 지키는 사람이 바로 참된 유대인, 하나님의 백성이라는 말이다.

라이트는 "무슨 법으로냐 행위로냐 아니라 오직 믿음의 법으로니라"는 말씀에서 법(노모스)을 은유가 아니라 직설적 의미, 즉 율법으로 이해해야 한다고 주장한다. 그러면 그 의미는 "무슨 율법이냐 행함의 율법이냐 아니라 믿음의 율법으로니라"가 된다.[36] 따라서 3:27에서 바울이 말하려는 바는 "하나님의 백성은 행위가 아니라 믿음을 통해 토라를 지키는 사람들"이라는 것이다.[37] 이런 해석은 3:21-26을 라이트의 관점에서 읽는 맥락과는 잘 들어맞을지 모르나, 앞뒤 문맥의 자연스러운 흐름에 현저히 역행한다. 3:27이 끼어 있는 3:21-26에서나 3:28에서는 분명히 율법과 대조된 믿음이 부각되었다. 인간이 자랑할 것이 일체 없는 이유는 율법의 행위가 아니라 그리스도의 속량으로 말미암아 값없이 주어지는 은혜를 믿음으로써 하나님 앞에 의롭게 되기 때문이다. 여기서 믿음과 율법의 행위가 날카롭게 대조되었다. 바울은 3:28에서 27절의 근거가 되며 자랑할 데가 없는 이유를 "사람이 의롭다 하심을 얻는 것은 율법의 행위에 있지 않고 믿음으로 되"기 때문이라고 분명히 밝혔다.

바울이 로마서 7:21-8:2에서도 법(노모스)을 은유적인 용법으로 사용한 것을 볼 때 3:27에서도 그런 용례로 쓰였을 가능성을 부인할 수 없다. 법이라는 단어를 어떤 의미로 이해하든 중요한 것은 문맥 속에서 분명하게 드러나는 의미에 맞게 해석해야 한다는 점이다. 만약 라이트가 제안한 대로 법을 율법이라는 직설적인 표현으로 해석할지라도 문장의 전체 의미는 크게 달라지지 않을 수 있다. 3:21에서 율법이 하나님의 의를 증거한다고 했듯이 바르게 이해한 율법은 하나님이 그

---

36 같은 책, 481-482.
37 Wright, *Justification*, 185.

리스도 안에서 행하신 일을 증거함으로써 우리에게 믿음으로 말미암은 의를 가리키는 구실을 하며, 동시에 우리로 자랑할 것이 없게 한다. 이런 의미에서 바울은 율법을 믿음의 율법이라고 표현했을 수 있다. 그렇다면 여기서 대조를 이루는 것은 곡해된 율법, 즉 행함에 의존한 의를 강조하는 '행함의 율법'과 바르게 인식된 율법, 즉 믿음으로 말미암은 의를 가리키는 '믿음의 율법'이다. 이렇게 해석해도 자랑할 근거가 되는 율법의 행위와 자랑할 것이 없게 하는 믿음의 뚜렷한 대조는 전혀 삭감되지 않는다. 그러나 믿음의 법(노모스)이 믿음으로 율법을 지키는 것이라는 라이트의 해석은 앞뒤 문맥과 상충되는 관점을 이 단어에 투사하여 지나치게 논리적으로 비약한 것이다.

3:28에서 바울은 칭의의 복음이 인간의 자랑을 배제할 수밖에 없는 근거를 더 확실하게 밝힌다. "그러므로 사람이 의롭다 하심을 얻는 것은 율법의 행위에 있지 않고 믿음으로 되는 줄 우리가 인정하노라." 의롭다 함을 얻는 것이 인간의 행위에 근거한다면 자연히 자랑할 것이 있겠지만, 그것이 믿음으로 말미암아 값없이 주어지는 선물이라면 자랑이 완전히 배제된다. 이러한 대조가 4장에서도 계속 이어진다.

그러면 라이트가 칭의론과 관련된 가장 중요한 구절이라고 보는 3:28을 어떻게 해석하는지 보자. 이 구절에서도 그의 새로운 관점은 잘 먹히지 않는다. 라이트는 3:27에서도 믿음과 율법이 대조되기보다는 오히려 연결된 것으로 본다. 믿음의 법은 믿음으로 율법을 지키는 것을 뜻한다는 것이다. 2장에서 암시했듯이 믿음으로 율법을 지키는 사람이 하나님의 언약 백성이며 결국 의롭다 함을 얻을 것이다. 라이트에 따르면, 3:21-31에서 바울의 핵심 논점은 율법의 행위로 의롭다 함을 얻으려는 일부 유대주의 주장에 대응하여 오직 믿음으로 의롭다 함을 받는다는 진리를 밝히는 것이 아니다. 그런 논쟁 자체가 존재하지도 않았고 필요하지도 않았다.

그렇다면 사람이 의롭다 함을 얻는 것은 율법의 행위에 있지 않고 믿음으로 된다는 바울의 명백한 선언(3:28)은 어떻게 이해해야 하나? 라이트는 그의 새 관점을 궁지에 빠뜨렸던 옛 관점의 재등장에 당황한다. 이미 3:20에서 바울은 "율법의 행위로 그의 앞에 의롭다 함을 받을 육체가 없나니 율법으로는 죄를 깨달음이니라"고 했다. 라이트는 그 대목에서 옛 관점에 무릎 꿇을 수밖에 없었다. 옛 관점과 새 관점이 긴밀하게 연결되었다고 너스레를 떨었다. 그러나 그는 궁지에서 벗어나자마자 새 관점으로 복귀해 버렸다. 그러나 처리된 줄 알았던 옛 관점은 더욱 강화된 모습으로 여기서 다시 등장한다. 그리스도의 속량으로 인한 칭의를 진술한 3:21-26을 거치면서 옛 관점의 칭의론은 더욱 업그레이드된다. 율법의 행위로 그의 앞에 의롭다 함을 얻을 육체가 없으니 하나님이 당신의 아들을 육신의 모양으로 보내사 그 육체에 죄를 정하사, 그 피를 믿음으로 말미암아 의롭다 함을 받게 하셨다는 것이다. 새롭게 부활한 옛 관점 앞에 당혹스러워진 라이트는 다시 옛 관점과 새 관점의 구분을 넘어서야 한다고 뒷걸음친다. "바울이 실제로 이야기하는 바를 이해하려면 두 관점이 모두 필요하다."[38]

라이트는 3:28에서 바울이 실제 말하는 바에는 두 관점이 다 내포

---

38   같은 책, 186. "both are necessary parts of what Paul is actually saying." 한글 번역본을 인용하였다. 『톰 라이트 칭의를 말하다』, 287.

되어 있다고 본다. 먼저 새 관점에서 보면, 율법의 행위가 이방인과 구분되는 유대인의 신분만을 규정해 준다는 것이 문제다. 더 나아가 율법으로는 죄를 깨닫는다고 보는 옛 관점에서 보면 율법은 결국 유대인 역시 죄인임을 입증하기 때문에 그로써 의롭다 함을 받을 수 없다. 그래서 바울은 "하나님이 '토라의 행위들'과 별도로 믿음에 기초하여 사람을 '의롭다'고 선언하신다"는 것이다.[39] 여기까지는 전통적인 해석과 별 다른 점이 없다. 그렇다면 라이트는 옛 관점으로 다시 돌이킨 것인가?

라이트는 의롭다는 선언이 법정적 의미를 담지하고 있음을 인정한다. 의롭게 된다는 것은 실제적으로 의롭게 만들어지거나 윤리적으로 올바르게 되는 것을 뜻하지 않는다. 오히려 신분의 변화를 의미한다. "의는 재판관이 판결한 결과로 당신이 소유하게 되는 신분으로 남는다."[40] 이런 주장은 칭의를 근본적으로 법정적 의미와 신분의 변화로 이해하는 개혁주의 칭의론과 별 차이가 없는 것 같다. 그렇다면 무엇이 특별히 다른가?

라이트는 법정의 예를 들어 의롭다는 선언을 설명한다. 법정에서 재판관이 내리는 의롭다는 판결은 무죄 선언을 뜻하고, 그 결과 자유인과 공동체의 좋은 구성원이 되는 것을 의미한다. 하지만 재판관의 의로움이나 공덕이 피고인에게 법적으로 전가되거나 그의 것으로 간주되는 일은 법정에서 결코 일어나지 않는다. 이런 전가의 개념으로 칭의를 이해해 온 것은 종교개혁자들이 그토록 원했던 중세 가톨릭의 오류를

---

39 같은 책.
40 같은 책, 187.

충분히 극복하지 못한 것이라고 라이트는 비판한다. 그는 "전가된 의는 중세의 질문에 대한 종교개혁의 대답이기는 하지만, 중세의 개념으로 내놓은 대답이기 때문에 그 자체가 문제의 일부"라고 지적한다.[41]

이렇게 라이트가 칭의의 법정적 의미를 인정하는 것 같지만, 그것은 전통적 칭의 개념과는 사뭇 다르다. 의롭다 함을 정의하면서 라이트는 신속하게 새 관점으로 회귀한다. 바울이 말하는 칭의는 우선적으로 누가 하나님의 단일 가족의 일원인가, 그 정체성을 무엇으로 규정하는가 하는 질문에 답한 것이라고 본다. 그는 이신칭의에 대한 결론적 정의를 이렇게 내린다. "예수 그리스도의 신실한 죽음과 승리의 부활에 기초한 이신칭의는 창조주 하나님의 의, 즉 이스라엘을 통한 세계를 위한 언약에 대한 그의 신실하심을 드러내는데, 이 칭의는 이제 하나님이 할례자나 무할례자를(전자는 '믿음에 기초하여', 후자는 '믿음을 통하여', 이 차이는 작지만 중요하다) 동일하게 '의롭다'고, 즉 언약 백성의 일원이라고 선언함을 뜻한다."[42]

여기서 라이트가 말하는 '작지만 중요한 차이', 즉 할례자는 '믿음에 기초하여', 무할례자는 '믿음을 통하여' 의롭다 함을 받는 차이는 과연 무엇을 뜻하는가. 라이트는 그것은 "할례자는 어떤 의미에서 이미 언약 안에 있기에 믿음에 근거해서 지금 참된 언약 구성원이라고 선언될 필요가 있는 반면, 무할례자는 언약 밖에 있기에 믿음으로 표시된 문을 통해서 언약 안으로 들어와야 하기 때문"이라고 말한다.[43]

---

41 같은 책.
42 같은 책, 190.
43 Wright, "The Letter to the Romans", 483.

로마서 4장

라이트는 로마서 4장이 자신의 칭의 이해와 정확히 맞아떨어진다고 본다. 그는 4장에 등장하는 아브라함은 옛 관점으로 이해된 칭의론, 즉 믿음으로 의롭게 된 사람의 대표 사례가 아니라고 주장한다.[44] 라이트가 볼 때 바울은 아브라함의 자손이라고 자부하며 율법의 행위에 의존해서 의롭다 함을 얻으려던 유대인들의 주장을 효과적으로 반박하기 위해 이 예를 든 것이 아니다. "3:21부터 시작된 하나님의 의에 대한 논의는 3:31로 끝난 것이 아니라 [로마서 4장에서] 더 온전한 진술을 준비했을 뿐이다."[45] 3:21-31에서 증거한 하나님의 의, 즉 그리스도의 죽음을 통해 나타난 하나님의 언약적 신실성의 구체적인 내용이 바로 아브라함과 맺으신 언약에 대한 하나님의 신실하심이라는 것이다.

그래서 로마서 4장의 핵심은 사람이 어떻게 의롭게 되느냐, 행위로냐 아니면 믿음으로냐의 문제가 아니라 누가 아브라함의 가족인가라는 문제다. 라이트는 갈라디아서 3장과 같은 맥락에서 로마서 4장이 전개된다고 본다. 아브라함이 무할례 시에 믿음으로 의롭다 함을 받았다면 그의 믿음의 발자취를 따르는 이방인도 그 가족, 즉 언약 백성의 진정한 구성원에 포함된다는 것이 로마서 4장의 핵심 내용이라는 것이다. 곧 이 장은 "복음 안에서 마침내 드러난 성경적 언약 신학의 해설이다."[46]

---

44 같은 책, 487-496.
45 Wright, *Justification*, 190-191. 괄호 안은 필자가 첨가한 것이다.
46 Wright, *What Saint Paul Really Said?*, 129.

¹그런즉 육신으로 우리 조상인 아브라함이 무엇을 얻었다 하리요. ²만일 아브라함이 행위로써 의롭다 하심을 받았으면 자랑할 것이 있으려니와 하나님 앞에서는 없느니라. ³성경이 무엇을 말하느냐 아브라함이 하나님을 믿으매 그것이 그에게 의로 여겨진 바 되었느니라. ⁴일하는 자에게는 그 삯이 은혜로 여겨지지 아니하고 보수로 여겨지거니와 ⁵일을 아니할지라도 경건하지 아니한 자를 의롭다 하시는 이를 믿는 자에게는 그의 믿음을 의로 여기시나니 ⁶일한 것이 없이 하나님께 의로 여기심을 받는 사람의 복에 대하여 다윗이 말한 바 ⁷불법이 사함을 받고 죄가 가리어짐을 받는 사람들은 복이 있고 ⁸주께서 그 죄를 인정하지 아니하실 사람은 복이 있도다 함과 같으니라. (롬 4:1-8)

라이트는 4:1을 다음과 같이 번역할 것을 제안한다. "그렇다면 우리는 무슨 말을 할 수 있을까? 우리는 아브라함이 육신을 따라 우리 조상이 된 것을 발견한 것인가?"[47] 이것이 통상적 번역보다 더 적합하다는 것이다. 라이트는 이런 번역이 성경 원문에 부합할 뿐 아니라 육체를 따라 아브라함의 후손이 된 유대인들에게만 언약을 제한하려는 문제를 바울이 반박하는 문맥과도 잘 들어맞는다고 주장한다. 여기서도 자랑은 2:17-20에서 유대인들이 토라를 소유한 것에 대한 자랑과 같은 차원이다. 라이트는 바울이 2장에서 유대인들이 율법의 의를 자랑한 것을 비판한 것이 아니라 율법을 의지해서 특권을 자랑한 것이 더 이상 유효하지 않다는 점을 지적한 것이라고 주장했다. 그와 마찬가지

---

[47] Wright, *Justification*, 193.

로 바울은 4장에서도 아브라함이 행위의 의를 자랑할 것이 없다고 말한 것이 아니라고 한다. 하나님이 그 언약을 성취하시는 데 이스라엘이 통로가 될 수 없었듯이 아브라함도 그 자신만으로는 하나님의 목적이 성취되는 수단이 될 수 없었다는 것이다.

앞에서 라이트는 이스라엘이 그 언약의 통로가 될 수 없었던 이유는 율법이 그들을 이방인과 분리시킬 뿐 아니라 그들이 죄인임을 드러내기 때문이라고 옛 관점을 슬며시 끌어들여 설명함으로써 위기를 넘겼다. 그러나 율법이 주어지기 전에 살았던 아브라함을 두고 이런 이유 때문에 하나님이 그를 통해 언약을 이루실 수 없었다고 말할 수 없다. 제임스 던을 비롯한 새 관점 학파 학자들은 이 부분에서 바울이 행함을 통한 의를 반대한 것이 아니라 율법을 소유한 것에 대한 유대인들의 특권 의식을 비판한 것이라고 주장한다.[48] 그러나 바울은 4:1-8에서 던이 말하는 언약 백성의 경계 표지 역할을 하는 할례나 음식법, 안식일에 대해 일언반구도 없을 뿐 아니라 율법이란 단어조차 사용하지 않았다. 여기서 바울은 믿음과 대조되는 행함 자체를 배격하였다. 이 부분에서 아브라함의 예가 특별히 던이 주장하는 새 관점에는 치명적으로 불리하게 작용한다.

라이트는 이런 약점을 비교적 잘 비켜 간다. 언약이라는 특권이 주어졌다는 자랑거리에서는 아브라함과 이스라엘이 유사하나 그 자랑이 유효하지 않은 이유는 달리 설명할 수밖에 없다. 율법이 유대인들을 이방인과 차별화하며(새 관점), 죄인임을 드러낸다는(옛 관점) 동일한 이유

---

[48] James G. D. Dunn, *Romans 1-8*, Word Biblical Commentary (Dallas: Word, 1988), 200-201.

를 아브라함에게는 똑같이 적용할 수 없기 때문이다. 아브라함에 대해서는 오직 옛 관점, 즉 그가 하나님 앞에 보편적인 불경건한 죄인이라는 이유밖에는 설명할 방법이 없다. 라이트도 이 점을 인식했던 것 같다. 그래서 그는 하나님이 아브라함을 통하여 당신의 언약을 성취하는 데 방해가 되는 것이 죄, 불의함, 불경건함이었다고 말한다. 하나님이 그를 전 세계를 축복하는 통로로 삼으신 이유는 아브라함이 어떤 특별한 미덕이나 자격을 갖추어서가 아니라 불경건한 자를 의롭다고 하시는 순전한 하나님의 은혜 때문이었다는 것이다. 그러므로 모든 자랑을 배제한다. 라이트는 결국 이 부분에서 옛 관점의 틀 속에서 자신의 주장을 펼치고 있는 셈이다.

그럼에도 라이트는 이런 사실을 극구 부인한다. 그의 주장에 따르면, 이 단락에서 바울의 초점은 아브라함 자신의 칭의가 아니었다. 그가 어떻게 죄를 용서받고 구원받느냐의 문제가 아니었다. "달리 말하면, 바울이 이제껏 해 온 아브라함의 가족에 대한 이야기를 갑자기 멈추고 뜬금없이 '어떻게 당신의 죄가 용서받을 수 있는지' '당신이 죽으면 어떻게 천국에 가는지'를 말하기 시작한 것이 아니다."[49] 바울은 그보다 훨씬 더 큰 질문, 하나님이 전 세계를 축복하시기 위한 통로로 아브라함을 선택하신 이유가 그 수단 자체에 어떤 가치나 자랑할 만한 것이 있어서가 아니었다는 것이다.

여기서 관심의 초점은 개인의 칭의에 있어 자랑거리인 행함을 배제하는 것이 아니라 전 세계를 위한 언약의 수단이 되는 데 자랑이 배제

---

[49] Wright, *Justification*, 194.

된다는 점이다. 라이트는 이 큰 맥락 안에 칭의의 개인적 차원도 포함된다고 한다. "죄 사함, 죄를 인정치 않음은 바울이 그리는 더 큰 그림의 핵심에 자리 잡고 있지만, 그 이유 때문에 더 큰 그림을 무시해서는 안 된다. 하나님이 아브라함에게 위대한 한 가족을 주시겠다고 한 언약의 핵심은 항상 이것이 죄가 용서받는 방식이며, 최초의 언약 수립도 같은 원리를 포함하고 있다."[50]

로마서 4:1-8은 이런 라이트의 해석을 전혀 지지하지 않는다. 그가 아무리 이 단락을 자신이 말하는 큰 틀에 무리하게 꿰맞추려고 해도 본문의 분명한 의미와 메시지를 완전히 무시해 버릴 수는 없다. 그는 어쩔 수 없이 옛 관점이 큰 맥락 속에 암묵적으로 내포되어 있다는 식으로 얼버무리고 넘어가려고 한다. 그러나 라이트가 인정할 수밖에 없는 숨어 있는 옛 관점이 바로 본문에 밝히 드러난 내용이다. 라이트의 해석은 누구나 읽어 낼 수 있는 본문의 명시적 의미를 암묵적 의미로 둔갑시켜 버릴 정도로 기발하면서도 창의적이다.

라이트가 결국 수긍할 수밖에 없었던 옛 관점으로 본문을 읽어야 앞뒤 문맥과도 매끄럽게 연결되며 그 뜻이 명확해진다. 그뿐 아니라 라이트가 그토록 염려하는 언약의 큰 맥락과도 자연스럽게 연결된다. 이 부분에서 바울의 관심은 오직 구원과 칭의의 개인적 차원에만 있지는 않다. 모든 인류의 칭의 문제를 이방인과 유대인을 대표하는 아브라함의 실례를 들어 진술하고 있는 것이다. 여기에는 개인적 차원과 전 세계적 차원이 하나로 맞물려 있다. 개인과 공동체, 한 영혼과 전 세계를

---

50 같은 책.

날카롭게 가르는 이분법적 사고의 틀로 바울 안에 긴밀히 연합된 것을 분해해 버리지 말아야 한다.

로마서 4장은 믿음으로 말미암아 하나님의 은혜로 값없이 의롭다 함을 받았으니 자랑할 데가 어디 있느냐는 바울의 논지를 그대로 이어간다. 3:27-31은 4장과 평행 구조를 이룬다. 자랑할 것이 없다는 선언(3:27)과 아브라함이 자랑할 것이 없다는 내용(4:1-2)이 평행을 이룬다. 4:2이 밝히듯이 아브라함이 행위로써 의롭다 함을 받지 않았기에 육체를 자랑할 것이 없다는 것이다. 이어서 "사람이 의롭다 하심을 얻는 것은 율법의 행위에 있지 않고 믿음으로 된다"(3:28)는 말씀과 아브라함이 행함이 아니라 믿음으로 의롭게 된다는 내용(4:3-8)이 대비된다.

바울은 창세기 15:6을 인용하여 아브라함이 하나님을 믿으매 그것이 의로 여겨진 바 되었다고 했다(4:3). 여기서 믿음이 의롭다 함을 얻는 근거로서의 또 다른 의로운 행위를 뜻할 수는 없다. 오히려 행위가 배제된 믿음이라는 것이 바로 이어지는 4-5절에서 분명해진다. 거기서 일하는 것과 믿는 것이 명확하게 대조되었다. 일하는 것은 그에 대한 보수와 공로를 주장할 수 있는 행위이기에 자랑의 근거가 될 수 있다. 그러나 일을 하지 않더라도 경건하지 않은 자를 의롭다 하시는 이를 믿는 것은 하나님의 은혜 외에 일과 행위에 근거한 모든 육체의 자랑을 배제한다. 4:6-8은 하나님께 의로 여기심을 받는 데 행위가 전혀 고려 대상이 되지 않음을 다윗의 증언을 통해 확증한다.

바울은 구약의 대표적 인물인 아브라함과 다윗의 예와 증언을 토대로 자신이 주장하는 이신칭의가 구약이 가르치는 바와 다름이 없다는 점을 입증하려고 했을 것이다. 동시에 이런 구약의 가르침에 대한 유대인들의 오해를 바로잡으려는 의도도 내포하고 있다고 본다. 바울이 믿음과 행함을 날카롭게 대립시킴으로써 일체의 행위에 근거한 칭의의 가능성을 철저히 배격한 것은 유대교 안에 그런 오류가 있었다는 방증이기도 하다. 라이트를 비롯한 새 관점 학파는 1세기 유대교가 언약적 율법주의라는 전제하에 그 이외의 가능성을 배제한 채 로마서 본문을 읽는다. 바울이 계속 비판하는 행위, 즉 의롭다 함을 받는 데 유대인들이 의존하는 율법의 행위는 할례와 같이 유대인을 이방인과 구분하는 경계 표지를 뜻한다고 주장한다. 그러나 바울이 이신칭의의 진리를 입증하기 위해 아브라함을 실례로 들었다는 사실은 새 관점의 이런 주장에 치명타를 안겨 준다. 율법이 아직 주어지기 전, 할례를 받기 전의 아브라함이 행함으로 의롭다 함을 얻지 못했다고 할 때 그 행위는 할례와 같은 표지 역할을 하는 율법의 행위를 의미하지 않는 것이 명백하다. 4:1-8에서 그 행위는 분명히 하나님께 갚아야 할 빚을 안겨 주는 인간의 일함이다. 하나님의 은혜만 의존하기를 거부하는 교만한 육체 행위다.

이렇게 바울서신 자체가 1세기 유대교가 일관된 언약적 율법주의라는 주장과 상이하다는 사실을 분명히 보여 주고 있음에도 라이트와 새 관점 학파는 자체의 전제 위에서 바울을 재해석하려고 한다. 이는 성경 자체의 증거보다 제2성전 시대 유대 문헌, 그것도 그에 대한 정확하지 않은 해석에 더 의존하는 것이다. 이렇게 유대 문헌을 참조하는 데 있어서도 왜 바울의 증거 자체와 부합되는 자료들을 무시하는지 매우 궁금하다. 유대 문헌에는 아브라함의 행함과 순종이 자주 부각된다. 창세기 15:6도 흔히 아브라함이 이삭을 번제로 드리는 창세기 22장과 결부시켜서 아브라함이 의롭게 된 것은 믿음과 함께 순종하는 행위 때문이었다고 이해하곤 했다.[51] 로마서 4장에서 바울이 아브라함의 행함과 믿음을 뚜렷하게 대조시킨 데는 그런 유대적 사고를 반박하려는 의도도 있었을 것이라고 짐작한다.

물론 바울이 어떤 유대 문헌을 참조했는지, 어떤 자료가 바울의 유대교 이해에 결정적 영향을 미쳤는지 파악하는 것은 불가능하다. 바울의 증언 자체에 일차적으로 근거해서 판단할 때, 칭의 논쟁에서 바울이 염두에 둔 대상은 행위에만 근거한 율법주의거나 아니면 은혜에 근거한 언약적 율법주의라고 보기 힘들다. 오히려 그 대상은 선택과 언약의 은혜와 특권을 자랑하면서도 율법의 행위에 의존하여 육체의 자랑거리를 만들려는 사람들이었다고 본다. 그들이 자랑의 근거로 삼은 것은 하나님께 인정받을 만한 율법의 행위였다. 그것은 새 관점이 주장하듯이 우선적으로 유대인의 특권을 표징하는 할례였으나, 거기에만 국한되지 않고 할례가 상징하는 바 모든 율법의 의무를 지키는 행위를 포함하였다. 그러나 율법 준수에 충실하다는 그들의 자랑은 거듭난 심령만이 지킬 수 있는 율법의 참된 의미는 저버리고 할례나 음식법과 같은 형식에 매달리는 외식에 빠질 수밖에 없는 육신의 연약함 때문에 무산되었다. 바울은 갈라디아서와 로마서에서 이런 유의 유대주의자들을 겨냥한 것 같다.

---

51 참고. 토마스 슈라이너, 『로마서』(부흥과개혁사), 272-273. 슈라이너가 근거로 제시한 문헌은 다음과 같다. "아브라함은 시련을 받고도 믿음을 지켜서 의로운 사람이란 인정을 받지 않았느냐?"(마카베오상 2:52); "이는 아브라함이 그의 모든 행위에 있어 하나님께 완벽했으며 그의 모든 생애에 의로 하나님을 기쁘시게 했다"(희년서 23.10); 희년서 16.28, 24.11; 바룩2서 57.1-2.

로마서 4장에서 바울은 이신칭의를 설득력 있게 확증해 줄 가장 효과적인 실례로 아브라함을 택했다고 볼 수 있다. 그러나 로마서 4장은 단순한 사례 제시로 끝나는 것이 아니라 라이트가 그토록 부각시키기 원하는 주제, 즉 유대인과 이방인이 똑같이 믿음으로 말미암아 아브라함의 후손이 되며 아브라함을 통해 전 세계를 축복하시려는 하나님의 계획이 그리스도 안에서 성취되었다는 주제로 자연스럽게 발전된다. 4:9-17에서 다시 3:29-30의 메시지가 반향을 일으킨다.

⁹그런즉 이 복이 할례자에게냐 혹은 무할례자에게도냐 무릇 우리가 말하기를 아브라함에게는 그 믿음이 의로 여겨졌다 하노라. ¹⁰그런즉 그것이 어떻게 여겨졌느냐 할례시냐 무할례시냐 할례시가 아니요 무할례시니라. ¹¹그가 할례의 표를 받은 것은 무할례시에 믿음으로 된 의를 인친 것이니 이는 무할례자로서 믿는 모든 자의 조상이 되어 그들도 의로 여기심을 얻게 하려 하심이라. ¹²또한 할례자의 조상이 되었나니 곧 할례받을 자에게뿐 아니라 우리 조상 아브라함이 무할례시에 가졌던 믿음의 자취를 따르는 자들에게도 그러하니라. ¹³아브라함이나 그 후손에게 세상의 상속자가 되리라고 하신 언약은 율법으로 말미암은 것이 아니요 오직 믿음의 의로 말미암은 것이니라. ¹⁴만일 율법에 속한 자들이 상속자이면 믿음은 헛것이 되고 약속은 파기되었느니라. ¹⁵율법은 진노를 이루게 하나니 율법이 없는 곳에는 범법도 없느니라. ¹⁶그러므로 상속자가 되는 그것이 은혜에 속하기 위하여 믿음으로 되나니 이는 그 약속을 그 모든 후손에게 굳게 하려 하심이라. 율법에 속한 자에게뿐만 아니라 아브라함의 믿음에 속한 자에게도 그러하니 아브라함은 우리 모든 사람의 조상이라. ¹⁷기록된 바 내가 너를 많은 민족의 조상으로 세웠다

하심과 같으니 그가 믿은 바 하나님은 죽은 자를 살리시며 없는 것을 있는 것으로 부르시는 이시니라.

여기서 바울은 할례자나 무할례자가 동일하게 믿음으로 말미암아 의롭게 되어 아브라함의 자손이 된다고 했다. 바울의 이신칭의의 논의는 이방인과 유대인의 장벽이 그리스도를 믿음으로 말미암아 제거되고 둘이 연합하여 아브라함의 가족을 구성한다는 교회론적이고 선교론적 차원으로 연결된다. 동시에 아브라함을 통해 열방을 축복하려는 구약적 약속이 그리스도 안에서 성취되었다는 칭의론의 언약적 관점도 부각된다.

바울 사상의 흐름을 충실히 따라서 이신칭의를 이해한다면 이런 주제가 칭의론과의 긴밀한 연관성을 염두에 두고 논의되어야 한다는 사실을 알 수 있다. 전통적 칭의론이 그런 면에서 미흡했던 것은 사실이다. 칭의론을 지나치게 개인 구원이라는 범주로 축소해서 해석해 버리는 경향이 있다. 그러나 이런 전통에 대한 반발로 칭의론의 핵심을 주변부로 밀어내 부수적인 논점 또는 암묵적으로 내포된 관점으로 취급하는 것은 바울의 의도를 왜곡하며, 그 본문 자체를 훼손하는 결과를 초래한다.

바울의 칭의 본문에 새 관점을 무리하게 투사해서 읽을 때 거대한 언약의 맥락 속에 모든 것이 기막히게 잘 맞아떨어지는 것처럼 보일지 모르나 조금만 자세히 살펴보면 치밀해 보이는 라이트의 해석에 상당한 허점들이 있다. 라이트의 기발한 각색으로 명백하게 드러난 본문의 의미가 그의 전제와 관점을 숙지하지 않으면 도무지 알아챌 수 없게 둔갑하거나, 아니면 암묵적으로 내포된 관점으로 취급된다.

로마서 5-8장

라이트의 주장에 따르면, 로마서에서 칭의 논의는 4:25로 막을 내리지 않고 5장에서도 여전히 칭의론을 논한다. 5-8장은 믿음에 기초하여 현재 선언된 칭의가 마지막 날에 선언될 판결과 어떻게 상응되는지에 관한 내용이다. 이미 내려진 판결을 다룬 3:21-4:25과 마지막 날 참고 선을 행하여 영광과 존귀를 추구하는 자에게 선언될 판결을 말한 2:1-16이 어떻게 맞아떨어지는지 아직 설명되지 않았는데 여기서 이 문제가 해결된다는 것이다. 결국 로마서 5-8장은 "예수의 죽음과 부활 안에 나타난 하나님의 사랑에 기반을 둔 최종 판결이라는 관점에서 본 칭의에 관한 내용이다."[52]

> [1]그러므로 우리가 믿음으로 의롭다 하심을 받았으니 우리 주 예수 그리스도로 말미암아 하나님과 화평을 누리자. [2]또한 그로 말미암아 우리가 믿음으로 서 있는 이 은혜에 들어감을 얻었으며 하나님의 영광을 바라고 즐거워하느니라. [3]다만 이뿐 아니라 우리가 환난 중에도 즐거워하나니 이는 환난은 인내를, [4]인내는 연단을, 연단은 소망을 이루는 줄 앎이로다. [5]소망이 우리를 부끄럽게 하지 아니함은 우리에게 주신 성령으로 말미암아 하나님의 사랑이 우리 마음에 부은 바 됨이니. (롬 5:1-5)

---

[52] 같은 책, 211.

라이트는 5:1-5에서 믿음으로 의롭게 된 이가 영화롭게 되는 소망의 근거가 하나님의 사랑에 있다고 주장한다.[53] 8장은 5:1-5에서 간략하게 다룬 주제를 더 상세하게 다룸으로써 2장에서 설명되지 않은 문제에 대한 온전한 대답을 제공한다. "다른 말로 하면, 바울은 많이 무시되고 있는 로마서 2장으로 되돌아가, 어떻게 그리스도 안에 있는 사람들, 그와 함께 죽고 부활했으며 그의 영을 받은 사람들이 바로 2:25-29에서 암시된 넓은 의미에서 율법을 행하는 사람들이며, 2:15에서 말하듯이 그들 마음에 새겨진 율법의 행위를 소유한 사람들이며, 2:7-11에서 말하는 인내로 선을 행하며 존귀와 영광과 불멸을 추구하는 사람들인지를 마침내 보여 준다."[54]

라이트는 로마서 8장에서 바울이 믿음을 전혀 언급하지 않는 이유는 최종적인 칭의의 관점에서 그리스도인의 현재의 위치와 상태를 묘사하고 있기 때문이라고 본다. 그의 주장에 따르면, 최종 칭의는 현재의 칭의와 달리 오직 믿음에만 근거하지 않는다. 비록 라이트가 현재의 칭의의 선언은 마지막에 내려질 판결의 선취라고 말하며 그 근거는 예수 그리스도의 죽음과 부활에 있다고 말하지만, 최종 판결에서 믿음만이 아니라 2장에서 말했듯이 참고 선을 행하며 마음에 새겨진 율법을 행하는 것이 실제적으로 고려되어 칭의 선언이 내려지는 것이다.

라이트는 자신의 이런 주장이 반펠라기우스적인 오류에 빠지는 것이라는 비판이 터무니없는 이유가 최종 칭의의 근거가 인간의 행위에

53　Wright, "The Letter to the Romans", 515-517.
54　Wright, *Justification*, 206-207.

있지 않고 그리스도 안에서 끊을 수 없는 하나님의 사랑과 성령께 있다고 보기 때문이라고 반박한다. 현재 칭의와 마지막 칭의 사이를 가득 채우는 것은 성령의 사역이라는 것이다. 바울에게 있어서 최종적 칭의의 확고한 기반은 그리스도 안에서 이미 시작된 성령의 해방의 역사, 즉 우주적인 갱신 사역이다. 그러므로 성령에 대한 바울의 가르침 없이 확신에 대한 교리가 있을 수 없다.[55] 라이트는 최종 칭의의 근거는 하나님에게서 독립된 인간의 행함이 아니라 예수 그리스도의 구속 사역과 그 안에서 궁극적으로 승리케 하시는 하나님 아버지의 사랑과 그 승리를 우리 삶에 적용하는 성령의 사역에 있다고 역설한다. 그러니 성부와 성자와 성령 하나님을 믿으라고 도전한다. 라이트가 볼 때 개혁신학자들의 문제는 그들의 신학이 충분히 성경적이지 않을 뿐 아니라 충분히 삼위일체적이지도 않다는 것이다.[56] 라이트의 지적이 전혀 근거가 없지는 않다. 특별히 라이트가 이신칭의와 성령론을 제대로 연결시키지 못해서 구원에 있어 행함의 적절한 위치를 잃어버렸다고 비판한 것은 귀담아 들을 만한 대목이다.

이런 긍정적인 측면에도 불구하고 그의 주장에는 심각한 문제가 있다. 라이트는 칭의를 이중적 관점에서 이해한다. 곧 현재적 칭의와 최종적 칭의를 말한다. 칭의의 종말론적 측면이 있다는 점을 고려할 때 이렇게 구분하는 자체가 잘못됐다고 단정할 수는 없다. 문제는 그가 말하는 두 가지 칭의의 의미가 아주 다르다는 데 있다. 칭의에 대한 개념과 정의 자체가 매우 다르다. 현재적 칭의는 우리가 하나님의 언약

---

55 같은 책, 209-210.
56 같은 책.

백성의 구성원이라는 인정과 선언이다. 라이트는 언약의 틀에 맞아떨어지게 해석하려는 시도를 통해 바울이 원래 의도한 칭의의 의미를 변형시켰다. 그는 보편적으로 칭의 본문이라고 이해해 온 로마서의 말씀들이 칭의를 말하는 것이 아니라고 반박하면서도 칭의라는 용어를 계속 사용한다. 그러나 칭의의 내용과 의미는 이미 변형되었다.

그런데 라이트가 최종적 칭의를 말할 때는 칭의의 원래 의미로 되돌아온다. 그는 바울이 로마서에서 확실하게 칭의를 말한 유일한 본문이 2:1-16이라고 했는데 그 말이 의미심장하다. 라이트가 진심으로 믿고 주장하는 유일한 칭의는 행함으로 의롭다 함을 얻는 것이다. 물론 그 행함은 성령으로 거듭난 이의 행함이다. 이런 라이트의 진의가 로마서 2장을 해석할 때뿐 아니라 그 이후에도 반복해서 드러난다. 특별히 그는 로마서 8장을 해석하면서 2장으로 되돌아가 바울이 8장에서 묘사한 성령을 따라 율법의 요구를 행하는 사람이 바로 2장에서 말한 마지막 심판에서 의롭다 함, 즉 최종 칭의를 받을 사람이라는 주장을 강화한다.[57] 결국 엄밀한 의미에서 칭의는 마지막에 신자의 전 생애에 걸친 행함에 근거하여 내려지는 선언이다.

따라서 라이트의 견해에 따르면, 현재적 칭의와 최종적 칭의의 개념과 정의 자체가 아주 다를 뿐 아니라 그 근거 또한 확연히 다르다. 하나님의 언약 백성의 일원이라고 인정받는 현재적 칭의는 믿음에 근거하지만, 마지막에 내려질 의롭다는 판결은 행함에 기초한다. 라이트가 아무리 성령론적 관점에서 신자의 행함을 설명할지라도 이런 주장은

---

57 Wright, "The Letter to the Romans", 574.

신인협력의 칭의론으로 회귀했다는 비난을 면키 어렵다.[58] 바울은 칭의를 인간의 행함이 아니라 그리스도가 이루신 구속 사역에 근거하여 이미 확정적으로 내려진 선언으로 말했다. 그래서 바울은 계속 의롭다 함을 얻었다는 동사를 과거 시제로 사용하였다.

바울은 로마서 3:21-4:25에서 우리가 예수 그리스도의 죽음과 부활에 의존하는 믿음으로 의롭다 함을 얻었다는 사실을 진술하였다. 5:1에서는 지금까지의 논증을 요약하면서 그에 근거하여 새로운 주제, 즉 칭의의 결과와 열매를 다뤘다. 이 대목에서 바울은 하나님이 이미 의롭게 하신 이를 결국 영화롭게 하신다는 확신에 찬 선언(8:30)을 예고했으며, 그 확신의 근거가 8:31-39에서 좀더 극적으로 상술했듯이 하나님의 사랑임을 밝혔다. 8:30에서 바울은 의롭게 하신 것뿐 아니라 영화롭게 하신 것까지 과거 시제로 표현하였다. 여기서 칭의와 영화는 긴밀하게 연결되어 있으며 칭의는 이미 그 안에 영화의 확실성까지 담지하고 있음을 암시한다고 볼 수 있다. 바울은 바로 이 점을 5-8장에서 줄기차게 강조했다. 5:9-11에서도 바울은 믿음으로 의롭다 함을 얻은 사람은 마지막 날에 하나님의 진노로부터 구원을 받을 것이 보장되어 있다고 역설하였다.

[9]그러면 이제 우리가 그의 피로 말미암아 의롭다 하심을 받았으니 더욱 그로 말미암아 진노하심에서 구원을 받을 것이니 [10]곧 우리가 원수 되었을 때에 그

---

[58] 종교개혁자들은 믿기 전의 행함뿐 아니라 믿은 후 성령을 따라 행한 것까지도 칭의의 근거가 되지 못한다고 강조했다. 칭의는 오직 신자 밖에서 이루어진 외래적인 의로움, 예수 그리스도가 우리 대신 율법의 저주를 받아 이루어 주신 의로움에 전적으로 근거한다고 주장하였다.

의 아들의 죽으심으로 말미암아 하나님과 화목하게 되었은즉 화목하게 된 자로서는 더욱 그의 살아나심으로 말미암아 구원을 받을 것이니라. ¹¹그뿐 아니라 이제 우리로 화목하게 하신 우리 주 예수 그리스도로 말미암아 하나님 안에서 또한 즐거워하느니라.

   5:12-21에 등장하는 아담과 그리스도의 대조 또한 이런 확신의 근거를 강화하기 위한 의도로 쓰였다. 여기서 바울은 믿음으로 의롭다 함을 얻은 이들이 하나님의 종말론적 진노에서 구원받고 영광에 이를 것이라고 확신하는 근거를 제시하였다. 그리스도의 의로운 행위, 즉 순종이 그리스도 안에 있는 모든 사람에게 영생을 보장한다는 것이다. 바울은 그리스도의 순종으로 말미암아 부여되는 칭의의 은혜가 아담 때문에 들어온 죄의 파괴적인 결과, 즉 정죄와 사망을 압도하고도 남을 만큼 넘치도록 풍성하다는 점을 증언하였다. 나머지 6-8장에서는 5:12-21에서 바울이 다루기 시작한 '그리스도 안에서'라는 주제를 확장시켜 그리스도 안에서 칭의의 결과로 흘러나오는 복과 은혜를 제시하였다.

   6장에서 바울은 믿음으로 의롭게 된 자는 동시에 그리스도의 죽음과 부활과 연합하여 죄에 대해 죽고 의에 대해 살아났다고 증언하였다. 라이트가 올바르게 지적했듯이, 이신칭의는 그리스도와의 연합과 긴밀하게 맞물려 있다. 이는 일찍이 종교개혁자 칼뱅이 간파했던 진리다. 칼뱅은 칭의를 근본적으로 그리스도와의 연합의 맥락에서 이해하였다. 그는 그리스도 안에서 칭의와 성화는 동시적으로 일어나며 긴밀하게 연합되어 있다고 보았다. 그리스도 안에서 신자가 의롭다 함을 얻으면 반드시 거룩해진다. 이 둘을 분리하는 것은 그리스도를 나눌 수 없듯이 불가능한 일이다. 그럼에도 칭의와 성화는 논리적으로 구별될 필요가 있다고 칼뱅은 강조했다. 이런 칼뱅의 가르침은 로마서의 내용과 맥을 같이한다. 로마서 6장에서 바울은 우리가 그리스도와 연합해서 죄의 지배로부터 해방되고 의의 종이 된 것이 거룩함의 열매를 맺어 영생에 이르게 한다고 역설했다.

8:1에서 바울은 다시 그리스도 예수 안에 있는 자는 결코 정죄함이 없다고 선언했다. 이는 그리스도 안에 이미 내려진 칭의의 선언은 변개될 수 없음을 뜻한다. 우리 안에 내주하는 성령으로 말미암아 율법의 요구를 이루는 삶을 살며,[59] 마지막에 동일한 성령으로 말미암아 우리 몸이 부활할 것을 확증한다고 했다.[60] 또한 우리가 아들의 영을 받음으로써 하나님의 자녀, 상속자가 되었으니 그리스도와 함께 영광받을 것이 확실하다.[61] 하나님이 우리를 의롭다 하셨으니 그 누구도 우리를 정죄할 수 없다.[62] 하늘과 땅의 어떤 존재나 세력도 우리를 그리스도 안

---

59 "육신을 따르지 않고 그 영을 따라 행하는 우리에게 율법의 요구가 이루어지게 하려 하심이니라"(롬 8:4).
60 "예수를 죽은 자 가운데서 살리신 이의 영이 너희 안에 거하시면 그리스도 예수를 죽은 자 가운데서 살리신 이가 너희 안에 거하시는 그의 영으로 말미암아 너희 죽을 몸도 살리시리라"(롬 8:11).
61 "무릇 하나님의 영으로 인도함을 받는 사람은 곧 하나님의 아들이라. 너희는 다시 무서워하는 종의 영을 받지 아니하고 양자의 영을 받았으므로 우리가 아빠 아버지라고 부르짖느니라. 성령이 친히 우리의 영과 더불어 우리가 하나님의 자녀인 것을 증언하시나니 자녀이면 또한 상속자 곧 하나님의 상속자요 그리스도와 함께 한 상속자니 우리가 그와 함께 영광을 받기 위하여 고난도 함께 받아야 할 것이니라"(롬 8:14-17).
62 "누가 능히 하나님께서 택하신 자들을 고발하리요 의롭다 하신 이는 하나님이시니 누가 정죄하리요. 죽으실 뿐 아니라 다시 살아나신 이는 그리스도 예수시니 그는 하나님 우편에 계신 자요. 우리를 위하여 간구하시는 자시니라. 누가 우리를 그리스도의 사랑에서 끊으리요. 환난이나 곤고나 박해나 기근이나 적신이나 위험이나 칼이랴. 기록된 바 우리가 종일 주를 위하여 죽임을 당하게 되며 도살 당할 양같이 여김을 받았나이다

에 있는 하나님의 사랑에서 끊을 수 없으며(8:35-39) 우리를 사랑하시는 이로 말미암아 그 모든 대적을 넉넉히 이긴다(8:37).

따라서 로마서 5-8장에서 2:1-16에서 말한 행함을 통한 칭의를 의미하는 말씀을 전혀 찾을 수 없다. 바울은 신자가 의롭다 함을 얻은 것을 과거의 확정적 사건으로 표현했으며 한 번도 미래에 우리 행위에 따라 의롭다 함을 받을 것이라고 말하지 않았다. 5:19에서 '의롭게 된다'는 동사가 단 한 번 미래 시제로 사용되었으나 이 단어가 과거 시제로 쓰인 17-18절의[63] 문맥에서 볼 때, 그것은 믿는 많은 사람에게 반복적으로 일어나는 칭의의 지속적인 의미를 표현한 것이라고 볼 수 있다. 또한 19절에서 의롭게 되리라는 말이 행위를 통한 최종 칭의를 의미하지 않는 게 확실한 이유는 예수 그리스도의 순종에 근거하여 의롭게 됨을 말하고 있기 때문이다.

라이트는 5-8장에 전혀 나타나지 않는 행함을 통한 칭의라는 개념을 2장에서 끌어와 믿음으로 이미 확정된 칭의의 의미는 사장시키고 행함을 통하여 앞으로 이루어질 칭의라는 새로운 개념을 부활시켰다. 라이트는 3:21-4:25의 요약이며 5-8장에서 전개될 내용의 기반인 5:1에

---

[63] 함과 같으니라. 그러나 이 모든 일에 우리를 사랑하시는 이로 말미암아 우리가 넉넉히 이기느니라. 내가 확신하노니 사망이나 생명이나 천사들이나 권세자들이나 현재 일이나 장래 일이나 능력이나 높음이나 깊음이나 다른 어떤 피조물이라도 우리를 우리 주 그리스도 예수 안에 있는 하나님의 사랑에서 끊을 수 없으리라"(롬 8:33-39).
"한 사람의 범죄로 말미암아 사망이 그 한 사람을 통하여 왕 노릇 하였은즉 더욱 은혜와 의의 선물을 넘치게 받는 자들은 한 분 예수 그리스도를 통하여 생명 안에서 왕 노릇 하리로다. 그런즉 한 범죄로 많은 사람이 정죄에 이른 것같이 한 의로운 행위로 말미암아 많은 사람이 의롭다 하심을 받아 생명에 이르렀느니라. 한 사람이 순종하지 아니함으로 많은 사람이 죄인 된 것같이 한 사람이 순종하심으로 많은 사람이 의인이 되리라"(롬 5:17-19).

나타나는 분명한 칭의의 선언, 즉 믿음으로 의롭다 함을 얻었다는 말씀은 무시해 버리고 행위로 얻는 마지막 칭의를 말한 2:1-16의 빛 가운데서 5-8장을 읽은 것이다. 라이트는 "5:1-5에서 8:31-39에 이르는 여정이 3:21-31에서 2:1-16로 되돌아가는 여정"이라고 했는데,[64] 결과적으로 그 길은 이신칭의를 떠나 행위를 통한 칭의로 회귀하는 길이 되어 버렸다. 이는 로마서 1장에서부터 4장까지 바울이 힘써 깔아 놓은 이신칭의의 바탕을 허물어 버린 셈이다. 그것은 믿음으로 의롭다 함을 얻는다는 본문의 명백한 의미를 언약의 깔때기로 걸러내 버렸기 때문이다.

로마서 9-11장

라이트는 로마서의 논의가 9-11장에서 절정에 이른다고 본다.[65] 옛 관점의 틀로 보면 이 단락이 로마서 전체에서 차지하는 핵심적인 위치를 이해할 수 없고 로마서의 자연스러운 흐름을 거스르는 부적합한 내용으로 취급당한다고 지적한다.[66] 로마서 1:17, 3:21, 10:3의 하나님의 의를 하나님 자신의 의가 아니고 이스라엘을 통해 전 세계를 축복하시려는 당신의 언약에 대한 하나님의 신실하심이라는 관점에서 이해할 때,

---

64 Wright, *Justification*, 198. 로마서 2:6-11에서 바울은 행위에 근거한 하나님의 공정한 심판에 대해 말했다. 그러나 바울의 일차 의도는 행위로 의롭다 함을 얻으려는 자는 마지막 심판을 통과할 수 없다는 일반적인 심판의 원리를 언급한 것이다. 그리하여 율법을 의지하여 의를 이루려는 유대인들이 하나님의 의에 이르지 못할 것을 입증하려던 것이다. 이런 앞뒤 문맥의 의도가 이 단락에 새 언약의 관점을 끼워 맞추는 것을 어렵게 한다.
65 Wright, *The Climax of Covenant*, 236.
66 Wright, "The Letter to the Romans", 620-626.

로마서 전체 내용이 언약의 틀에 완벽하게 맞아떨어지게 전개된다는 것이다. 라이트의 해석대로라면 2:1-3:8에서 로마서에서 펼쳐질 큰 그림의 윤곽을 대략적으로 보여 주었다면 9-11장에서 드디어 그 장엄한 완성작 전체의 모습이 드러났다. 이방인과 유대인을 막론하고 주를 부르는 모든 사람이 구원받는 전 세계적인 열매를 맺게 됨으로써 이스라엘을 통해 모든 민족을 축복하시려는 하나님의 단일 계획이 이스라엘의 메시아를 통하여 놀랍게 성취된 것이다.

라이트에 따르면, 여기서도 핵심 주제는 하나님의 언약적 신실성이다. 그와 대조를 이루는 이스라엘의 언약적 불성실은 어두운 배경을 형성한다. 라이트는 이스라엘 백성이 언약에 충실한 삶을 사는 데 실패했기에 유배라는 국가적 심판과 저주를 받게 되었다고 본다(9:19-29).[67] 바울 당시의 유대인들은 자신들이 여전히 연장된 포로기에 있다고 여겼으며 언약이 갱신되어 '새로운 출애굽'이 일어나기를 고대했다는 것이다. 라이트의 주장에 따르면, 이 기대에 부응하기 위해 바울은 유배로부터의 귀환을 약속하는 신명기 30장을 로마서 10장의 핵심 배경으로 삼았다. 신명기 27-29장에 명시된 언약적 저주로 인한 유배가 종식될 회복의 약속이 신명기 30장에 등장하는데, 로마서 10장에서 바울은 그 약속이 메시아로 말미암아 드디어 성취되었음을 증언하였다.

라이트는 9:30-31에서 바울이 말한 "디카이오쉬네(의)를 반드시 언약 안의 멤버십으로 이해해야 한다"고 주장한다.

---

67 Wright, *Justification*, 213. 참고. Wright, "The Letter to the Romans", 648-649.

³⁰그런즉 우리가 무슨 말을 하리요. 의를 따르지 아니한 이방인들이 의를 얻었으니 곧 믿음에서 난 의요 ³¹의의 법을 따라간 이스라엘은 율법에 이르지 못하였으니 ³²어찌 그러하냐 이는 그들이 믿음을 의지하지 않고 행위를 의지함이라 부딪칠 돌에 부딪쳤느니라. (롬 9:30-32)

"이방인들은 그 멤버십을 찾지 않았으나 발견했다. 하지만 이스라엘은 그 멤버십을 열심히 추구했지만 얻지 못했다. 바울은 좀처럼 우리가 기대하는 대로 말하지 않는데, 그것을 이런 식으로 표현할 수 있을 것이다. '이스라엘은 언약 멤버십의 율법을 쫓았지만, 그 율법에 이르지 못했다.'"[68] 여기서 바울이 말한 이스라엘의 문제는 전통적으로 이해해 온 것처럼 행위로 얻는 의를 추구한 것이 아니라고 라이트는 주장한다. 그들은 도덕적으로 선한 행위를 통해 하나님 앞에 의롭다 함을 얻으려 하지 않았다. 율법은 이미 출애굽을 통해 구출된 이스라엘에게 언약 백성으로서의 삶의 방식으로 주어진 것이다. "이스라엘의 실수는 하나님의 목적을 세상을 위한 이스라엘을 통한 하나님의 단일 계획이 아니라 세상과 무관한 이스라엘만을 위한 단일 계획으로 상상했다는 점이다."[69] 이 언약 계획과 그에 대한 하나님의 신실하심을 무시했다는 점에서 "역설적이게도 이스라엘의 실패는 많은 주석가의 실패와 같다."[70]

그렇다면 의의 법을 따라간 이스라엘이 율법에 이르지 못한(9:31) 이

---

68 같은 책, 214-215.
69 같은 책, 215.
70 같은 책.

유를 바울은 "그들이 믿음을 의지하지 않고 행위를 의지함이라"(9:32)고 했는데, 거기서 믿음과 분명히 대조된 행함은 무엇이란 말인가? 라이트는 그것은 이스라엘이 언약 백성의 자격을 자신들만을 위한 것으로 이해하고 유대적 차별성을 드러내는 특정 율법에 집착했다는 뜻이라고 본다. 그는 이런 맥락에서 10:1-6에 등장하는 의를 이해한다.[71]

> [1]형제들아 내 마음에 원하는 바와 하나님께 구하는 바는 이스라엘을 위함이니 곧 그들로 구원을 받게 함이라. [2]내가 증언하노니 그들이 하나님께 열심이 있으나 올바른 지식을 따른 것이 아니니라. [3]하나님의 의를 모르고 자기 의를 세우려고 힘써 하나님의 의에 복종하지 아니하였느니라. [4]그리스도는 모든 믿는 자에게 의를 이루기 위하여 율법의 마침이 되시니라. [5]모세가 기록하되 율법으로 말미암는 의를 행하는 사람은 그 의로 살리라 하였거니와 [6]믿음으로 말미암는 의는 이같이 말하되 네 마음에 누가 하늘에 올라가겠느냐 하지 말라 하니 올라가겠느냐 함은 그리스도를 모셔 내리려는 것이요.

라이트는 하나님을 향한 유대인들의 열심이 지식을 따른 것이 아니었다는 말씀(10:2)은 그들이 하나님의 단일 계획을 오해했다는 뜻이라고 해석한다. 바로 이어서 "하나님의 의를 모르고 자기 의를 세우려고" 했다(10:3)는 말씀은 그들이 유대적인 내러티브의 성격과 목적을 제대로 이해하지 못했다는 것을 의미한다고 해석한다.

이런 이스라엘의 실패에도 불구하고 하나님의 단일 계획은 메시아

---

71 Wright, "The Letter to the Romans", 652-665.

안에서 끝내 성취되고 만다. 라이트는 "그리스도는 모든 믿는 자에게 의를 이루기 위하여 율법의 마침이 되었다"(10:4)는 말씀을 "메시아는 모든 믿는 이를 위해 디카이오쉬네, 즉 언약 백성의 자격이 되기 위해 토라의 마침이 되었다"는 뜻으로 해석한다.[72] 마침내 "하나님의 언약적 신실성에 대한 내러티브가 예수 그리스도 안에서 그 종착점에 도달한" 것이다.[73] 오래 대망했던 언약 갱신에 관한 신명기의 약속이 이루어진 것이다. 라이트는 "율법으로 말미암는 의를 행하는 사람은 그 의로 살리라"는 말씀을 언약 갱신의 관점에서 해석한다. 이 구절은 로마서 2:25-29에서 언급한 마음에 할례를 받아 율법을 행하는 것을 뜻한다. 신명기 30장에서 묘사했듯이, 율법이 마음에 있어 율법을 행하는 것이 어렵지 않게 되는 갱신된 마음을 염두에 두고 있다는 것이다. 이는 믿음의 의를 통해 이루어진 언약 갱신의 상태를 뜻한다. 즉 율법을 마음으로부터 행하는 것은 "언약 갱신의 필수적인 증표"다.[74]

다음은 라이트의 주장이다. 이제 그리스도의 죽음과 부활 안에서 전 세계를 위한 하나님의 단일 계획은 성취되어 유대인과 이방인을 포함하여 주의 이름을 부르는 모든 사람은 하나님의 단일 가족의 구성원이 된다. 따라서 이신칭의는 이스라엘을 통해 전 우주를 새롭게 하려는 하나님의 위대한 계획의 틀 안에 긴밀하게 엮여 있다. 이와 같이 바울의 칭의론이 담겨 있는 거대한 내러티브를 무시한 채 그것을 개인 구원의 차원으로 축소하면 하나님의 구원 계획의 풍성한 내용은 놓치

---

72 Wright, *Justification*, 216.
73 같은 책.
74 같은 책, 217.

게 될 것이다. 바울이 그려 낸 하나님의 단일 계획이라는 큰 그림 안에서만 전통적 칭의론이 강조하려고 했던 내용들이 제자리를 찾고 더 풍성해질 것이다. 결론적으로 이 틀에서 본 이신칭의는 "하나님께서 예수를 죽은 자 가운데서 일으키셨다는 것을 믿는 모든 사람, 예수를 주라고 고백하는 모든 사람이 갱신된 언약의 진정한 구성원이며 그렇기에 궁극적인 구원이 보장되었다는 선언"이다.[75]

라이트가 재해석한 칭의론의 절정을 장식하는 이 부분에서 그의 해석학적 전제들이 한데 조합된 채 그 모습을 드러낸다. 그는 9:30-31의 의(디카이오쉬네, δικαιοσύνη)를 주저하지 않고 모두 언약 백성의 자격으로 해석하였다. 이는 하나님의 의를 하나님의 언약적 신실성이라고 보는 것보다 심한 논리적 비약이다. 바울의 본문을 자신의 관점에 무리하게 맞추기 위해 성경의 분명한 뜻을 뒤트는 엄연한 본문 왜곡이다. 그것은 그 본문 자체와 앞뒤 문맥이 허용하지 않는 해석이다. 9:32에서 바울은 의의 법을 좇아간 이스라엘이 율법에 이르지 못한 이유를 분명히 밝힌다. "어찌 그러하냐 이는 그들이 믿음을 의지하지 않고 행위를 의지함이라 부딪칠 돌에 부딪쳤느니라." 여기서 바울은 로마서 앞부분, 특별히 아브라함의 믿음을 다루는 4장처럼 믿음을 행위와 날카롭게 대립시킨다.

라이트는 본문의 뜻이 명백함에도 불구하고 바울이 행위로 얻는 의를 말하는 것이 아니라고 한다. 그는 그 이유와 근거를 본문이나 문맥과 전혀 상관없는 데서 찾는다. 곧 유대교가 언약적 율법주의라는 전

---

75 같은 책, 218.

제를 들이댄다. 라이트에 따르면 바울이 지적한 유대인의 문제는 도덕적 율법을 행함으로 의를 이루려는 시도가 아니라 하나님의 단일 계획을 오해한 것이다.[76] 그래서 자신들만이 언약 백성이라는 유대적 차별성을 드러내는 할례와 같은 특정한 율법에 집착했다. 그런 태도가 바로 믿음을 의지하지 않고 행위를 의지한다는 말의 뜻이라고 라이트는 해석한다.[77]

이어지는 10:1-15을 해석할 때도 앞에서 말한 두 전제 외에 하나님의 의를 언약적 신실성으로 이해하는 시각이 핵심 역할을 한다. 라이트는 "하나님의 의를 모르고 자기 의를 세우려고 힘써 하나님의 의에 복종하지 아니하였느니라"(10:3)는 말씀을 믿음을 통해 얻는 하나님의 의가 아니라 행위를 통해 이루는 자기 의를 세우려 했다는 의미로 보지 않는다.[78] 그 구절을 유대인들이 하나님의 단일 계획을 제대로 인식하지 못했다는 뜻으로 이해한다. 그의 해석에 따르면, 이스라엘의 실패로 인한 언약적 저주, 즉 유배기가 그리스도 안에서 종식되고 신명기에 약속된 언약 갱신이 성취되었다. 그런 의미에서 그리스도는 율법의 마침이 되신다. 그리스도의 죽음은 신명기에서 경고한 국가적 저주를 제거함으로써 언약 축복이 온 세계로 전달되는 하나님의 계획을 마침내 이루었다.

하나님의 언약적 신실성에 관한 내러티브가 그 절정에 이른다는 9-11장의 주해에서 라이트의 독특한 해석의 틀을 형성하는 여러 전제

---

76 같은 책, 215-216.
77 같은 책, 215.
78 Wright, "The Letter to the Romans", 654-655.

들, 곧 언약적 율법주의, 율법의 행위에 대한 던의 이해, 언약적 신실성으로서의 의, 연장된 유배기 등의 퍼레이드가 펼쳐진다. 이런 전제에 대한 설명이나 인식 없이 라이트가 주해한 내용을 이해하기는 불가능에 가깝다.

주석적 문제

4장

해석의 전제

지금까지 라이트의 해석학적 전제가 그의 주해에 어떻게 작용했는지 살펴보았다. 분명, 라이트의 독특한 성경 주해에는 배우고 도전받을 점이 많다. 그의 견해가 기존의 칭의론을 구약의 언약을 신실하게 성취하시는 하나님의 구원 역사의 큰 틀에서 재조명하므로 칭의를 개인 구원뿐 아니라 교회, 선교, 종말을 아우르는 통전적 관점에서 이해해야 한다는 도전을 안겨 준 것은 긍정적이다. 그 주해의 옳고 그름을 떠나서 새 관점으로 해석하기 어려운 성경 본문까지 자신이 세운 해석 틀에 맞아떨어지게 풀어내는 그의 주해 실력은 감탄을 금치 못하게 한다. 그러나 갈라디아서와 로마서 주해에서 드러나듯이 성경을 성경으로 푸는 라이트의 해석마저 그것을 은밀하게 조정하는 기본 전제에서는 자유롭지 못하다.

라이트는 아브라함과 그 후손 이스라엘을 통해 전 세계를 축복하시려는 하나님의 단일 계획이라는 일관된 맥락 속에서 갈라디아서와 로마서 전체 내용을 해석하려고 한다. 바울이 유대교와 논쟁하는 배경 속에서 칭의의 복음을 전했기에 그의 서신에 유대적 주제가 중요한 비중을 차지하는 것은 사실이다. 또한 바울의 사상 안에 그런 언약의 큰 그림이 자리 잡고 있다고도 볼 수 있다. 그렇기에 바울서신에는 언약의 맥락에서 해석될 수 있는 부분이 존재한다. 그럼에도 갈라디아서와 로마서의 모든 본문을 자신의 틀에 완벽하게 맞아떨어지게 풀어내려는 시도가 오히려 본문 자체와 그 문맥이 허용하지 않는 해석으로 치우치게 만들었다. 하나님의 단일 계획이라는 거대한 언약의 틀 속에서 칭의론의 풍성한 의미를 드러내려고 하다가 오히려 바울이 전하려고 한 복음의 핵심이 모호해졌다. 옛 관점이 바울의 본문을 조직적으로 왜곡시켜 그가 진정으로 말하는 바를 들을 수 없게 됐다는 라이트의 비난이 고스란히 자신에게 돌아온 셈이다.

바울의 칭의 본문을 유대적이고 구약적인 배경과 언약의 맥락에서 풀어내는 라이트의 해석은 성경을 그 고유의 방식을 따라 읽는 탁월한 모범을 보여 주는 것 같다. 그러나 그가 성경 본문 자체의 내적 논리와 고유의 의미라고 확신하는 것들이 오히려 성경 텍스트의 분명한 의미를 변형시키는 틀로 작용하였다. 라이트는 1세기 유대교의 맥락과 바울의 세계관이라고 확신하는 바를 성경 텍스트에 투사하여 바울이 명백하게 전하는 메시지는 무시하고 그가 전혀 언급하지 않은 의미를 유추해 낸다. 칭의와 관련한 바울서신 본문은 이런 전제를 모르고는 제대로 읽어 낼 수 없게 되는 것이다. 대표적인 칭의 관련 본문인 믿음으로 의롭다 함을 얻는다는 말씀을 하나님의 언약 백성의 일원으로 인정받는다는 의미로 읽는 것은 그런 해석학적 전제가 없이는 불가능하다.

성경에 충실한 것 같은 그의 해석을 은밀히 주관하는 성경적 틀은 1세기 유대교에 대한 독특한 견해와 아브라함을 통한 전 세계의 구원이라는 하나님의 단일 계획의 큰 그림으로 엮여 있다. 1세기 유대교가 언약적 율법주의이며 바울이 비판한 율법의 행위는 할례와 같이 유대적인 경계 표지 역할을 하는 의식이고, 바울이 율법의 저주를 이스라엘의 유배로 보았다고 전제하지 않는 한 바울의 칭의론을 그런 식으로 해석할 수는 없다. 또 라이트가 성경 자체의 증언보다 고대 문헌에 대한 어떤 해석에 더 의존하여 1세기 유대인들은 이런 믿음과 사고를 가졌다고 주장하는 것은 그가 그토록 충실히 따른다고 고백하는 오직 성경의 원리(Sola Scriptura)를 거스른다. 고대 문헌을 해독하고 재구성할 수 있는 능력을 갖춘 학자들만이 성경을 제대로 해석할 수 있다는 생각은 성경은 오직 성경으로 풀며, 복음의 핵심적 진리는 성령의 인도를 받는 일반 신자도 해독할 수 있도록 명료하게 계시되었다는 종교개혁의 확신에도 부합하지 않는다.

이런 주석의 결과 바울이 말하는 칭의의 의미는 상당히 변형되었다. 라이트는 로마서 2:13에서 언급한 "미래 칭의는 3:21-31에서 오직 믿음으로 내려지는 현재의 판결과 일치할 것"이라고 주장한다.[1] 그러나 그가 말하는 현재 칭의와 미래 칭의의 내용과 근거는 매우 다르다. 라이트의 새로운 해석의 틀 속에서 "믿음으로 의롭다 함을 얻는다"는 바울의 본문은 믿음으로 하나님의 언약 백성의 구성원이라고 선언된다는 의미로 둔갑하고 말았다. 그는 여전히 현재적 칭의라는 용어를 사용하지만 그 내용은 바울이 말하는 바와, 기존의 칭의론이 의미하는 것과는 사뭇 다르다. 라이트에 따르면, 현재 신자에게 내려진 확정적 칭의는 존재하지 않는다. 칭의는 마지막 날에 가서야 받을 수 있다. 최후 심판에서 신자는 전 생애에 걸친 행함에 근거하여 의롭다는 판결을 받는다. 라이트는 로마서에 등장하는 믿음으로 의롭다 함을 받는다는 말씀은 모두 언약 백성의 일원으로 인정받는 것으로 재정의하였다. 그리고 로마서 2:13에 기록된 행함으로 얻는 칭의만이 바울이 분명하게 언급한 칭의라고 주장한다.

---

1   Wright, *Justification*, 165.

라이트는 바울이 칭의를 말한 로마서 3:24-4:25을 하나님의 언약적 신실성의 등장과 언약 백성의 자격에 관한 말씀으로 해석한다. 반면 유대인들의 죄를 지적함으로써 그들도 이방인과 다름없이 이신칭의가 절대적으로 필요한 존재임을 밝히는 로마서 2장을 칭의가 확실히 언급된 부분으로 본다. 라이트는 5-8장도 3:24-4:25에 근거하여 믿음으로 의롭다 함을 얻는다는 맥락에서가 아니라 2장을 축으로 하여 성령으로 이루어 가는 최종 칭의의 관점에서 해석한다. 따라서 5:1에서 8:39로 가는 여정은 3:21-4:25에서 2장으로 되돌아가는 길이라고 한다. 곧 언약 백성의 일원으로 인정된 이들이(3:21-4:25) 성령을 따라 신실하게 삶으로써(5:1-8:39) 최종 칭의(2:1-16)에 이르는 여정이라는 것이다.

결국 라이트의 견해에 따르면, 로마서에서 확실하게 언급된 칭의는 오직 마지막에 행함에 근거해서 얻는 칭의다. 믿음으로 받는 현재적 칭의란 존재하지 않는다. 믿음으로는 다만 언약 백성으로 인정받을 뿐이다. 믿음은 언약 백성이 되었다는 표지다. 그 믿음은 언약 갱신이 이루어진 증표로 미래의 칭의의 근거가 되는 행함을 가능케 한다. 곧 믿음은 마음의 할례를 받고 성령의 도움을 받아 율법의 요구를 행하게 한다는 것이다. 따라서 믿음은 단번에 칭의를 얻는 수단이 아니라 미래의 칭의를 이루어 가는 비결 또는 방법인 셈이다. 이런 의미에서 바울은 믿음의 법을 말했다고 라이트는 주장한다. 즉, 믿음으로 인내하며 율법을 꾸준히 행하며 존귀와 영광을 추구한 사람이 마지막 심판에서 의롭다는 판결을 받는다. 그것이 로마서 2:7-13에서 말한 칭의다. 결국 칭의는 믿음의 열매인 행함을 통해 점진적으로 이루어지는 것이다. 라이트에 따르면, 믿음은 최종 칭의의 근거인 의로움(행함)을 점진적으로 이루어 갈 수 있는 채널이지 현재 불의한 자를 위한 칭의의 근거인 의로움을 확보하는 방편은 아니다.

 라이트는 그의 해석의 틀에 잘 들어맞지 않고 오히려 거스르는 대목에 봉착하면 옛 관점의 필요성을 인정한다. 그러면서 옛 관점뿐 아니라 새 관점까지도 초월한 통합의 관점으로 나아가야 한다고 제안한다. 그가 제시한 큰 틀 안에서 옛 관점이 그토록 강조하려고 한 내용이 하나도 유실되지 않고 더 온전하고 풍성한 의미로 새로워질 것이라고 한다. 필자도 통합으로 나아가야 한다는 라이트의 주장에는 기본적으로 동의한다. 그러나 바울의 칭의론을 해석하는 근본 틀이 새 관점이 아닌 옛 관점일 때 진정한 통합이 가능하다고 본다. 그 해석의 일차 맥락이 옛 관점일 때 바울의 칭의론이 진정으로 의미하는 바가 무엇인지 정확히 파악할 수 있을 뿐 아니라 라이트가 힘써 강조하려는 측면도 더 자연스럽고 분명하게 드러난다. 그러나 새 관점이 해석의 주축이 되면 라이트가 애써 관철하려는 바는 이루어 낼 수 있을지 모르나, 지금까지 살펴본 대로 그에 대한 대가를 톡톡히 치르게 될 것이다.

 새 관점은 분명 칭의의 복음을 신구약을 관통하는 하나님의 구원 계획과 언약이라는 큰 흐름에서 재조명해야 한다는 중대한 도전을 우리에게 안겨 주었다. 이런 신학 작업은 우리 앞에 놓인 긴급한 과제다. 바울 사상의 흐름을 충실히 따라서 이신칭의를 이해한다면 구원론적 차원이 교회론적이며 선교적·종말론적 차원과 맞닿아 있으며, 칭의가 이런 다양한 주제와의 긴밀한 연관성 가운데 논의되는 것이 중요하다는 점도 발견할 수 있다. 로마서 1-3장에서 전개되는 바울 칭의론의 일차 맥락은 죄 때문에 하나님의 진노 아래 있는 모든 인류를 구원하는 하나님의 의가 그리스도 안에서 믿는 모든 자에게 값없이 주어진다는 옛 관점이다. 그러나 그것은 칭의를 한 개인이 구원받고 천국에 가는 협소한 차원이 아니라 전 인류적 구원이라는 대주제에서 출발한 것이다.

이렇게 개인적이며 동시에 집합적인 전망은 불가분리적으로 바울의 칭의론을 구성하는 결정적 요소다. 거기서부터 칭의 논의는 그리스도 안에서 이방인과 유대인의 장벽이 믿음으로 말미암아 제거되고 둘이 연합하여 아브라함의 가족을 구성한다는 교회론적 차원으로 나아간다. 그리고 그리스도 안에서 전 세계와 만물을 갱신하는 선교적·종말론적 비전으로 이어진다. 라이트가 열렬히 주장하는 칭의의 큰 그림을 파악하는 것은 중요하다. 바울의 칭의론에 대한 전통적 해석이 그 점을 소홀히 했다는 것을 부인할 수 없다. 그러나 그런 전통에 대한 반발로 바울의 칭의론에 라이트의 새 관점을 무리하게 투사해서 해석할 때 칭의론의 핵심은 무시되고 뒤틀린다.

라이트는 전통적 견해는 칭의를 개인 구원의 차원으로 축소시켰다고 비판하면서 동시에 칭의가 구원의 모든 것인 양 거기에 너무 많은 짐을 지웠다고 불평한다. 그러나 그런 비난은 오히려 라이트 자신에게 해당한다. 라이트 자신이 칭의의 의미를 언약의 큰 틀 속에 교회론과 구원론, 종말론과 선교론의 모든 것을 포괄하는 개념으로 부풀렸기 때문이다. 그런 거대 담론 속에 바울이 의도한 구원론적 핵심 메시지는 주변적이고 암묵적인 의미로 평가 절하되었다. 라이트는 이 모든 내용을 칭의론이라는 이름으로 뭉뚱그려 말하느라 정작 칭의론의 참된 의미는 사장시켜 버린 것이다.

지금까지 개혁신학에서는 라이트가 강조하려는 바를 언약 신학, 구속사와 하나님 나라의 관점에서 충분히 논의해 왔다. 전통적으로 칭의론은 구원의 한 측면만을 다루는 교리다. 구원의 서정이라는 교리에서 볼 수 있듯이 칭의 외에도 그리스도와의 연합, 중생, 회심, 양자됨, 성화, 견인, 영화 등 구원의 다양한 측면을 강조하는 개념들이 있다. 종교개혁 당시에는 칭의론이 특별히 핵심 쟁점이었기에 그 교리를 개신교의 표징처럼 여겼다. 오늘날 교회에서 구원을 성화 없는 칭의 차원으로만 축소시키는 값싼 은혜의 복음 때문에 칭의가 마치 구원의 모든 것인 양 오해하는 경향이 있다.

전통적 칭의론을 심각하게 위협하는 라이트의 주장을 당연히 반박하고 비판해야 한다. 그러나 그 공격 앞에 위태해진 전통적 입장을 겨우 방어하는 데 그친다면 위세를 떨치는 새 관점과의 싸움에서 승산은 갈수록 희박해질 것이다. 이제는 비판을 넘어 새로운 도전 앞에 전통적 칭의론을 자체 점검하며 전선을 재구축하는 단계로 나아가야 한다.[2] 개혁신학은 칭의론을 삼위일체적 관점과 언약적 맥락에서 논의할 수 있는 충분한 신학적 틀을 내장하고 있다. 칭의론은 개인 구원, 특별

---

[2] 톰 라이트가 대중에게 사랑받는 이유에 대해 제자가 한 말이 의미심장해서 여기에 옮겨 본다. "오늘날 많은 사람은 딱딱하게 구조화된 교리보다, 자연스레 진행되는 거대하고 장구한 드라마, 즉 '내러티브'에 더욱 호감을 느낍니다. 그저 앵무새처럼 달달 외우는 교리의 경직된 체계가 아니라, 뭔가 투박한 듯하면서도 놀라우리만치 정교하게 짜여 있는, 전 우주를 관통하며 흘러가는 하나님의 구원 역사 이야기 그 자체를 음미하길 원하는 것이지요. 그 이야기 속에서 자연스레 흘러나오는 '구원'과 '하나님 나라'에 대한 개념들을 거부감 없이 받아들이길 갈망하고 있는 것입니다. 그래서인지 기존의 교리는 오늘날 특히나 '이야기'에 목마른 청중들에게는 무언가 메마르고 경직된 인상을 주기 쉽습니다. 반면 타고난 이야기꾼인 라이트의 신학 체계는 구약에서 신약으로, 그리고 요한계시록의 절정으로 치닫는 성경 내러티브 그 자체의 흐름을 충실하게 따라가면서, '하나님 나라'와 그 '왕'이신 예수의 등장과 죽음, 부활과 영광에 관해 다룹니다. 이 얼마나 장엄한가요!"

히 신분의 변화라는 좁은 범주 속에 갇혀 있는 고립된 교리가 아니라 그리스도와의 연합과 성화, 교회와 종말, 성령과 하나님 나라에 대한 가르침과 긴밀하게 연결되어 있는 교리다. 이런 칭의론의 통합적 연결성을 무시한 채 칭의가 구원과 기독교 신앙의 모든 것인 양 잘못 이해되어 온 경향이 칭의론에 대한 강한 반발을 불러왔다. 바울의 칭의론은 우선적으로 구원과 관련되지만 개인 구원의 차원을 넘어 그리스도와의 연합과 그 몸인 교회와의 연합, 그리스도 안에서 만유의 통합이라는 선교적이고 종말론적 차원까지 맞닿아 있다. 이런 바울의 가르침을 담아낼 수 있는 통전적 관점을 탐구하는 것이 우리 앞에 놓인 긴급한 과제다.

언약적 율법주의

라이트는 샌더스의 견해를 따라 1세기 유대교는 율법주의가 아니라 언약적 율법주의로 보아야 한다고 역설한다. 샌더스 혁명이 시작된 후 그에 대한 심각한 문제를 제기하는 연구서들이 속속 발표되었다.[3] 이 연

---

3   *Justification and Variegated Nomism: A Fresh Appraisal of Paul and Second Temple Judaism*, vol. 1, *The Complexities of Second Temple Judaism* ed. D. A. Carson, P. T. O'Brien, and M. A. Seifrid (Tübingen: Mohr Siebeck; Grand Rapids: Baker, 2001); vol. 2 (Baker Academic, 2004); A. Andrew Das, *Paul, the Law, and the Covenant* (Peabody: Hendrickson, 2001); Simon J. Gathercole, *Where Is Boasting?: Early Jewish Soteriology and Paul's Response in Romans 1-5* (Grand Rapids: Eerdmans, 2002); Sarianna Metso, *The Serekh Texts* (Companion to the Dead Sea Scrolls 8; Library of Second Temple Studies 62; London: T & T Clark, 2007), 63-71; Daniel C. Timmer, "Variegated Nomism Indeed: Multiphase Eschatology and Soteriology in the Qumranite Community Rule (1QS) and the New Perspective on Paul", *JETS* 52/2 (June 2009), 341-356; Friedrich Avemarie, *Tora und Leben: Untersuchungen zur Heilsbedeutung der Tora in der frühen rabbinischen Literatur*. Texte und Studien zum Antiken Judentum 55 (Tübingen: Mohr Siebeck, 1996).

구서들에 따르면 1세기 유대교 안에는 샌더스가 주장한 대로 단일한 규범적 유대교가 존재하기보다는 다양한 입장과 흐름이 어우러져 있었다. 팔레스타인 유대교 안에는 언약을 강조할 뿐 아니라 율법주의로 치우친 경향, 언약과 율법이 복합적으로 연결된 입장이 혼재되어 있는데 샌더스는 이런 증거들을 무시하고 언약적 율법주의라는 획일화된 관점에서만 유대교의 문헌을 해석했다는 것이다.

샌더스도 율법주의가 나타난다고 분명히 인정한 에스라4서를 제외하고도[4] 라이트가 자주 의존하는 쿰란 문헌에서도 율법주의적 문제가 확연히 드러난다.[5] 율법을 신실하게 지킴으로 의에 이른다는 주장이 빈번하게 등장한다.[6] 개터콜(Gathercole)에 따르면 쿰란 문헌, 솔로몬의 시편, 제2의 필론, 솔로몬의 잠언, 욥의 유언, 스바냐 묵시록 등은 각 개인의 순종에 근거하여 최종 칭의의 판결이 내려진다는 신학을 뒷받침한다.[7] 따라서 1세기 유대 구원론은 하나님의 선택과 함께 행위에 의한 최종 구원에 근거한다는 것이다.[8] 랍비 문헌에도 샌더스처럼 쉽게 무시해 버릴 수 없는 율법주의적 언급이 많이 나타나며[9] 구원이 대체로 선택과 보상이라는 상반된 원리 위에 기초한다. 그런데 샌더스의 연구에서는 이런 선택과 보상 원리의 균형이 깨지고 선택의 교리만 강조되었

---

4   Sanders, *Paul and Palestinian Judaism*, 421-422.
5   Gathercole, *Where is Boasting?*, 91-111.
6   M. A. Seifrid, *Justification by Faith: The Origin and Development of a Central Pauline Theme* (Leiden: Brill, 1992), 79 이하.
7   Gathercole, *Where is Boasting?*, 264.
8   같은 책, 33, 135, 161.
9   Klyne R. Snodgrass, "Justification by Grace-to the Doers: An Analysis of the Place of Romans 2 in the Theology of Paul", *NTS* 32 (1986), 78.

다는 것이다.¹⁰

랍비 문헌에는 이스라엘의 선택과 개인의 행함에 근거한 두 가지 구원론의 모델이 등장하며 어느 한쪽을 택하거나 선호할 수 없을 정도로 잘 풀리지 않는 긴장이 얽혀 있다.¹¹ 이런 증거들에 기초해서 많은 학자는 제2성전 시대 유대교의 지배적 사상은 신인협력설이었다고 본다.¹² 샌더스가 언약적 율법주의라고 명명한 것도 사실 신인협력설 안에 내재된 율법주의 측면을 간과하고 언약적 면을 극대화하여 해석한 결과라는 것이다. 학자들은 샌더스가 자신의 논지에 불리한 자료들은 무시하거나 유대교에 두드러지게 나타나는 율법을 지키려는 적극적 의지와 열심을 간과했다고 비판한다.¹³

유대교 안에는 선택과 언약에 기초한 은혜를 강조하는 측면이 있었다는 사실을 부각시킨 샌더스의 연구는 유대교를 일방적으로 율법주의 종교로 이해해 온 전통적 입장을 교정하는 데 기여했다고 볼 수 있다. 구약성경을 정경으로 사용했던 1세기 유대교 안에 율법뿐 아니라 언약과 선택을 강조하는 측면도 있었다는 것은 부인할 수 없다. 그러나 1세기 유대교에 내재되어 있는 다양한 요소를 무시하고 유대교 전

---

10 참고. 김세윤, 『바울 신학과 새 관점』, 239-240.
11 Friedrich Avemarie, "Erwählung und Vergelung: Zur optionalen Struktur rabbinischer Soteriologie," *NTS* 45 (1999), 108 이하.
12 Robert L. Reymond, *Paul Missionary Theologian: A Survey of His Missionary Labours and Theology* (Tain: Christian Focus Publications, 2000), 『바울의 생애와 신학』(크리스챤다이제스트); Thomas R. Schreiner, *The Law and Its Fulfillment: A Pauline Theology of Law* (Grand Rapids: Baker, 1993); Moisés Silva, "The Law and Christianity: Dunn's New Synthesis", *WTJ* 53 (1991), 339-353.
13 M. A. Seifrid, *Justification by Faith*; Timo Eskola, *Theodicy and Predestination in Pauline Soteriology* (WUNT 2/100: Tübingenn: Mohr-Siebeck, 1998).

체를 언약적 율법주의라고 단정하는 것은 지나친 획일화다.

　새 관점 학파가 주장하듯이 온전한 바울 해석을 위해 1세기의 역사 자료와 문헌들을 연구하여 참조하는 것은 필요하다. 방대한 자료 중에 어떤 것을 취사선택하여 어떤 시각과 관심을 가지고 해석하느냐에 따라 매우 다양한 주장이 나올 수 있다. 제2성전 시대 유대 문헌을 통해 유대교에 대해 모두가 동의할 수 있는 확정적 결론을 도출하기는 거의 불가능에 가깝다는 것이 학자들의 견해다. 바울이 어떤 자료를 참고했는지, 어떤 유대 문헌이 바울의 유대교 이해에 결정적 영향을 미쳤는지 판별하는 것은 어렵다. 그보다 더 중요한 사실은 바울 해석에서 유대 문헌보다 더 일차적 권위와 신뢰의 무게를 두어야 하는 것은 복음서와 바울서신서 자체라는 점이다. 바울의 증언 자체에 근거해서 진단할 때, 바울의 논쟁 대상은 행위에만 근거한 율법주의거나 아니면 은혜에 근거한 언약적 율법주의라고 보기 힘들다. 오히려 그 대상은 선택과 언약의 은혜와 특권을 내세워 율법을 자랑하면서도 율법의 참된 의미에 역행해서 사는 사람들이었다고 본다.

　새 관점 학파는 바울의 텍스트와 증언 자체에 천착하기보다 논란의 여지가 많은 성경 외 문헌을 연구해서 도출한 자신의 결론을 오히려 바울서신에 투사하여 바울을 읽어 내는 오류를 범하였다. 바울서신 자체에 천착하기보다 외경에 더 의존하여 성경을 해석하는 것은 전문 성경학자들의 오만이며 지적 탈선이다. 그것은 성경 외 문헌을 섭렵할 수 있는 전문가의 성경 해석에 거의 절대적으로 의존하게 만드는 심각한 폐해를 낳는다.

　그렇다면 바울이 비판한 1세기 유대인은 과연 누구인가. 바울의 논쟁 대상을 누구로 상정하느냐에 따라 그의 칭의론에 대한 해석은 판이해진다. 먼저 바울의 개별 서신의 문맥과 정황 속에서 유대교의 특성을 파악하는 미시적 시각과 서신서와 복음서에 보편적으로 증거된 유대교의 양상을 포착하는 거시적 안목이 결합되어야 한다. 갈라디아서에서는 새 관점 학파의 지적대로 바울이 이방인들과 식탁 교제를 거부하는 유대인들의 우월의식과 배타주의를 우선적으로 질타했다고 볼수 있다. 안디옥에서 베드로가 할례주의자들을 두려워하여 그들을 보고 피했던 것으로 보아 그들 중에는 할례나 음식법 같은 율법의 행위에 집착하여 특권 의식에 사로잡힌 이들이 있었던 것 같다. 그러나 그 우월의식에는 단순히 민족적 배타주의만이 아니라 도덕적이고 종교적인 우월감도 포함되어 있었을 것이다.

갈라디아서에서 볼 수 있듯이 바울은 우선적으로 특정 율법 의식에 기초한 유대적 배타주의를 겨냥해 비판한 것은 사실이지만 그보다 더 근원적인 문제, 즉 하나님의 은혜보다 육신을 신뢰하고 자랑하는 인간의 부패한 성향을 배격하는 데 집중하였다. 율법의 외적 의식에만 충실하고 율법의 참된 의미와 정신을 따르지 않는 사람들을 비판한 것이다. 비슷한 맥락에서 로마서 2-3장에서도 바울은 율법을 소유했고 할례를 받았다는 근거로 유대인의 정체성을 자랑하면서도 정작 율법을 지키지 않는 이들을 비판하였다. 곧 바울의 논쟁 대상은 주로 외적 할례와 유대인의 정체성을 내세우면서도 마음의 할례를 받지 못하고 내적으로 유대인의 정체성이 결여된 사람들이었을 것이다.

그들은 대부분 주님을 만나기 전의 바울처럼 그리스도 안에서 주어지는 새 언약의 은혜를 거부하고 옛 언약, 율법의 길을 고집하던 사람들이었을 것이다. 그래서 바울은 고린도후서 3장과 4장에서 새 언약의 탁월성을 증거하면서 복음을 거부하는 유대인들을 아직 옛 언약 아래 있다고 보았다. 그래서 "그들의 마음이 완고하여 오늘까지도 구약을 읽을 때에 그 수건이 벗겨지지 아니하고 있으니 그 수건은 그리스도 안에서 없어질 것이라"(고후 3:14)고 했고, 아직 그들 마음에 "예수 그리스도의 얼굴에 있는 하나님의 영광을 아는 빛"(고후 4:6)이 비치지 않아 "오늘까지 모세의 글을 읽을 때에 수건이 그 마음을 덮은"(고후 3:15) 상태에 있다고 했다.

이들은 복음서에서 주님께서 마음이 완악하여 들어도 깨닫지 못하고 보아도 알지 못한다고 한 유대인들과 흡사하다. "이 백성들의 마음이 완악하여져서 그 귀는 듣기에 둔하고 눈은 감았으니 이는 눈으로 보고 귀로 듣고 마음으로 깨달아 돌이켜 내게 고침을 받을까 두려워함이라 하였느니라"(마 13:15). 또한 이들은 주님이 소경이며 위선자라고 신랄하게 비판한 바리새인과 서기관들의 모습과도 유사하다.[14] 내면의 변화 없이 율법 준수에 열심인 자들은 율법의 참된 의미를 지키지 못하고 할례나 안식일 등의 외형적 율례에 몰두함으로 율법을 지켰다는 자기기만과 우월 의식에 사로잡혀 남을 판단하고 정죄하는 죄에 빠졌다. 성전에 올라가서 기도하는 세리와 바리새인의 비유에 등장하는 바리새인(눅 18:9-14), 주님이 사람들에게 보이려고 율법을 행한다고 지적한 유대인들이(마 6:1-5; 23:5-7) 바로 그런 유의 사람들이었다.

비록 샌더스의 주장대로 1세기 유대교 문헌에 언약적 율법주의의

---

14 마 23:25-28.

증거가 어느 정도 존재했을지라도 바울과 예수님의 가르침과 증언을 통해 확인할 수 있는 더 신빙성 있는 사실은 유대인들의 실제 삶은 그런 유대교 교리와 심각하게 괴리되어 있었다는 점이다. 오늘날 교인들의 삶과 신앙이 유리되어 있듯이 말이다. 이론적으로는 은혜와 언약을 주장하고 신봉할지라도 부패한 인간의 본성이 자연적으로 치우치는 것은 율법주의 성향이다. 바울의 비판 대상은 주로 언약을 굳게 따른다고 머리로는 자부하지만 삶에서는 언약과 율법의 참된 의미를 무시하는 자들이었을 것이다.

물론 로마서나 갈라디아서, 빌립보서에서 바울이 비판한 대상은 형편없는 위선자들만이 아니라 바리새인이었던 과거의 바울처럼 율법을 통해 의를 이루어 보려는 열심당도 포함되어 있었다(롬 7장; 빌 3:4-10). 바울은 율법을 진정으로 지키려고 하지도 않으면서 율법 준수를 자랑하는 위선자나 율법을 진지하게 지키려고 애쓰는 모범생 모두 죄와 죽음의 권세에서 벗어나지 못하는 연약한 육신 아래 있음을 선고한 것이다. 그리하여 의와 영생의 길은 죄의 지배 아래 있는 인류가 옛 언약 아래서는 결코 도달할 수 없으며 오직 새 언약의 중보자이신 예수 그리스도 안에서만 열리게 된다는 진리를 밝힌 것이다.

율법의 행위

라이트는 갈라디아서와 로마서에서 바울의 논쟁이 할례나 음식법과 같은 율법 행위를 통해 언약 백성의 일원이라고 주장하는 문제였다고 본다. 그러나 바울이 말한 율법의 행위를 할례, 음식법, 안식일법에만 국한시키는 해석은 그 단어의 용례 자체와 문맥이 모두 지지하지 않는다. 율법의 행위를 편협한 의미로 이해하는 것은 구약 전통에서도 그 전례를 찾을 수 없다. 바울의 가르침에서 할례, 음식법, 안식일법으로서의 율법의 행위와 도덕적 율법의 행위를 구별한다는 것은 다분히 작위적이다.

갈라디아서에서 바울이 유대 할례주의자들과 논쟁할 때 할례나 음식법 같은 특정한 율법 행위로 이방인과 자신들을 차별화하는 유대인의 배타주의가 그의 일차 비판 대상이었다고 볼 수 있다. 그러나 바울은 할례와 같은 특정한 율법 의식을 자랑하는 우월주의뿐 아니라 그와 맞물린 더 심층적이고 포괄적인 문제, 즉 하나님의 은혜보다 인간의 육신을 자랑하는 인간의 교만과 부패성 때문에 복음이 심각하게 왜곡되는 행태를 비판했다. 갈라디아서에는 믿음과 율법의 행위, 성령과 육체의 대립 구도가 선명하게 나타난다. 바울이 비판한 율법의 행위는 단순히 특정한 율법의 행위와 의식만이 아니라 복음의 은혜를 대적하는 모든 육신의 행위와 자랑까지 포괄하는 차원으로 확대된다. 유대주의자들이 믿음만이 아니라 할례와 같은 율법의 행위에 의존하는 것은 하나님의 은혜보다 부패한 육신을 자랑하는 행위, 곧 성령을 대적하는 육체의 한 형태였다.

율법을 따르는 육체의 길은 결국 그리스도에게서 끊어지고 은혜에서 떨어지며 율법의 저주 아래 놓이게 된다. 갈라디아서 3:10-13에서 바울은 율법의 행위로 의롭다 함을 얻는다고 주장하는 자들에게 율법에 기록된 모든 조항을 항상 행하지 않는 모든 사람은 저주를 받는다고 선언했다. 바울이 인용한 신명기 27:26의 근접 문맥(27:11-25)에서 보면, 그 저주를 받을 율법의 행위는 단순히 할례나 안식일, 음식법이 아니라 다양한 율법의 도덕적 조항이다. 바울은 신명기 본문에 율법의 모든 일이라는 말을 추가하여 율법책에 기록된 "모든 일"을 "항상" 행하지 아니하는 "모든" 자는 저주 아래 있다고 분명히 못 박았다. 여기서 바울이 제외한 율법의 행위는 없다. 이 대목에서 율법의 행위를 할례와 같이 유대인을 차별화하는 경계 표지 역할을 하는 것으로 제한하는 새 관점은 큰 거침돌에 부딪힌다.

로마서에서도 바울은 율법의 행위를 믿음과 날카롭게 대립되는 모든 행위를 포괄하는 의미로 이해했다. 로마서 4장에서 아브라함의 믿음을 행함과 대조함으로써 행위에 근거한 칭의의 가능성을 철저히 배격했다. 바울이 율법의 행위가 아니라 믿음으로 의롭게 된다는 진리를 입증하기 위해 아브라함을 실례로 든 것은 새 관점에 치명적이다. 만약 새 관점의 주장대로 할례 같은 율법을 통해 언약 백성의 일원이라고 주장하는 것이 바울이 비판한 유대주의자들의 문제였다면 바울은 그의 논점을 완전히 뒤집는 실례를 든 셈이다. 율법이 아직 주어지기 전, 할례를 받기 전의 아브라함이 할례나 음식법 같은 율법의 행위에 의존하여 언약 백성으로 인정된 실례로 제시될 수 없기 때문이다. 4:1-8에서 바울이 말한 행위는 하나님께 빚을 안겨 주는 인간의 일함, 곧 교만한 육체의 행위다.

로마서 2:17-24에서 바울은 라이트가 주장하듯이 유대인들의 자랑에 진심 어린 동의를 표한 것이 아니라 율법을 자랑하면서도 그 법을 거스르며 사는 유대인들의 위선을 질타하였다. 거기서 유대인들이 자랑한 것이 언약 백성의 표지로서의 특정한 율법의 행위만이 아니라 율법의 보편적 계명 준수였다는 사실이 바울이 열거한 죄의 목록에 밝히 드러난다.

> ²¹그러면 다른 사람을 가르치는 네가 네 자신은 가르치지 아니하느냐. 도둑질하지 말라 선포하는 네가 도둑질하느냐. ²²간음하지 말라 말하는 네가 간음하느냐. 우상을 가증히 여기는 네가 신전 물건을 도둑질하느냐. ²³율법을 자랑하는 네가 율법을 범함으로 하나님을 욕되게 하느냐. ²⁴기록된 바와 같이 하나님의 이름이 너희 때문에 이방인 중에서 모독을 받는도다. (롬 2:21-24)

바울은 할례를 받는 것은 율법을 지켜야 할 의무를 동시에 부여받는 것이며, 만약 율법을 행하지 않는다면 할례는 아무 유익이 없다고 하였다(2:25-29). 육신의 할례가 중요한 것이 아니라 마음의 할례를 받아 율법을 진정으로 행하는 것이 참 유대인, 하나님의 백성의 결정적 증거라는 것이다. 바울은 단순히 유대인들이 할례 같은 특정한 율법의 행위를 자랑하는 것만이 아니라 율법의 보편적 요구를 따르지 않는 근본적인 문제를 정죄한 것이다. 그러나 라이트는 유대인의 문제가 그들에게 위탁된 율법을 통한 신적인 소명을 수행하는 데 실패한 것이라고 주장한다. 로마서 2장에서 바울이 이방인과 다름없이 유대인도 하나님의 진노 아래 있는 죄인임을 입증한 것이 아니라, 이스라엘이 국가적 저주 아래 있다는 사실을 묘사했다고 본다. 유대인들이 민족적 실패로 인해 연장된 유배 상태에 처하게 되었다는 것이다. 이는 성경 외적 모델을 도입하여 성경 본문의 명백한 의미를 무시한 해석이다.

연장된 유배기?

바울 당시의 유대인들 대다수가 여전히 연장된 포로기에 살고 있다고 믿었다는 라이트의 주장은 과연 타당한가? 1세기 유대교 안에 이스라엘의 유배 상태가 계속 진행 중이라는 믿음이 편만했고 지배적이었다는 가설은 확증하기가 어렵다.[15] 물론 라이트의 주장대로 그 당시 유대인들은 바벨론 포로기가 종식되었을지라도 이사야서와 에스겔서 등 선지서에 기록된 이스라엘의 회복에 대한 예언들은 아직 온전히 성취되지 않았다고 믿었다. 또한 선지서가 대망한 영광스럽고 풍요로운 회복의 상태와 너무도 다른 유대 상황, 특별히 로마의 속박 아래서의 곤고한 현실에서 유대인들이 여전히 연장된 포로기를 지나고 있다고 인식하거나, 유배로부터의 귀환을 학수고대했을 가능성도 무시할 수 없다. 그러나 그들의 범죄와 불순종 때문에 율법의 저주가 여전히 그들 위에 머물고 있고 그 때문에 유배 상태가 계속되고 있다는 믿음이 1세기 유대인들에게 지배적이고 보편적이었다는 주장은 지나친 일반화다.

유대인들 중 메시아에 대한 진정한 대망 신앙을 가진 남은 자들은 선지자들의 예언이 다층적인 성격을 띠고 있다고 보았을 것이다. 이사야와 예레미야, 에스겔이 예언했듯이 이스라엘의 끊임없는 불순종이 불러온 율법의 저주, 곧 바벨론 포로 생활은 하나님이 선고한 70년 징계의 기간이 끝남과 동시에 막을 내렸다고 본 게 틀림없다. 율법의 저

---

15 이에 대해 의문을 제기하는 학자들이 있다. B. W. Longenecker, *The Triumph of Abraham's God* (Nashville: Abingdon, 1998), 137-138; M. A. Seifrid, "Blind Alleys in the Controversy over the Paul of History", *Tyndale Bulletin* 45 (1994), 73-95.

주가 걷히고 바벨론 포로기가 끝난 것이다. 즉, 선지서에 기록된 포로 귀환과 이스라엘의 회복에 대한 예언이 일차적으로 성취된 것이다. 그러나 그들이 경험한 해방과 구원은 메시아의 오심과 함께 훨씬 거대한 규모로 임할 종말론적 구원과 해방의 큰 그림을 보는 렌즈 역할을 했다. 그래서 그들은 '이미'와 '아직'의 구도 속에서 바벨론 포로 생활에서 해방되었지만 종말에 궁극적으로 실현될 죄와 사탄으로부터의 해방과 구원을 대망하였다. 이것이 구약 선지자의 전통을 따르는 남은 자 신앙이었다.

그러나 유대인 다수가 기대한 메시아의 구원은 죄와 사탄의 속박으로부터의 해방보다는 이스라엘의 민족적 해방이었다는 사실이 복음서에 확연히 그리고 편만하게 나타난다. 복음서에 나오는 예수와 유대인 사이의 근본적인 갈등과 시각 차이는 유대인들은 죄와 사탄의 속박에서 벗어나게 해 줄 해방자가 아니라 민족의 구원자를 원했다는 데 있다. 요한복음 8장에서 예수와 논쟁했던 유대인들도 죄와 사탄의 종 노릇하는 데서 자유케 한다는 의미를 깨닫지 못하고 자신들은 어떤 속박도 받지 않는 자유자라고 주장하였다.[16] 그들은 자신들이 아브라함의 자손으로서 아브라함의 언약적 은총 아래 있다고 생각했던 것이다. 그들이 언약의 저주 아래 있으며 그래서 포로 상태에 있다고 생각했을

---

[16] "그러므로 예수께서 자기를 믿은 유대인들에게 이르시되 너희가 내 말에 거하면 참으로 내 제자가 되고 진리를 알지니 진리가 너희를 자유롭게 하리라. 그들이 대답하되 우리가 아브라함의 자손이라 남의 종이 된 적이 없거늘 어찌하여 우리가 자유롭게 되리라 하느냐. 예수께서 대답하시되 진실로 진실로 너희에게 이르노니 죄를 범하는 자마다 죄의 종이라. 종은 영원히 집에 거하지 못하되 아들은 영원히 거하나니 그러므로 아들이 너희를 자유롭게 하면 너희가 참으로 자유로우리라"(요 8:31-36).

가능성은 매우 희박하다.

또한 유대인들 중에는 구약 시대, 사사기에서부터 반복되었던 포로 생활과 회복, 언약의 저주와 회복이 자신들의 시대에도 되풀이된다고 생각한 이들도 있었을 것이다. 마카베오하는 마카베오의 승리를 포로기가 종식된 분명한 증표라고 인식한다.[17] 따라서 이스라엘이 여전히 언약의 저주 아래 있으며 계속되는 유배 상태에 있다는 믿음이 1세기 유대인들을 지배했다는 주장은 다양한 증거와 가능성을 무시한 지나친 획일화라고 볼 수밖에 없다. 더욱이 이런 신념이 바울 사상을 주관했다는 확실한 증거를 그의 서신서에서 발견할 수 없다. 갈라디아서 3:10-14을 이런 전제와 선입관에 꿰맞추어 해석하는 것은 억지스럽다.

하나님의 의는 언약적 신실성?

라이트는 구약에서 하나님의 의가 당신의 백성을 구원하시는 하나님의 언약적 신실성을 나타내듯이 바울이 말한 하나님의 의도 똑같은 의미로 이해해야 한다고 주장한다. 그래서 로마서와 갈라디아서에 등장하는 의에 관한 말씀을 아브라함과 맺은 언약을 끝내 성취하시는 하나님의 신실하심이라는 일관된 관점에서 풀어 간다. 라이트가 지적한 대로 구약에서는 이스라엘 백성을 곤궁에서 구원하시는 하나님의 언약적 신실성과 하나님의 의가 연관되기도 한다(시 98:2-3). 하나님께 징계를 받아 이방의 포로가 된 이스라엘을 구원하심으로써 당신의 언

---

[17] 참고. Seifrid, "Blind Alleys in the Controversy over the Paul of History", 88.

약에 대한 하나님의 신실하심이 나타난다. 이처럼 구약에 등장하는 의의 개념에는 종종 하나님의 구원 행위와 그의 언약적 신실성이 결합되어 있다.

하나님의 언약적 신실성이 하나님의 의의 한 특성과 형태로 나타나기는 하지만 둘을 동일시할 수는 없다. 구약에서 하나님의 의는 그보다 더 포괄적 의미를 담고 있다. 그 의는 창조주와 심판자이신 하나님이 세상을 공의롭고 자비롭게 다스리시는 데서 나타나는 의로움이다.[18] 하나님은 단순히 당신의 백성에 대한 언약을 신실하게 실천하실 뿐 아니라 온 세상의 심판자이며 주관자로서 온 땅의 거민들을 의로움으로 다스리신다.

구약에서는 하나님의 의가 하나님의 구원과 자주 긴밀하게 연결된다. 이스라엘 역사에 가득한 하나님의 의로운 행위는 당신의 백성들을 구원하심으로 나타났다. 그런 의미에서 하나님의 의는 구원하는 의라고도 할 수 있다. 선지서에서는 메시아를 통한 종말론적 구원과 하나님의 의의 나타남이 긴밀하게 연결되어 있다. 선지자들은 이스라엘을 회복하고 구원할 하나님의 의가 나타날 것을 증언하였다. "하늘이여 위로부터 공의를 뿌리며 구름이여 의를 부을지어다. 땅이여 열려서 구원을 싹트게 하고 공의도 함께 움돋게 할지어다. 나 여호와가 이 일을 창조하였느니라"(사 45:8). "내가 나의 공의를 가깝게 할 것인즉 그것이 멀지 아니하나니 나의 구원이 지체하지 아니할 것이라. 내가 나의 영광

---

18 카슨(D. A. Carson)과 세이프리드(M. A. Seifrid)는 구약에서 의의 개념은 주로 올바름과 공의로움을 나타내는 용어와 병행해서 사용되고 있다고 지적했다. *Justification and Variegated Nomism*, vol. 1, *The Complexities of Second Temple Judaism*, "Righteousness Language in the Hebrew Scripture and Early Judaism", 424-425.

인 이스라엘을 위하여 구원을 시온에 베풀리라"(사 46:13).[19] 하나님의 의는 당신의 백성을 비참한 곤궁에서 구원하심을 통해서 밝히 드러난다.

그러나 구약에 나타나는 하나님의 의는 하나님의 언약적 신실성이나 구원 행위에 국한되지 않고 온 세계에 펼쳐지는 하나님의 공의로운 다스림과 심판을 내포한다. 하나님은 피조 세계의 질서와 정의를 보존하실 뿐 아니라 인류의 역사와 마지막 때에 악인에게 보응하시고 당신의 백성들을 구원하신다. 선지서에 예언된 종말론적 의의 나타남은 구원뿐 아니라 심판을 동반한다. 마지막 때에 하나님은 잔악한 이방 국가들을 심판하시며 악인들에게 진노를 쏟아부으신다고 했다.[20] "만군의 여호와가 이르노라 보라. 용광로 불 같은 날이 이르리니 교만한 자와 악을 행하는 자는 다 지푸라기 같을 것이라. 그 이르는 날에 그들을 살라 그 뿌리와 가지를 남기지 아니할 것이로되"(말 4:1). 종말에 나타날 하나님의 의는 구원인 동시에 심판이다(욜 3장; 슥 14장; 단 7장; 12:1-4; 사 24장). 임박한 하나님의 의는 하나님의 백성들에게는 구원을 보장하지만 악인들에게는 심판을 불러올 것이다.

선지서는 하나님의 의가 앞으로 오실 메시아를 통해 성취될 것이라고 증언하였다. 이사야는 메시아가 고난의 종으로 오셔서 우리 죄를 담당하시고 우리를 의롭게 하신다고 예언하였다. "그가 자기 영혼의 수고한 것을 보고 만족하게 여길 것이라. 나의 의로운 종이 자기 지식으로 많은 사람을 의롭게 하며 또 그들의 죄악을 친히 담당하리로다"(사 53:11). 하나님이 마지막 때에 악한 자들에게 진노를 쏟으시는 대신에

---

19 욜 1:15; 2:31; 3:12-15; 사 24:17-23; 51:5-8; 말 4:1.
20 시 75:8; 겔 20:3; 23:32-34; 습 1:15.

당신의 아들을 인간으로 보내사 그들의 죄에 대한 하나님의 공의의 심판과 진노를 대신 담당하는 화목제물로 삼으신 것이다. 바울은 로마서 3:25에서 하나님이 예수 그리스도를 화목제물로 삼으셨다고 했다. '힐라스테리온'(ἱλαστήριον)이라는 단어는 속죄단, 장소를 뜻하며 동시에 그곳에서 희생되는 속죄 제물을 함의한다. 예수 그리스도가 죄에 대한 하나님의 진노를 달래는 화목제물 역할을 한 것이다.

구약의 선지자들이 증거한 하나님의 의는 시온의 영광인 메시아가 오셔서 고난을 당하심으로 이루실 구원을 통해 찬란하게 나타날 의다. 의가 없는 인생들, 불의함으로 하나님의 진노와 심판 아래 갇혀 있는 죄인들을 구원하는 의로움이 이 땅에 비처럼 내릴 것이다. 그리하여 이 땅에 공의가 강처럼 흐르고 죄로 인해 하나님과 단절되어 받게 되는 모든 저주와 징벌이 제거되며 하나님과 화목케 되는 평강의 은혜가 넘칠 것이다.

> ¹²여호와께서 이와 같이 말씀하시되 보라 내가 그에게 평강을 강같이, 그에게 뭇 나라의 영광을 넘치는 시내같이 주리니 너희가 그 성읍의 젖을 빨 것이며 너희가 옆에 안기며 그 무릎에서 놀 것이라. (사 66:12)

하나님의 의와 평강은 긴밀하게 연결되어 있다. 인간의 불의로 이 세상은 하나님이 원래 지으신 온전한 상태, 샬롬의 상태를 잃었다. 하나님의 의는 우리 죄를 해결하심으로써 이 세상을 다시 하나님이 원하시는 복된 상태, 샬롬의 상태로 회복하는 의다. 그러므로 바울이 말한 구약의 율법과 선지자들이 증언한 하나님의 의란 하나님의 백성과 이 세상에 구원과 샬롬을 안겨 주는 하나님의 행위라고 정의할 수 있다.

바울은 구약의 이런 배경 속에서 하나님의 의를 이해하였다. 바울이 전한 하나님의 의는 구원 언약에 신실한 하나님의 성품만이 아니라 그의 백성을 의롭다고 하시고 악인을 정죄하는 하나님의 특별한 구원과 심판의 행위를 뜻한다. 곧 하나님이 그리스도 안에서 인간의 불의에 대한 종말론적 심판을 행하신 것이다. 그리스도의 십자가는 말세에 악인들이 마셔야 할 하나님의 진노의 잔을 그리스도께서 대신 받은 종말론적 심판인 동시에 구원의 사건이다.

로마서 1:18-3:20에는 하나님의 의가 나타나는 어두운 배경이 그려져 있다. 유대인이나 이방인이나 모든 인간이 하나님의 진노와 심판 아래 있는 죄인이라는 선고가 내려졌다. 복음에는 하나님의 의가 나타났다는 말씀(롬 1:17)에 바로 이어 18절에서는 불의로 진리를 막는 사람들의 모든 경건하지 않음과 불의에 대하여 하늘로부터 하나님의 진노가 나타난다고 했다. 모든 인류가 세상을 심판하실 하나님 앞에 소환되었고 유죄 선고를 받은 것이다(1:18-3:20). 이 단락 전체에 심판과 진노에 대한 용어와 법정적 개념과 논점이 깊숙이 배어 있다. 여기서 핵심은 당신의 언약에 대한 하나님의 신실하심이나 행함을 통한 최종 칭의(2:1-16을 라이트는 그렇게 해석한다)가 아니라 유대인과 이방인 모두 자신의 의로운 행위에 근거해서 마지막 심판을 통과할 수 없다는 사실을 강조한 것이다. 즉, 모든 인간이 하나님의 진노와 심판 아래 있다는 최종 판결을 내렸다. 율법의 역할은 이것이다. "모든 입을 막고 온 세상으로 하나님의 심판 아래에 있게 하려 함이라. 그러므로 율법의 행위로 그의 앞에 의롭다 하심을 얻을 육체가 없나니 율법으로는 죄를 깨달음이니라"(롬 3:19-20).

이런 배경에서 바울은 밝히 드러난 인간의 불의와 극적 대조를 이루는 하나님의 의가 나타났다고 증언한다. 하나님이 그 자비하심 가운데 진노 아래 있는 죄인들을 의롭다고 하실 법적 근거를 예수 그리스도의 죽음 안에서 제공하셨다는 사실을 밝힌다(3:21-30). 하나님의 의는 당신의 아들을 인류의 죄에 대한 당신의 진노를 누그러뜨리는 화목제물로 내어 주는 데서 나타났다(3:24-26).

[25]이 예수를 하나님이 그의 피로써 믿음으로 말미암는 화목제물로 세우셨으니 이는 하나님께서 길이 참으시는 중에 전에 지은 죄를 간과하심으로 자기의 의로우심을 나타내려 하심이니. (롬 3:25)

이 말씀은 레위기 16장에 나타나는 대속죄일과 죄에 대한 희생제물을 드리는 전통을 배경으로 한다. 동시에 이사야 53:10-12에 기록된 죄인들을 의롭게 하기 위해 고난받는 종에 대한 말씀에 뿌리내리고 있다. 하나님이 많은 사람을 죄에서 속량하기 위해 당신의 아들을 죽음에 내어 주심으로 그의 구원하시는 의로움을 나타내셨다. 예수님이 우리 죄를 위해 내어 줌이 되었다는 바울의 기독론적 선언은 이런 구약적 배경에 뿌리내리고 있다. 여기서 핵심은 예수님은 죄인들을 의롭게 하기 위해 대리적으로 고난받은 종이라는 사실이다. 예수님은 그들의 죄를 짊어지고 대리적 형벌을 받기 위해 골고다에 오르심으로써 아직 경건치 아니한 자들을 죄에서 자유하게 하며 그의 의에 참여하게 하셨다. 곧 예수님은 우리 죄를 위해 내어 줌이 되고 우리의 의로움을 위해 다시 사신 것이다(롬 4:25; 고후 5:21).

그러므로 그리스도 안에서 나타난 하나님의 의는 하나님의 공의와 사랑, 그의 자비와 거룩이 완벽하게 조화를 이룬 의로움이다. 하나님이 당신의 아들을 화목제물로 삼아 죄인들을 의롭게 하심으로써 하나님 자신의 의로우심을 밝히 드러내신 것이다(롬 3:26). 따라서 바울이 전하는 하나님의 의는 하나님의 신실하심만이 아니라 그리스도 안에서 죄인들에게 의로운 신분을 부여하는 하나님의 공의롭고 자비로운 행위를 뜻한다. 하나님은 죄인들을 예수 그리스도의 죽음과 부활에 근거하여 값없이 의롭다고 하신다. 따라서 하나님의 의는 그리스도의 죽음과 부활을 통해 객관적으로 계시되었을 뿐 아니라 죄인들이 믿음을 통해서 주관적으로 받을 수 있는 선물이기도 하다.

죄인들을 의롭다고 하는 법적 근거는 전적으로 죄인들 밖에 있다. 오직 예수 그리스도의 구속 사역, 그의 죽음과 부활에 근거한다. 바울은 그리스도의 구속으로 말미암아, 그의 피로 우리가 의롭다 함을 받았다고 했다(롬 3:24; 5:9). 우리가 아직 경건치 않고 연약할 때, 죄인이며 원수 되었을 때 주님이 우리를 위해 죽으심으로 하나님과 화목케 하셨다(롬 5:6-10). 바울은 계속 경건치 않은 자, 일을 하지 않은 자를 의롭다고 하신다는 말을 통해 의롭다 함의 근거가 믿는 자 안에 있지 않고 그의 밖에 있음을 강조한다(롬 4:4-8). 따라서 믿음은 우리 밖에 있는 의로움에 의존하여 붙잡는 손이며, 그 의로움이 우리 것으로 인정되는 방편과 채널이다.

칭의는 단순히 언약 백성의 일원임을 인정받는 것이 아니라 예수 그리스도의 사역에 근거하여 심판과 정죄받아야 마땅할 죄인들에게 죄

사함과 함께 의로운 신분이 부여되는 하나님의 자비로운 조치다. 만약 바울이 전한 복음이 죄인들을 의롭다고 하시는 하나님의 구원하는 의의 출현이 아니라고 본다면 복음의 핵심을 놓친 것이다. 라이트는 바울의 칭의 본문을 언약의 틀에 맞추어 무리하게 재해석하려다가 텍스트와 문맥의 정당한 의미를 놓쳐 버렸다. 로마서 전체를 관통하는 구원론의 맥락 속에서만 진정한 복음을 들을 수 있으며, 그 기본 틀에서만 구원론과 교회론이 서로 충돌하지 않고 자연스러운 조화를 이루며 맞닿는다.

하나님의 의로움은 율법의 저주 아래 있는 많은 죄인을 의롭게 할 뿐 아니라 죄 때문에 창조의 질서가 와해된 세상에 공의와 평강을 강처럼 흐르게 하여 온 우주에 하나님의 주권을 수립하는 데 그 목표가 있다. 그러므로 의에 대한 바울의 복음을 단순히 개인 구원의 차원으로 축소시킬 수 없다. 이 복음은 개인의 구원뿐 아니라 그리스도 안에서 온 세상을 당신과 화목케 하시고 의로 주관하시는 하나님 나라의 수립까지 포괄한다. 구원론적 관점에서 우리 각자가 하나님의 심판대 앞에서 의롭다는 판정을 받는 것이 칭의의 핵심이지만 칭의의 궁극적 목표는 하나님 나라가 수립되고 만물이 회복됨으로써 땅과 하늘에 하나님의 정의가 온전히 실현되는 것이다.

신학적 문제

5장

구원의 개인적 차원

라이트는 바울의 칭의 본문을 개인 구원이 아니라 이스라엘을 통한 전 세계를 새롭게 하시려는 하나님의 언약 성취라는 관점에서 이해한다. 그는 자신의 큰 틀 안에 구원에 초점을 맞추는 옛 관점이 담겨 있다고 말한다. 그러나 앞에서 살펴보았듯이 그가 갈라디아서와 로마서를 풀어 가는 해석의 틀은 바울의 복음이 담고 있는 구원론적 차원의 부요한 신학적 의미를 제대로 드러내지 못하는 한계가 있다. 그 결과 바울의 칭의 본문에서 그리스도의 죽음과 부활이 믿는 각 사람에게 주관적으로 적용되는 원리와 혜택을 분명하게 읽어 내기가 힘들어졌다.

하나님이 이스라엘을 통해 전 세계를 새롭게 하시려는 위대한 구원 계획을 신실하게 성취하신다는 일관된 관점으로 바울의 복음을 해석하려는 라이트의 야심찬 기획에서, 하나님은 한 죄인을 사랑하사 당신의 독생자를 희생하시는 개인의 구원자라는 측면은 뒷전으로 밀려난다. 물론 개인뿐 아니라 전 우주를 아우르는 포괄적인 바울의 복음을 사적 구원이라는 좁은 범주로 축소시키는 통상적 오류는 지양해야 한다. 그러나 우주적 구원의 거대 담론 속에서 개인적 구원을 논하는 것이 편협하고 유치한 차원으로 평가 절하되어서는 안 된다. 칭의의 복음은 개인 구원으로 축소될 수 없지만 그 차원을 결코 약화시키거나 무시할 수 없다. 예수 그리스도는 온 세상을 구원하기 위해 오셨다. 그러나 그와 동시에 예수 그리스도가 나를 사랑하사 나를 의롭다 하기 위해 죽으셨다는 메시지가 부각되지 않는다면 그것은 더 이상 인류에게 복음일 수 없다. 그래서 바울의 복음은 예수 그리스도가 온 세상의 주님인 동시에 "나를 사랑하사 나를 위하여 자기 자신을 버리신 하나님의 아들"이시라는 메시지였다(갈 2:20).

칭의에 대한 바울의 진술은 단순히 유대인과 이방인의 관계뿐 아니라 인간을 보편적으로 지배하고 있는 죄와 죽음의 세력으로부터의 구원과 자유라는 근본적인 문제에 귀착된다. 물론 갈라디아서에서는 유대인과 이방인 간의 갈등의 구체적인 정황이 칭의가 논의되고 있는 문맥이며 거기에 사회적·교회론적 관심과 구원론적 초점이 얽혀 있는 것은 사실이다. 따라서 바울의 칭의론이 개인 구원 문제만이 아니라 교회론적 함의를 담고 있다는 점도 고려해야 한다. 그러나 바울의 칭의 논의를 단순히 교회론적 차원으로 축소 해석하는 것은 바울의 논지에 어긋난다.

예수 그리스도의 구속 사역을 일차적으로 이스라엘을 통해 온 세계를 축복하시려는 하나님의 언약의 방해물을 제거하는 것으로 보는 라이트의 관점은 예수 그리스도의 사역을 전 우주적 차원에서 조망한다는 장점이 있다. 그러나 그 언약이 전 세계적으로 성취되기 위해 근본적으로 처리되어야 할 장애물은 이스라엘의 유배 상태가 아니라 이스라엘을 비롯한 전 인류가 처해 있는 저주 상태다. 그래서 예수 그리스도가 이런 곤궁에 처한 인류의 법적 대리자로서 옛 언약의 파기에 따른 하나님의 공의로운 심판과 저주를 담당하고 새 언약을 체결하는 중보자가 되었고 그로 인해 새 언약의 은혜가 유대인뿐 아니라 이방인을 포함한 전 세계로 확산된 것이다.

여기서 하나님의 구원 계획에 계속 역행하던 이스라엘의 고질적인 불순종에도 불구하고 당신의 언약을 끝내 성취하시고야마는 하나님의 신실하심이 극명하게 드러난다. 이런 관점에서 예수의 구속 사역을 이해할 때라야 라이트가 그토록 강조하려던 언약적 신실성의 참 의미가 선명해진다. 동시에 라이트의 광대한 언약의 틀 속에 상당 부분 파묻힌 개인 구원의 심층적이고 다각적인 의미와 그 은혜의 풍성함이 밝히 드러나면서도 그가 애써 조망하려고 한 구원 역사의 큰 그림, 그 우주적 차원을 잃어버리지 않을 수 있다.

라이트는 그리스도의 죽음이 화목적이고 속죄적이라고 말하면서도 칭의와 관련해서 그리스도의 죽음을 언급한 바울의 본문을 해석하면서는 그 죽음의 대속적 의미를 인정하지 않는다. 그는 갈라디아서 3:13에서 그리스도가 우리를 위해 율법의 저주가 되셨다고 한 말씀을 그리스도가 우리 개개인이 받아야 할 율법의 저주를 대신 받으신 것이 아니라 이스라엘에 임한 국가적 저주를 받은 것이라고 해석한다. 그 구절을 대리 속죄를 뜻하는 것으로 보는 전통적 견해는 난센스라고 비판하면서 말이다.[1]

라이트는 로마서에서도 그리스도의 죽음과 부활을 일차적으로 우리 죄에 대한 하나님의 진노에서의 구원이라는 의미로 이해하지 않고 유배로부터의 해방이라는 관점에서 해석한다. 그 때문에 유대인과 이방인이 함께 참여하는 언약 백성을 이루는 하나님의 계획이 성취되며 그 언약 공동체에 속한 개인도 해방의 은혜를 누리게 되었다는 것이다.

그리스도의 죽음이 언약 백성에게 집합적으로 주어진 해방에 개인이 참여할 수 있게 한 것 외에 각각의 그리스도인에게 머무는 율법의

---

1   Wright, *The Climax of Covenant*, 150.

저주와 하나님의 진노를 제거하는 데 어떻게 직접적으로 연결되는지에 대한 명확한 진술을 라이트에게서 듣기는 힘들다.[2] 그에게 예수 그리스도의 십자가의 중요성을 약화시키려는 의도는 없었을 것이다. 문제는 그의 언약적 해석의 틀이 십자가와 개인의 구원론적 차원을 제대로 연결시키지 못한다는 점이다.

라이트는 바울이 전한 칭의의 복음도 언약적 율법주의와의 연속선상에서 이해한다. 그의 입장은 언약을 새 언약의 영인 성령의 관점에서 좀더 보강했다는 점에서 다소 개량된 언약적 율법주의라고 할 수 있다. 그러나 신자가 언약 안에 있는 은혜를 힘입어 율법의 참된 의미를 구현하는 삶을 통해 칭의에 이른다는 기본 맥락은 큰 차이가 없다. 라이트의 논리대로라면, 유대인들은 그리스도 안에서 새 언약의 은혜에 참여하기 전에 이미 언약 안에 머물며 감사한 마음으로 율법을 지킬 수 있었다.

그렇다면 유대인들이 누려 온 언약의 은혜와 그리스도 안에서 새롭게 주어지는 언약의 은혜가 근본적으로 어떻게 다른지 의문이 제기된다. 라이트는 그리스도 안에서 이스라엘의 해방을 통해 언약이 갱신되고 이스라엘의 소망이 드디어 성취되었다는 면에서 획기적인 새로움을 말한다.[3] 그러면 이런 이스라엘 구원 역사의 대변혁이 유대인 각 개인에게는 어떤 새로운 은혜를 끼쳤는가? 라이트는 유대인은 그리스도의

---

2 많은 신학자가 이런 문제를 지적하였다. 예를 들어, 워터스(Guy Prentiss Waters)는 라이트가 그리스도의 죽음을 속죄적·화목적이라고 말하기는 하지만 그것이 믿는 자의 경험과 어떻게 연결되는지 분명히 말하지 않는다고 지적하였다. 가이 프렌티스 워터스, 『바울에 관한 새 관점』(기독교문서선교회), 286.
3 톰 라이트, 『바울과 하나님의 신실하심』(크리스챤다이제스트), 1183.

십자가로 말미암은 새 출애굽 사건에 참여함으로 각자 죄에서 해방되고 새 언약의 영에 참여하여 "마음의 할례"를 받게 된다고 말한다.[4] 라이트의 이런 주장은 1세기 유대인들이 이미 언약의 은혜 아래 있었다는 그의 언약적 율법주의 전제와 근본적인 모순을 일으킨다.

유대인들이 이미 언약 안에 머물며 그 은혜에 대한 감사의 반응으로 율법을 지켰다는 라이트의 주장은 그들이 이미 마음의 할례를 받았음을 전제한 것이 아닌가? 그렇지 않다면 그 언약의 은혜는 도대체 무슨 의미가 있는가? 그런 은혜가 없었다면 어떻게 그들이 기쁜 마음으로 율법을 지킬 수 있었단 말인가? 라이트는 유대 문헌에 나타나는 유대인들의 낙관적인 인간 이해를 어느 정도 수준에서 수용하는 것인가? 라이트가 1세기 유대교를 성경 외 문헌에 의존해서 지나치게 친유대적으로 각색한 전제를 바울 본문에 투사하기보다 차라리 성경이 보여 주는 대로 당시 유대인 대부분은 마음의 할례를 받지 못한 표면적 유대인, 진정한 언약 백성의 특성이 없는 사람들이었다고 보는 관점에서 출발했더라면 이런 모순을 피할 수 있었을 것이다.[5]

라이트에 따르면, 언약적 율법주의의 대표적 인물이 개종하기 전의 바울이다. 라이트는 바울이 그리스도를 만난 후에도 그가 몸담고 있던 유대교의 언약적 율법주의에서 벗어나지 않았음을 애써 변증하려고

---

4 같은 책, 1204.
5 1세기 유대인들 중에는 언약에 신실하며 언약의 성취를 소망하던 이들, 즉 구약 선지서가 말한 남은 자에 속한 이들이 있었을 것이다. 그러나 그 당시 유대인들 대다수는 혈통적이고 민족적인 언약을 내세우며 언약에 역행하던 사람들이었다. 바울 신학은 이런 구약의 남은 자 사상에 뿌리내리고 있다고 본다. 바울이 1세기 유대인 대다수가 언약적 율법주의에 속하기보다는 오히려 혈통적 언약에 안주하는 이들로 보았다는 것이 성경적 증거에 더 부합한다.

한다. 그는 바울이 유대교를 떠나 새로운 종교를 창시한 것이 아니라 여전히 유대교 안에 머물러 있었다는 점을 줄기차게 강조한다.[6] 그는 바울에 대해 가장 근래에 쓴 『바울과 하나님의 신실하심』(Paul and the Faithfulness of God)에서도 그 점을 부각시키며 방대한 내용을 마무리한다. "바울은 자기가 '유대교'(Judaism)라 불리는 어떤 것에 대항해서 '기독교'(Christianity)라 불리는 어떤 것을 창설하고 있다고 보지 않았다."[7] 라이트는 통상적 의미의 "회심은 바울의 경우에는 심각하게 시대착오적"이라고 말한다.[8] 그는 다메섹에서 일어난 일이 회심이 아니라 부르심을 받은 것이라고 볼 수 있는데 그마저도 시대착오적인 말이 될 수 있다고 한다.[9]

라이트에 따르면, 바울은 주님을 만나서 총체적인 변화를 겪었다. 그럼에도 "이스라엘의 하나님에 대한 흔들림 없는 철저한 충성심"은 절대 변하지 않았다.[10] 바울은 그 사건을 통해 자신이 속해 있는 오랜 유대교의 스토리가 예수 그리스도 안에서 절정에 이르렀다는 사실을 깨달은 것이다. 따라서 바울이 전한 복음은 유대교를 폐기한 것이 아니라 유대교의 소망이 성취되었다는 기쁜 소식이다. 곧 이스라엘의 해방을 통해 전 세계를 축복하시려는 하나님의 언약이 이제 예수 그리스도 안에서 성취되었다는 소식이다. 다메섹 사건을 통해서 바울은 그가 그토록 대망하던 이스라엘의 회복과 언약의 성취가 예전에는 미처 깨닫

---

6 Wright, *What Saint Paul Really Said?*, 39.
7 라이트, 『바울과 하나님의 신실하심』, 1182.
8 같은 책, 1194.
9 같은 책, 1198-1199.
10 Wright, *What Saint Paul Really Said?*, 39.

지 못한 획기적인 방식, 즉 예수 그리스도의 십자가와 부활을 통해 성취되었음을 경험했다. 결국 "그는 자신의 유대적인 뿌리와 의미를 버린 것이 아니라, 단지 그것들에 대한 근본적으로 새로운 통찰을 얻은 것일 뿐이었다."[11] 라이트에 따르면, 이러한 하나님의 구원 역사에 대한 인식의 변화는 바울이 원래 가지고 있던 유대교의 구원관, 즉 언약적 율법주의에 근본적인 변화를 초래하지는 않았다. 마지막 심판에서 의롭다고 인정받을 하나님의 참 언약 백성으로 지금 구별되기 위해서는 율법을 전심으로 지켜야 한다는 그의 신념은 전혀 변하지 않았다.[12]

그렇다면 이스라엘을 회복하는 하나님의 일하심에 대한 인식의 전환 외에 개인 바울은 예수 그리스도를 만나서 어떤 근본적인 변화의 은혜를 입었는가? 라이트는 다메섹 사건으로 바울에게 인격적 변화가 일어났다는 점을 인정한다. 바울은 그 사건으로 마음의 할례를 받았고 하나님의 사랑을 깊이 인식하게 되었다.[13] 그러나 이런 주장은 바울이 회심 전에도 언약적 율법주의에 충실했다는 라이트의 전제와 잘 들어맞지 않는다. 라이트는 바울이 그리스도를 만나기 전에도 이미 언약의 은혜를 누리고 있었다고 했기 때문이다. 그래서 라이트는 율법의 의로 흠이 없었다는 바울의 고백(빌 3:6)에서 바울이 율법을 힘써 지킨 이유는 언약 백성의 자격을 얻기 위해서도 아니고 더 의롭다는 공적을 쌓기 위해서도 아니었다고 주장했다. 그것은 "이스라엘의 하나님에 대한 사랑과 순종으로부터 우러나온 시도로서 그가 미래 심판에서 하나

---

11 라이트, 『바울과 하나님의 신실하심』, 1198.
12 Wright, *What Saint Paul Really Said?*, 35.
13 라이트, 『바울과 하나님의 신실하심』, 1203-1204.

님께 의롭다고 인정받을 사람이라는 사실을 드러내는 표지로서의 역할"을 했다.[14] "그의 토라에 대한 열심은 자력으로 구원을 이루려는 펠라기우스주의 종교가 아니었다.[15] 라이트의 주장대로 바울이 회심하기 전에도 하나님에 대한 사랑과 순종하는 마음에서 우러나오는 열심으로 율법을 행했다면 바울은 이미 불순종의 마음을 제하는 마음의 할례를 받은 언약 백성이었음을 뜻한다고 볼 수밖에 없다. 그렇게 보면 바울의 회심은 완고한 불순종의 마음에서 순종의 마음으로, 어두움에서 빛으로의 획기적인 변화였다고 볼 수 없다. 존재 자체가 옛 언약의 저주 아래서 새 언약의 생명과 축복 아래로 옮겨진 그의 삶에 큰 획을 긋는 사건은 아니었던 것이다.

만약 라이트가 옛 관점으로 슬쩍 돌이키지 않고 그토록 고수하기 원하는 언약의 틀을 앞뒤가 딱 들어맞도록 일관되게 적용했다면 어땠을까? 그랬다면 이미 언약의 은혜를 누리고 있던 다소의 사울과 유대인들 각 개인에게 예수 그리스도가 부여하는 새로운 은혜가 왜 꼭 필요한지 의문이 제기될 수밖에 없다. 라이트의 논리대로라면, 이미 언약 백성인 유대인들의 구원과 예수 그리스도의 구속 사건은 별 상관이 없는 것처럼 보일 수도 있다.[16] 하나님의 전 세계적 구원 계획이 성취되는 방식에 대한 새로운 깨달음 외에 예수 그리스도의 십자가와 부활이 유대인 각자에게 미치는 구원과 갱신의 심층적이고 포괄적인 차원은 분

---

14 Wright, *Justification*, 125.
15 Wright, *What Saint Paul Really Said?*, 35.
16 Wright, "The Letter to the Romans", 483. 라이트는 유대 할례자는 이미 언약 안에 있기에 "믿음에 근거해서" 언약 구성원이라고 선언될 필요가 있는 반면 무할례자는 언약 밖에 있기에 "믿음을 통해서" 언약 안으로 들어와야 한다고 구별하였다.

명하게 부각되지 않는다. 물론 라이트는 전혀 의도하지 않았겠지만 그것이 라이트가 끝까지 포기하지 않은 언약적 율법주의가 피할 수 없는 논리적 모순이다.

라이트가 처음부터 언약적 율법주의 대신 옛 관점의 길을 택했다면, 자체 모순에 빠지지 않고 전 세계를 향한 웅대한 비전으로의 부르심과 개인적 차원의 회심과 구원을 한데 아우르는 통합적 시각에서 다메섹 사건을 조망할 수 있었을 것이다. 바울이 다메섹에서 주님을 만난 사건은 하나님의 구원 역사에 대한 새로운 통찰과 비전을 안겨 주었을 뿐 아니라 바울의 구원론에 근본적인 변화를 가져왔다. 그는 율법을 준수함으로 흠 없는 의로움을 추구하던 바리새인이었다. 그래서 그는 과거의 자신이 "열심으로는 교회를 박해하고 율법의 흠이 없는 자"라고 했다(빌 3:6). 그러나 그 열심은 그가 유대인들을 고소한 바로 그 문제를 안고 있었다. 곧 "하나님의 의를 모르고 자기 의를 세우려고 힘써 하나님의 의에 복종하지 아니하였"던 것이다(롬 10:3). 하나님의 의를 몰랐기에 그는 주님의 교회를 핍박하였다. "내가 전에는 비방자요 박해자요 폭행자였으나 도리어 긍휼을 입은 것은 내가 믿지 아니할 때에 알지 못하고 행하였음이라"(딤전 1:13).

그는 주님을 만난 후에 율법에 대한 그의 열심이 예수 그리스도의 십자가로부터 주어지는 값없이 의롭다 하는 은혜를 배척한다는 사실을 깨달았다. 그래서 그가 그토록 의존하고 자랑했던 율법의 의를 해로, 배설물로 여기게 된 것이다(빌 3:8). 그것은 "내가 가진 의는 율법에서 난 것이 아니요 오직 그리스도를 믿음으로 말미암은 것이니 곧 믿음으로 하나님께로부터 난 의"이기 때문이라고 했다(빌 3:9). 이는 갈라디아 교회를 향한 그의 고백과도 일치한다. "내가 하나님의 은혜를 폐하지 아니하노니 만일 의롭게 되는 것이 율법으로 말미암으면 그리스도께서 헛되이 죽으셨느니라"(갈 2:21).

바울은 성령의 조명을 받은 후 비로소 율법의 참된 의미와 기능을 깨달았다. 율법은 거룩하고 신령하나 자신은 육신에 속하여 죄의 노예라는 사실을 알게 된 것이다. 그래서 그는 자신은 "육신에 속하여 죄 아래 팔렸"고, 자신 안 "곧 육신에 선한 것이 거하지 아니하는 줄" 안다고 했다.[17] 이제 그에게 진리의 빛이 임하매 전에 율법의 의로는 흠이 없었다는 자기기만에서 헤어 나온 것이다. 이러한 깨달음이 회심하기 전의 자신과 같은 상태에 있었던 유대인의 근본 문제를 진단하는 데 결정적인 역할을 했다고 본다.[18] 그로 인해 율법의 행위로는 의롭다 함을 얻을 육체가 없으니 율법으로는 죄를 깨닫게 된다는 확신에 찬 선언을 하게 된 것이다(롬 3:20).[19]

---

17 "전에 율법을 깨닫지 못했을 때에는 내가 살았더니 계명이 이르매 죄는 살아나고 나는 죽었도다. 생명에 이르게 할 그 계명이 내게 대하여 도리어 사망에 이르게 하는 것이 되었도다. 죄가 기회를 타서 계명으로 말미암아 나를 속이고 그것으로 나를 죽였는지라. 이로 보건대 율법은 거룩하고 계명도 거룩하고 의로우며 선하도다. 그런즉 선한 것이 내게 사망이 되었느냐 그럴 수 없느니라 오직 죄가 죄로 드러나기 위하여 선한 그것으로 말미암아 나를 죽게 만들었으니 이는 계명으로 말미암아 죄로 심히 죄 되게 하려 함이라. 우리가 율법은 신령한 줄 알거니와 나는 육신에 속하여 죄 아래에 팔렸도다. 내가 행하는 것을 내가 알지 못하노니 곧 내가 원하는 것은 행하지 아니하고 도리어 미워하는 것을 행함이라. 만일 내가 원하지 아니하는 그것을 행하면 내가 이로써 율법이 선한 것을 시인하노니 이제는 그것을 행하는 자가 내가 아니요 내 속에 거하는 죄니라. 내 속 곧 내 육신에 선한 것이 거하지 아니하는 줄을 아노니 원함은 내게 있으나 선을 행하는 것은 없노라"(롬 7:9-18).
18 라이트도 로마서 7장의 내용이 유대인들이 처해 있던 곤경을 바울이 그리스도인의 관점에서 신학적으로 분석했다고 본다. Wright, "The Letter to the Romans", 549-557.
19 웨스터홀름(Stephen Westerholm)은 유대교와는 달리 바울이 인간의 본성에 대한 비관적인 견해를 가졌다는 점을 지적했다. 인간의 죄성 때문에 생명에 이르는 율법의 의로움을 이룰 수 없다고 보았다는 것이다. Stephen Westerholm, *Israel's Law and*

바울은 주님을 만나서 죄인이며 하나님의 원수였던 자신을 사랑하사 아들을 화목제물로 내어 주신 하나님의 놀라운 사랑을 깨달았다(롬 3:24-26; 5:5-10; 갈 2:19-21). 이 사랑의 강권함을 받아 그는 예수 그리스도가 우리 죄를 위해 율법의 저주를 받으심으로 하나님의 임박한 진노와 심판 아래 있는 인류에게 구원의 길을 열어 주었다는 복음을 이방에 전하는 임무에 매진한 것이다(롬 1:5; 고후 5:11-21; 갈 3:13; 롬 8:3).

바울은 성령께 압도되는 성령 충만의 체험을 통해서 비로소 구약에 약속된 새 언약(렘 31:31-33; 겔 36:26-27)이 자신 안에 그리고 모든 믿는 자 안에 성취된다는 점을 깨달았다. 이 새 언약의 영을 체험함으로써 삶과 메시지에 근본적인 변화가 일어난 것이다. 그는 육신 가운데 있을 때는 하나님과 원수 된 마음 때문에 하나님을 기쁘시게 할 수 없고 하나님의 법에 순종할 수도 없다는 사실을 깨달았다(롬 8:7-8).[20] 바울서신에 자주 등장하는 육신과 성령의 대조는 바로 자신이 회심하기 전과 후의 대조와 같은 것이다. 그는 육신을 따라 의를 이루려는 삶에서 성령을 따라 믿음으로 얻는 의를 누리는 삶으로 돌이켰다. 다메섹에서 주님을 만나고 성령을 체험한 바울의 회심은 그의 삶과 구원관을 획기적으로 변혁시킨 것이다.

---

the Church's Faith: Paul and His Recent Interpreters (Grand Rapids: Eerdmans, 1988), 142. 티모 라토(Timo Laato)도 인간에 대해 낙관적인 유대인 견해와는 달리 바울은 인간성이 죄와 육신의 지배 아래 있다고 보았음을 지적하였다. 이런 인간의 근본적인 죄성과 연약성에 대한 깨달음 때문에 바울이 신인협력적인 유대 구원론을 배격하고 전적인 은혜에 근거한 구원론에 도달하게 되었다는 것이다. Timo Laato, *Paul and Judaism: An Anthropological Approach*, South Florida Studies in the History of Judaism 115, trans. T. McElwain (Atlanta: Scholars Press, 1995), 209.

20 "육신의 생각은 하나님과 원수가 되나니 이는 하나님의 법에 굴복하지 아니할 뿐 아니라 할 수도 없음이라. 육신에 있는 자들은 하나님을 기쁘시게 할 수 없느니라"(롬 8:7-8).

바울이 칭의론으로 해결하려고 한 문제도 유대인과 이방인의 갈등 해소보다는 근원적으로 육신을 따르는 삶과 성령을 따르는 삶의 대립이었다. 유대인들의 문제도 단순히 특정한 율법 의식을 통해 언약 백성임을 자랑한 것만이 아니라 하나님의 은혜와 성령을 대적하는 육신을 신뢰하고 자랑하는 데 있었다. 바울이 비판한 유대인들은 대부분 새 언약이 아니라 아직 옛 언약 아래서 성령의 조명을 받지 못해 마음의 완고함과 영적 어두움 가운데 있던 사람들이었다. 그들은 다메섹에서 주님을 만나기 전, 그리스도의 영광의 복음의 광채가 비치기 전의 바울의 상태와 유사했다.[21] 바울은 그의 논쟁 대상인 유대인들 속에서 율법 아래서 살던 자신을 본 것이다. 그는 획기적인 회심을 체험함으로써 여전히 율법 아래 있는 동료 유대인들의 근본 문제를 심층적으로 파헤칠 수 있었을 뿐 아니라 그에 대한 확실한 해결책을 제시할 수 있었다. 그들이 그리스도 안에서 새로운 피조물이 되게 하는 새 언약의 은혜가 절대적으로 필요하다는 확신이 생긴 것이다. 그래서 바울은 율법의 행위로 의에 이르는 길은 완전히 폐쇄되고 믿음으로 의롭게 되는 새로운 구원의 길이 인류에게 열렸다는 복음을 전파했다.

라이트가 해석한 바울의 칭의론은 유대교의 언약적 율법주의 구원론과 맥을 같이한다. 믿음으로 하나님의 언약 백성의 일원으로 인정되고 언약의 은혜와 성령을 따라 율법의 참된 의미를 행하는 전체 삶을 토대로 마지막 때에 의롭다 함을 얻는다는 것이다. 언약 안에 있음으로써 보장받는 것은 이미 확정된 칭의가 아니라 종말에 내려질 칭의의

---

21 그래서 바울은 "그들의 마음이 완고하여 오늘까지도 구약을 읽을 때에 그 수건이 벗겨지지 아니하고 있으니 그 수건은 그리스도 안에서 없어질 것이라"고 했다(고후 3:14).

근거가 될 의로운 삶을 가능케 하는 은혜다. 그리스도의 죽음과 부활에 참여함으로써 죄의 지배로부터 해방되고 성령을 따라 거룩하고 의롭게 살 수 있는 터전과 가능성이 우리에게 주어진 것이다.

라이트는 예수 그리스도의 십자가와 부활 사건을, 칭의의 유일한 근거가 되는 우리 밖의 의로움을 이룬 사건이라기보다 최종 칭의의 근거인 신자의 의로움을 가능케 하는 해방을 이룬 사건으로 본다. 곧 예수 그리스도의 구속 사역은 칭의로 나아가는 성화의 길은 열었으나 칭의 자체는 확실하게 보장하지 못한다. 죄인을 위한 칭의를 단번에 완성하기보다 칭의를 신자의 신실한 순종으로 성취해 가야 할 미완성품으로 남겨 둔 셈이다. 라이트의 칭의 해석은 이런 논리적 귀결을 피하기가 어렵다.

전가 교리

라이트는 전가 교리를 철저히 배격하며 그에 대한 성경적 근거를 전혀 발견할 수 없다고 주장한다. 그의 지적대로 성경 말씀을 그와 부합되지 않은 교리적 틀에 무리하게 꿰맞추어서는 안 된다. 그러나 성경의 저자가 암묵적으로 염두에 두거나 의도할 수도 있는 논리적 전제나 함의를 발견하려고 노력하지 않는다면 해석자의 의무를 다한 것이라고 볼 수 없다. 라이트는 전가 교리는 범주 오류라고 일축하지만 "주해와 신학은 서로 구별되는 범주에" 속했다는 것을 인정할 필요가 있다.[22]

22　D. A. Carson, "The Vindication of Imputation", in *Justification: What's at Stake in the Current Debates*, ed. Mark Husbands & Daniel J. Treier (Downers Grove: IVP

주해와 신학은 둘 다 성경을 척도로 하지만 각각의 방법론뿐 아니라 그 용어도 항상 일치하지 않는다. 신학은 주해를 바탕으로 해야 하지만 성경에 나타나지 않는 용어를 도입하는 경우가 빈번하다. 그렇다고 성경에서 벗어났다거나 이질적 용어로 성경을 왜곡했다고 단정할 수는 없다. 삼위일체라는 단어가 성경에 등장하지 않지만 그 용어는 성경 전체가 증거하고 있는 하나님에 관한 개념을 함축적으로 표현하는 데 매우 적절하다. 마찬가지로 비록 성경에 전가라는 정확한 단어가 나타나지 않을지라도 이 용어가 전달하려는 내용의 실체를 지지하는 성경적 증거가 풍부하다면 이런 단어 도입은 문제되지 않을 것이다.

바울이 자주 사용하는 '여기다'(로기조마이, λογίζομαι)라는 동사를 전가의 의미를 전달하는 것으로 보기도 한다. 킹 제임스 역본(KJV)이 이를 전가(impute)라고 번역했지만 그 단어가 정확히 전가를 뜻한다고 볼 수 있는지는 의문이다. 그 동사의 특별한 용례에만 근거해서 전가 교리를 주장할 수는 없다. 오히려 칭의와 관련된 문장에서 그 단어가 쓰였을 때 어떤 개념을 전달하는지 우선 고려해야 할 것이다.

위에 말한 '여기다'라는 단어는 로마서 4장에 11번이나 등장하는데 특히 의와 결합하여 6번 사용되었다(4:3, 5, 6, 9, 11, 22). 4:4-6에서 전가의 의미를 추론해 볼 수 있다.

⁴일하는 자에게는 그 삯이 은혜로 여겨지지 아니하고 보수로 여겨지거니와 ⁵일을 아니할지라도 경건하지 아니한 자를 의롭다 하시는 이를 믿는 자에게는

Academic, 2004), 48.

그의 믿음을 의로 여기시나니 ⁶일한 것이 없이 하나님께 의로 여기심을 받는 사람의 복에 대하여 다윗이 말한 바.

일한 것이 없고 경건치 않은데 하나님께 의로 여기심을 받는다는 말씀은 분명 우리가 받을 자격이 없는데도, 우리에게 없는 것이 우리 계정에 옮겨진다는 뜻을 내포한다. 곧 하나님이 경건치 않은 자, 불의한 자에게 그에게 없는 의를 그의 것이라고 인정해 주신다는 것이다. 여기서 하나님이 의롭다고 여기실 때는 우리 안에 있는 어떤 경건이나 우리가 일해서 얻은 것을 전혀 고려하지 않는다는 사실이 확실하게 드러난다. 하나님이 우리를 의롭다고 여기시는 근거가 우리 안에는 전혀 없다. 그 근거는 전적으로 우리 밖에 있는 의로움, 그것을 의존하는 믿음을 통해 우리 것으로 인정되는 의로움에 있다. 이는 로마서에서 바울이 일관되게 전개하는 칭의의 핵심 논지와 맥을 같이한다.

바울은 로마서 3:22-26에서 하나님이 예수 그리스도를 화목제물로 삼으심으로써 경건치 않은 자에게 그에게 없는 의로움을 인정하셨다고 했다. 바울은 인간의 악함과 불의를 밝힌 대목에 바로 이어 경건치 않은 자를 의롭다고 하시는 하나님의 의로움을 소개함으로써 인간의 불의와 하나님의 의가 극적인 대조를 이루게 하였다. 하나님은 불의한 자를 의롭다 함으로 자신의 의로우심을 나타내셨다(3:26). 구약에서는 불의한 자를 의롭다고 하는 것을 하나님이 미워하신다고 했는데(잠 17:15), 하나님 자신이 그런 불의한 일을 행하고도 자신이 의롭다고 하시는 근거는 도대체 무엇인가. 그것은 바로 불의한 자에 대한 하나님의 진노를 누그러뜨리는 화목제물로 당신의 아들을 내어 주셨다는 데 있다. 경건치 않은 자를 의롭다고 하는 근거를 마련하시기 위해 하나님은 당신의 아들을 희생하셨다. 값비싼 대가를 지불하신 것이다. 하나님은 죄인들을 의롭다고 하실 수 있는 충분하고 완벽한 법적 근거를 만드셨다. 그러므로 하나님이 예수 그리스도의 죽음을 통해서 이루신 의로움, 불의한 죄인들도 믿음으로 인정받는 의로움에 확고히 뿌리내리지 않은 칭의이야말로 법적 허구다.

따라서 바울이 말하는 칭의는 전적으로 우리 안에 전혀 없고 우리가 일해서 얻거나 우리의 경건으로 도달할 수 없는 의로움, 즉 전적으로 우리 밖에 있는 의로움(alien righteousness)에 근거한다. 믿음은 우리 밖에 있는 의로움에 의존하는 것, 그 의로움이 우리 것으로 인정되게 하는 채널이다. 로마서 4장에서 바울은 아브라함의 예를 들어 일한 것이 없는 이, 경건하지 않은 이를 의롭다고 하시는 방편으로서의 믿음을 말했다. 4:3에서 그는 "아브라함이 하나님을 믿으매 그것이 그에게 의로 여겨진 바 되었다"고 했다. 여기서 아브라함의 믿음이 곧 의롭다 함의 근거라고 말했다고 볼 수도 있다. 그러나 이 부분에서 바울은 경건치 않는 자가 그에게 없는 외래적 의로움으로써 그가 의롭다고 인정받는다는 점을 관철시키려 한 것이다. 그것은 3:22-26에서 밝힌 칭의의 기독론적 바탕을 전제한 진술이다.

만약 바울이 믿음 자체가 의로움이며 칭의의 근거라고 말한 것이라면 그가 지금 펼치는 논지를 완전히 뒤집는 주장을 한 셈이다. 믿음이 칭의의 근거라면 믿음이 또 하나의 일, 공로, 경건으로 여겨질 것이다. 그러면 경건치 않은 자, 일한 것이 없는 자를 의롭다고 하신다는 말에서 바울이 부각하려는 내용과 완전히 상충된다. 믿음의 유일한 대상은 경건치 않는 자를 의롭다고 하시는 하나님이다. 그 믿음은 불의한 자를 의롭다고 하시기 위해 당신의 아들을 우리의 죄 때문에 내어 주시고 우리의 의를 위해 다시 살리셨음을 신뢰하는 믿음이다(롬 4:25). 그 믿음은 경건치 않는 자를 의롭다고 하시는 근거가 예수 그리스도를 죽은 자 가운데서 살리신 하나님의 의에 있다는 사실에 기반을 둔다. 따라서 믿음을 의로 여기셨다는 말씀은 믿음 자체가 공로적 효력이 있기 때문이 아니라 믿음은 행위와 대조적으로 칭의의 유일한 근거인 하나님께만 전적으로 초점을 맞추기 때문이라고 볼 수 있다. 이 말은 그 문맥에서 볼 때 이렇게 설명될 수 있는 의미를 함축한 표현이다.

로마서 5:12-21에서도 바울은 아담 안에서 범죄하여 의가 없는 자에게 주어지는 칭의의 근거는 그들 안에 없고 그들 밖에서 이루어진 예수 그리스도의 순종에 있다고 주지시킨다. 그리스도의 순종이 아담의 불순종으로 말미암은 정죄와 사망을 압도하고도 남을 정도로 풍성한 칭의와 영생의 은혜를 모든 믿는 자에게 부여한다는 것이다. 여기서 바울은 아담과 그리스도의 대조를 통하여 믿음으로 의롭다 함을 얻은 이들이 하나님의 종말론적 진노에서 구원받고 영생에 이를 것이라는 확신을 강화한다(5:9-11). 따라서 예수 그리스도의 순종이 믿는 모든 자의 현재적 칭의의 확고한 근거가 될 뿐 아니라 종말론적 구원과 영생의 보증이 된다는 것이다.

라이트는 바울이 말하는 예수 그리스도의 순종이 율법에 대한 순종을 뜻하지 않는다고 주장한다.[23] 물론 그 순종은 빌립보서 2:8에 나

---

23 Wright, *Justification*, 204.

오듯 일차적으로 예수 그리스도의 죽음을 의미한다.[24] 그러나 그의 죽음이 그리스도의 일생에 걸친 순종의 결산이며 절정이라는 점에서 그의 순종은 율법에 순종한 삶을 전제한다고 보는 것이 무리한 신학적 귀결은 아니다. 예수 그리스도가 여자의 몸을 통해 율법 아래 오신 이유는 율법 아래 있는 우리를 속량하시기 위해서라고 했다.[25]

예수 자신도 율법을 폐하러 온 것이 아니라 온전케 하려고 오셨다고 말씀하셨다.[26] 그의 삶은 율법의 요구인 사랑을 구현하는 삶, 즉 하나님의 뜻에 온전히 순종하는 삶이었다. 그의 죽음은 그 순종을 바탕으로 순종한 의인으로서 불순종한 죄인을 대속하는 죽음이었다. 우리 대신 율법의 저주를 받으신 것이다. 라이트가 전가 교리를 그토록 배격하는 이유 중 하나는 율법을 다르게 이해하기 때문이다. 그는 우리가 율법을 완전하게 지키지 못해서 받게 된 율법의 저주를 그리스도가 대신 감당하고 그 율법을 온전히 성취했다는 개념을 배격한다. 이는 "예수를 궁극적 율법주의자로 만드는 것"이라고 주장한다.[27]

라이트는 전가된 의라는 개념에 대한 어떤 근거라도 찾을 수 있는 유일한 성경 구절이 고린도전서 1:30인데 그마저도 전가 교리의 분명한 근거는 아니라고 주장한다.[28]

24　"사람의 모양으로 나타나사 자기를 낮추시고 죽기까지 복종하셨으니 곧 십자가에 죽으심이라"(빌 2:8).
25　"때가 차매 하나님이 그 아들을 보내사 여자에게서 나게 하시고 율법 아래에 나게 하신 것은 율법 아래에 있는 자들을 속량하시고 우리로 아들의 명분을 얻게 하려 하심이라"(갈 4:4-5).
26　"내가 율법이나 선지자를 폐하러 온 줄로 생각하지 말라 폐하러 온 것이 아니요 완전하게 하려 함이라"(마 5:17).
27　같은 책, 205.
28　Wright, *What Saint Paul Really Said?*, 123.

³⁰너희는 하나님으로부터 나서 그리스도 예수 안에 있고 예수는 하나님으로부터 나와서 우리에게 지혜와 의로움과 거룩함과 구원함이 되셨으니.

라이트는 만약 이 구절을 근거로 전가된 의를 주장한다면 '전가된 지혜' '전가된 거룩' '전가된 구속'에 대해서도 말해야 하기 때문에 적절한 근거가 아니라고 말한다.²⁹ 그러나 이 비판은 부적절하다.

이 구절에서 바울은 서로 다른 특성의 은택들, 지혜와 의로움과 거룩함과 구원함이 전가되는지 아니면 주입되는지, 어떤 일관된 방식으로 우리에게 전달되는지에 초점을 맞추지 않는다. 네 가지 은택을 하나로 아울러서 총괄하는 것은 그리스도 안이라는 개념이다. 바울은 이 모든 다양한 은혜가 그리스도 안에서 하나의 선물 세트로 주어졌음을 부각시킨다. 고린도전서 6:11에도 유사한 패턴이 재현된다. "너희 중에 이와 같은 자들이 있더니 주 예수 그리스도의 이름과 우리 하나님의 성령 안에서 씻음과 거룩함과 의롭다 하심을 받았느니라." 바울서신은 지혜와 의로움과 거룩함과 구원함이 서로 다른 채널과 방편으로 우리에게 전달된다고 전제한다. 이미 고린도전서 앞부분에서 지혜는 예수 그리스도의 십자가와 성령의 조명을 통해 주어지며, 거룩함은 중생의 씻음과 성령의 내주로부터 온다고 했다. 그리고 구원은 죄의 속박에서부터 해방됨으로써 주어진다는 것을 그의 서신서 여러 부분에서 증언한다. 그러므로 의로움이 전가되듯이 다른 은혜도 똑같은 방식으로 전달되어야 한다고 이 구절이 함의한다는 주장은 억측에 불과하다.

---

29   같은 책.

라이트는 고린도후서 5:21에서 전가 교리의 근거를 찾으려는 마지막 희망의 빛마저 끄려고 한다.

> [19]곧 하나님께서 그리스도 안에 계시사 세상을 자기와 화목하게 하시며 그들의 죄를 그들에게 돌리지 아니하시고 화목하게 하는 말씀을 우리에게 부탁하셨느니라. [20]그러므로 우리가 그리스도를 대신하여 사신이 되어 하나님이 우리를 통하여 너희를 권면하시는 것같이 그리스도를 대신하여 간청하노니 너희는 하나님과 화목하라. [21]하나님이 죄를 알지도 못하신 이를 우리를 대신하여 죄로 삼으신 것은 우리로 하여금 그 안에서 하나님의 의가 되게 하려 하심이라. (고후 5:19-21)

라이트의 주장에 따르면, 우리가 그 안에서 하나님의 의가 된다는 표현은 전가된다는 뜻으로 해석할 수 없다. 만약 거기서 바울이 전가를 의도했다면 '된다'는 표현을 사용하지 말았어야 한다는 것이다. 왜냐하면 이 말은 로마 가톨릭의 '주입된 의'(infused grace) 개념과 유사하기 때문이다.[30]

라이트의 해석에 따르면, 고린도후서 5:21은 하나님이 예수 안에서 새 언약을 성취하시고 바울을 새 언약의 일꾼으로 삼으셨다는 긴 논증의 절정이다.[31] 이런 문맥에서 볼 때, 우리가 예수 안에서 하나님의 의가 된다는 말은 그리스도 안에서 하나님이 전 세계를 위한 당신의 언약에 신실하셨다는 사실을 우리 자신의 삶에 체화되게 했다는 뜻이

---

30 Wright, *Justification*, 141.
31 같은 책.

다.³² 여기서도 라이트는 하나님의 의를 하나님의 언약적 신실성이라는 개념으로 재해석한다. 그러나 이런 해석은 이 구절에 분명하게 나타나는 예수를 죄로 삼으시고 우리를 하나님의 의가 되게 하신다는 내용의 평행 구조를 무시한 것이다. 5:19-21에서 바울은 하나님이 죄를 우리에게 돌리지 않고 예수를 우리 대신 죄로 삼으셨다고 말했다. 여기서 바울이 우리 죄를 예수에게 전가했다고 정확히 표현하지는 않았지만, 우리 죄가 우리에게 돌려지는 대신 죄 없는 예수에게 돌려져 그가 죄가 되었다는 말은 우리 죄가 예수에게 전가되었다는 뜻 외에 다른 것을 의미한다고 볼 수 없다. 라이트도 이 점은 부인하지 않는다. 그렇다면 이 구절에서 우리 죄가 예수께 전가되었다는 사상과 반대로 의로움이 우리에게 전가되었다는 개념이 평행을 이룬다고 보는 것은 무리한 비약이라기보다 자연스러운 귀결이다.

이 외에도 바울서신에는 갈라디아서 2:20-21과 빌립보서 3:8-9처럼 전가의 의미를 내포하는 본문들과 옷을 입음과 선물로 받음, 삯과 보상 등과 같은 다양한 이미지가 존재한다. 이 모든 성경적 증거에서 전가라는 명확한 단어는 등장하지 않는다. 우리 의뿐 아니라 우리 죄가 그리스도에게 전가되었다는 명시된 언급도 찾아볼 수 없다. 그럼에도 하나님께서 예수 그리스도를 우리를 대신해서 죄로 삼으시고(고후 5:21) 율법의 저주를 받게 하셨다는(갈 3:13) 말씀이 우리 죄가 그리스도에게 옮겨졌다거나 혹은 전가되었다는 의미가 아니라고 보기는 매우 어렵다. 라이트까지도 우리 죄가 그리스도에게 전가되었다는 것을 인

---

32 같은 책.

정한다. 죄의 전가라는 단어가 없음에도 불구하고 죄의 전가를 보편적으로 인정한다면, 왜 그리스도의 의가 전가된다는 생각은 난센스라고 배격하는지 이해할 수 없다. 단순히 죄가 그리스도께 전가되어 처리되었다고만 해서 우리가 하나님 앞에 의롭다는 판정을 받을 수는 없다. 그보다는 더 긍정적인 칭의의 법적 근거, 즉 우리에게 없는 온전한 의로움이 우리 밖에서 주어져야만 한다. 카슨이 지적한 대로 "칭의를 전가로 축소시킬 수는 없지만, 바울 사상에서 칭의는 전가 없이는 충실하게 계속 유지될 수 없다."[33]

라이트는 종교개혁의 전가 교리가 의의 주입을 주장한 중세의 오류를 극복하지 못했다고 지적한다. 그는 마치 한 사람의 의의 실체가 다른 이의 것으로 주어진다고 본 것이다. 그러나 전가 교리는 그리스도의 의가 결코 실체적·본질적으로 우리 것이 되지 않으면서도 그리스도와의 연합을 근거로 그 의가 우리의 것으로 인정된다는 뜻이다. 그리스도가 우리 죄를 짊어지심으로 그가 실제 죄인이 되시지 않은 것같이 "그리스도의 의가 주관적으로 우리의 도덕적 특성이 되는 것은 아니다."[34] 전가 교리가 법적 허구라는 라이트의 비난과는 정반대로 칭의가 법적 허구가 되지 않기 위해서 전가 개념은 필수불가결하다고 전통적으로 믿어 온 것이다. 칭의의 법적 선언은 예수 그리스도의 대리 속죄로 인한 의로움이라는 실체에 확고하게 근거한 것이기에 결코 법적 허구가 될 수 없다.

---

33 Carson, "The Vindication of Imputation", 77.
34 Charles Hodge, *A Commentary on 1 & 2 Corinthian* (London: Banner of Truth, 1958), 526.

라이트는 그리스도의 죽음과 부활로 인한 의의 전가보다 그리스도의 죽음과 부활에 참여함으로써 얻는 칭의를 주장한다. 이를 "일치에 의한 칭의"(justification by incorporation)라고 부르기도 한다.[35] 그는 로마서 6:1-11에서 바울이 지금까지 전가된 의라는 교리가 전달하려고 했던 진리를 더 적절하게 설명했다고 본다. 곧 예수 그리스도의 죽음과 부활은 이스라엘 백성을 이집트의 속박에서 해방한 사건처럼 우리를 죄의 지배에서 자유케 하는 사건이었다는 것이다.[36]

그러나 해방은 우리에게 죄에서 자유하는 삶의 바탕과 역동을 줄 뿐, 그 자체가 칭의의 근거가 될 수 없다. 죄의 지배에서 해방되었을지라도 죄와 끊임없이 싸우며 자유를 지켜 나가야 할 몫은 여전히 우리에게 남아 있다. 그 책임을 다함으로써 우리는 최종 칭의의 근거인 의로움을 조금씩 이루어 갈 수 있는 것이다. 그러므로 해방은 결코 현재 칭의의 근거가 될 수 없고 다만 최종 칭의의 근거인 의로움을 만들어 갈 수 있는 바탕이 될 뿐이다. 따라서 그리스도의 구속 사역의 열매를 의로움과 직결시키지 않고 해방으로만 이해하면 현재적 칭의의 근거는 사라져 버린다. 그 누구도 의롭다는 확정적 선언을 받을 수 없다. 유일하게 말할 수 있는 칭의는 라이트처럼 해방을 통해 점차적으로 이루어 가는 최종적 칭의다.

믿음은 불의한 자가 자신 안에 없고 자신이 도저히 이룰 수도 없는 외래적 의로움이 자신에게 임하게 하는 채널이나 방편이 아니라는 것이 라이트의 입장이다. 믿음은 해방된 영역 안에 있다는 언약 갱신의

---

35 Wright, *Justification*, 206.
36 같은 책, 205-206.

증표일 뿐이다. 라이트는 믿음을 언약에 대한 신실함으로 이해한다. 라이트에게 믿음은 순종과 대조되는 개념이 아니라 하나님의 신실하심에 응답하는 인간의 신실함이다. 믿음은 우리 밖에서 이루어진 의로움을 붙잡는 손이나 그 의를 받는 빈 그릇이 아니라 언약에 신실하게 반응하고 순종하는 것이다. 신자는 언약에 신실하게 반응한 삶, 성령에 순종해서 산 모든 삶의 열매로 심판받고 최종적으로 의롭다고 판정받는다.

이중 칭의

결국 라이트가 말하는 현재적 칭의는 언약 백성이라는 선언일 뿐이며 진정한 의미에서 칭의는 종말까지 유보된다.[37] 그때 각 사람에게 행한 대로 보응하시는데(롬 2:6), "참고 선을 행하며 영광과 존귀와 썩지 아니함을 구하는 자에게는 영생으로" 보응하신다(2:7). 그 근거는 "오직 율

---

37 라이트의 로마서 주해에서 확인했듯이, 확실한 칭의의 근거는 로마서 3:24-26에서 밝힌 대로, 예수 그리스도가 화목제물이 됨으로써 우리 밖에서 성취된 의가 아니다. 라이트의 해석에 따르면, 그 본문이 말하는 것은 우리가 믿음으로 언약 백성임이 확인되었다는 사실이다. 이제 우리는 칭의를 향해 정진하는 도상에 서 있는 존재다. 그 목적지에 도달할 수 있다는 확신의 근거는 예수의 구속 사건으로 말미암은 해방과 성령의 사역이다. 라이트에 따르면, 로마서 5-8장은 최종 판결, 즉 칭의로 나아가는 과정에서 임하는 성령의 역사를 밝힌 것이다. "최종 판결이라는 관점에서 본 칭의의 내용"이라는 것이다. "마지막에 의롭다고 인정받을 사람이 누구인지를 현재 이 시점에서 어떻게 말할 수 있는지의 문제다." 마지막에 의롭다는 칭함을 받을 사람은 현재 성령을 따라 율법의 요구를 신실하게 이루어 가는 사람이다. 곧 로마서 2:25-29에서 암시한 새 언약의 영을 받은 사람, 참고 선을 행하며 영광과 존귀와 썩지 아니함을 구하는 자다(2:7). 라이트는 이렇게 로마서 5-8장을 마지막 칭의를 말한 2:1-16의 빛 가운데서 해석한다. 라이트는 믿음으로 이미 확정된 칭의의 의미를 무시하고 로마서 5-8장에 전혀 나타나지 않는 행함을 통한 칭의라는 개념을 로마서 2장에서 끌어와 그 관점에서 본문을 해석한다.

법을 행하는 자라야 의롭다 하심을 얻으리라"는 말씀이다(2:13). 칭의의 근거는 우리 밖의 의로움이 아니라 우리 안의 의로움이다. 라이트는 이 의로움이 인간의 율법적 행위가 아니라 성령의 산물임을 로마서 5-8장에서 강하게 호소한다. 결국 칭의의 근거는 성화인 셈이다.

라이트는 자신의 칭의론이 강력한 성령론을 기반으로 세워졌다고 강조한다. 그는 최종 칭의가 전 생애에 걸친 신자의 의로운 삶에 근거한다고 해서 조금이라도 공로주의나 율법주의를 허용하는 것이 아니라고 역설한다. 왜냐하면 이 의로움마저 인간의 자력적 행위가 아니라 언약의 은혜에 근거한 행위이기 때문이다. 곧 그리스도 안의 해방의 은혜와 성령의 능력으로 생산되는 의로움이기에 반펠라기우스주의라는 비난에서 자유롭다는 것이다.[38]

라이트는 성령을 굳게 믿는다고 선언한다.[39] 그의 주장에 따르면, 성령은 그리스도 안에서 시작된 종말론적 해방의 역사를 언약 공동체 안에서 완성의 단계로 이끌어 가신다. "바울의 최종적 칭의론은 이 위대한 구출 작전, 위대한 만물의 갱신이 그리스도 안에서 이미 시작되었고 성령을 통하여 그 효력을 발휘한다는 사실에 견고하게 뿌리내리고 있다."[40] 성령이 우리 안에 시작한 선한 일을 예수 그리스도의 날까지 완성하실 것이다. 성령이 새 언약을 우리 안에 적용하여 감사하고

---

38 같은 책, 162. 라이트는 오직 믿음의 원리로 시작했다가 이제는 행위의 원리로 전환하며 "믿음과 행함이 협력주의적으로 혼합된 것"으로 마치려는 것이 아닌가 하는 의문이 제기될 수 있음을 예측한다.
39 같은 책, 85. 라이트에 따르면 "바울에게 있어서 그리스도에 대한 믿음은 성령에 대한 믿음을 포함한다." 바울서신에서 성령에 대한 언급을 고려하지 않고 온전한 칭의론을 정립할 수 없다.
40 같은 책, 208.

기쁜 마음으로 율법의 요구를 따라 살게 할 것이다. 성령을 통하여 죄와 사망의 권세로부터의 종말론적 해방이 언약 공동체 안에 이미 선취되고 있다.[41] 이 성령이 최종적 구원의 보증이다. 그러므로 이 성령을 신뢰한다는 것이다. 결국 우리 구원의 확신은 예수 그리스도의 신실함과 성령의 신실함에 있는 셈이다.

라이트는 그의 칭의론을 이렇게 결론짓는다. 그리스도의 사역에 기초해서 내려지는 의롭다는 법정 판결은 "현재에는 오직 믿음에 근거하여 선언되며, 성령이 이미 내주하는 사람들을 하나님이 죽음 가운데서 일으키실 미래에도 선언될 것이다. 현재의 판결은 미래의 판결이 현재의 판결에 상응할 것이라는 확신을 준다. 그것은 성령이 미래의 판결에 상응하는 삶을 살도록 신자에게 능력을 부여하기 때문이다."[42]

그러나 라이트가 아무리 강력한 성령론에 호소할지라도 그가 말하는 성령의 역사가 거기에 제대로 반응하지 못하는 신자의 연약함과 부패성을 압도할 정도의 확신의 근거가 될 수 있느냐는 여전히 의문이다. 성령은 믿을 수 있으나 성령의 인도하심에 신실하게 반응해야 하는 인간은 그다지 미덥지 못하다는 것이 이 주장의 치명적 약점이다. 성령이 우리 역할까지 대신하거나 우리의 의지를 무시하고 강압적으로 역사하지 않기에 여전히 우리가 끝까지 신실할지는 불안의 요소로 남는다. 라이트에 따르면 결국 칭의는 성화에 기초한다. 이렇게 성화가 칭의의 근거와 조건이 된다면 신인협력적 구원론이라는 비난을 면하기 힘들다.

이런 논리적 귀결은 라이트가 칭의를 의의 전가 대신 해방에 근거

41　같은 책, 209.
42　같은 책, 223.

하여 이해한 데서 비롯한 것이다. 라이트는 그리스도와의 연합이 칭의와 긴밀하게 연결되어 있음을 강조하면서도 그 연합의 법정적 측면보다 갱신적 측면에 더 집중한다. 의의 전가라는 차원은 배제한 채 죄의 세력으로부터의 해방에 역점을 둔다. 그러나 그리스도와의 연합에는 법정적 측면과 갱신적 측면, 전가와 해방, 칭의와 성화가 불가분리적으로 결합되어 있다. 이 두 차원은 동시적이지만 논리적으로는 칭의가 성화에 앞선다. 죄사함과 의롭다는 법적 선언의 결과 죄의 세력에서 해방된다. 그러나 라이트의 기획에서는 이 순서가 뒤바뀌어 해방을 통해 성화를 이루어 감으로써 칭의의 선언을 얻게 된다. 그렇게 되면 칭의의 확증을 담보하기가 힘들어진다. 그 칭의는 심히 유변적이고 불완전한 성화에 근거하기 때문이다. 그뿐 아니라 최종 칭의를 향해 나아가는 성화의 바탕마저 불안해진다.

바울에게서 볼 수 있듯이 예수 그리스도의 구속 사역을 구원의 법정적 측면과 먼저 연결하여 고찰하지 않으면 그 갱신적 차원도 그것이 진행되는 정당한 토대를 잃게 된다. 로마서 1-4장에서 예수 그리스도가 불의한 자에게 임하는 하나님의 진노를 누그러뜨리는 화목제물이 됨으로써 경건치 않은 자에게 없는 외래적 의를 이루셨다는 칭의의 복음을 읽어 내지 않으면, 5-8장에서 말하는 성화의 진정한 의미와 특성을 온전히 파악할 수 없다. 그것이 바로 라이트의 주해에서 나타나는 근본적인 문제점이다.

라이트가 예수 그리스도의 구속 사역을 성화와 연결시키는 자체에 대해서는 시비 걸 일이 없다. 문제는 예수 그리스도의 구원 사역이 담지하는 법정적이고 칭의적인 측면이 라이트의 주해를 통해 언약적 용어로 환원되어 구원의 갱신적 차원으로 흡수되어 버렸다는 점이다. 그래서 그 본래적 의미가 유실되어 버렸다. 그 결과 법정적 차원의 공백을 갱신적 측면이 메꾸게 되었다. 성화가 칭의의 공백을 채우는 기능을 하게 된 것이다.

그렇게 되면 칭의뿐 아니라 성화도 그 의미와 특성이 변질된다. 성화는 칭의에서부터 흘러나오는 은혜의 열매가 아니라 칭의를 향해 도달해야 할 조건과 자격, 즉 칭의의 근거가 된다. 라이트가 아무리 성화를 성령의 은혜로 장식을 할지라도 성화가 하나님의 호의로운 인정과 판결, 즉 칭의를 얻기 위한 인간의 노력과 행위라는 사실은 부인할 수 없다. 더불어 라이트가 아무리 성령론의 관점에서 영원한 구원의 확신을 역설할지라도 신자의 연약함과 부패성, 그로 인한 불완전한 성화에 근거한 칭의를 과연 확신할 수 있는가. 그런 가르침에 따르면 값없이 의롭다 함을 받은 데 대한 확신과 감사, 그로 인한 자유함이 아니라 미래에 의롭다 함을 받을 수 있을지 없을지 확실치 않아서 생기는 불안과 두려움이 신앙생활 내내 가시지 않을 것이다. 거룩해질수록 영적으로 민감해져 자신의 부족함을 인식하게 되어 불안과 자괴감이 고조될 수도 있다. 따라서 확실한 칭의의 바탕 없이 진정한 성화란 있을 수 없다. 종교개혁자들이 그토록 칭의가 유일한 경건의 바탕이라고 강조한 이유도 여기에 있다.

라이트의 주장대로라면, 그가 그토록 자신하는 성령의 역사와 그로 인한 해방과 성화의 확실성을 논할 수 있는 신학적 기반이 부실해진다. 그는 그리스도와의 연합을 통한 해방을 우선적으로 집합적 개념으로 이해한다. 그리스도의 구속 사역은 이스라엘 백성을 유배 상태에서 해방시키는 새로운 출애굽 사건이며 그 안에서 그들은 승리에 참여한다는 것이다. 그러나 그리스도와의 연합은 이런 집합적 개념이기에 앞서 신자 개개인이 그리스도와 인격적으로 연합하는 것을 의미한다. 그러면 어떻게 경건치 않은 죄인이 거룩한 주님과 연합할 수 있는지에 대한 신학적 논의가 불가피해진다. 여기서 그리스도와의 연합의 갱신적 차원보다 법적 측면이 논리적으로 앞선다는 점을 인정하지 않을 수 없다. 인간에게 있는 어떤 의로움이 그리스도와 연합할 수 있는 조건과 자격이 될 수는 없기 때문이다. 오직 경건치 않은 자 밖에서 이루어진 의로움, 즉 예수 그리스도의 피만이 그리스도의 순결한 신부로서의 모든 자격과 의로움을 신자에게 부여하여 그리스도와 영 단번에 연합하게 한다. 따라서 예수 그리스도의 피로 말미암아 값없이 의롭다 함을 얻은 칭의만이 죄인이 그리스도와 영원히 하나가 될 수 있는 확고한 법적 기반을 제공한다.

또한 죄인이 부활하신 그리스도와 연합하여 그와 함께 살리심을 받았다는 것은(롬 6:4; 엡 2:5-6) 그리스도의 칭의에 동참한다는 뜻이다. 하나님이 그리스도를 죽은 자 가운데서 다시 살리심으로써 그를 의롭다고 하신 것같이 우리도 그와 함께 살리심으로써 그의 의로움에 참여하게 하신 것이다. 부활하신 그리스도가 우리 안에 거하시고 그와 함께 우리가 영적으로 살아나고 하늘에 앉힌 바 된 것은 이미 의롭다 함을 얻었다는 증거다(엡 2:5-6). 동시에 그리스도를 죽은 자 가운데서 살리신 성령이 우리 안에 거하시는 것은 그리스도와 같이 우리의 죽을 몸도 부활할 것이라는 궁극적인 구원의 보증이다(롬 8:10-11).

따라서 예수 그리스도의 죽음이 정죄를 불러오는 개개인의 죄를 깨끗이 처리하여 경건치 않은 자를 의롭다고 칭할 수 있는 확실한 법적 근거가 마련된 바탕 위에서만 그리스도와의 연합과 해방과 성령의 내주도 적절하게 설명할 수 있다. 만약 칭의의 바탕이 제거된다면, 그리스도와 같은 의인의 반열에서 누리는 아들됨의 특권과 아들의 영인 성령의 영구적 내주가 보장된다는 신학적 근거를 다른 어디서 찾아야 하는가? 양자됨 또한 법정적 측면인데, 아직 의롭다 함을 받지 못한 이에게 확실한 양자됨의 자격과 특권이 주어지며 하나님의 자녀임을 인치고 확증하는 아들의 영, 성령이 영구히 내주한다고 볼 수 있는 법적 근거가 빈약해진다.

또한 이 칭의에 근거하지 않고 하나님의 사랑을 제대로 이해할 수 있을까? 라이트는 로마서 5-8장에서 궁극적인 칭의는 하나님의 사랑에 대한 강력한 교리에 근거한다고 말한다. 그렇다면 그 사랑은 어떤 사랑인가? 라이트는 로마서 5:5-8에서 바울이 말한 하나님의 사랑은 여호와 하나님과 그의 백성의 혼인 언약이라는 관점에서 이해해야 한다고 말한다. 그러나 바울은 그 본문에서 로마서 1-4장에서 내내 진술한 이신칭의를 통해 나타난 사랑의 특성을 밝힌 것이다. 우리가 연약할 때 경건치 않은 자를 위해(5:6), 죄인 되었을 때(5:8), 원수 되었을 때(5:10) 그리스도께서 우리를 위해 죽으심으로 하나님께서 우리에 대한 자신의 사랑을 확증하셨다고 말했다. 이신칭의를 통해서만 경건치 않은 자, 죄인, 원수를 의롭게 하시기 위해 당신의 아들을 화목제물로 내어 주신 하나님의 큰 사랑을 깨달을 수 있다. 그러나 라이트는 그리스도의 십자가를 우선적으로 집합적 해방이라는 차원과 연결시켜 그 죽음이 개인의 칭의와 구원과 어떻게 직결되는지 간과함으로써 거기서 나타나는 우리 각 사람에 대한 하나님의 사랑의 깊이와 넓이와 높이를 온전히 이해하기 힘들게 만들었다.

라이트에 따르면, 바울의 회심은 하나님과 원수가 된 육신이 고뇌와 두려움을 거쳐 원수를 위해 자기 목숨을 버린 하나님의 아들의 놀라운 사랑을 발견한 것이라고 보기 힘들다.[43] 그것은 오히려 이스라엘의 소명에 대한 새로운 이해와 민족적 추방의 저주를 제거하심으로써 나타난 하나님의 언약적 신실성과 사랑의 재확인이었다. 그러나 바울에게 하나님의 사랑은 언약의 사랑 안에 있던 자가 새롭게 느끼는 사랑이 아니라 율법의 저주 아래 있던 자에게 주어진 완전히 파격적인 사랑이었다. 그가 경건치 않고 죄인이며 하나님과 원수 되었을 때 예수 그리스도가 그를 위해 죽으심으로 나타난 사랑이었다. 성령으로 말미암아 그의 마음에 부어진 그 사랑이 그의 삶과 사역의 가장 강력한 동인이었다. 이 사랑이 그리스도의 삶과 성화의 원동력이며 궁극적 구원을 확신할 수 있는 근거다.

구원의 확신

라이트의 주장대로, 성령과 협력해서 맺는 거룩함의 열매를 근거로 칭의의 최종 판결이 내려진다면 구원의 확신은 심각하게 위협받을 것이

---

43 라이트의 견해에 따르면, 바울은 전통적 의미의 급진적 회심을 체험하지 않은 것 같다. 바울이 개종 전이나 후나 유대교의 언약적 율법주의 안에 머물러 있었다는 사실에는 변화가 없다. 예수를 만나기 전에도 바울이 하나님의 언약적 사랑과 은혜 안에 있었던 것은 의심의 여지가 없다. 바울은 그가 고백한 대로 하나님을 사랑하며 율법의 규례를 따라 하나님을 흠 없이 섬겼다.

다. 물론 라이트도 확신을 말한다. 그는 구원의 확신에 대한 기존의 가르침이 믿음에 너무 많은 짐을 지우는 경향이 있다고 지적한다.[44] 확신이 주관적인 믿음의 상태에 따라 좌우되고, 강한 감정과 혼돈되는 등 많은 문제가 야기된다는 것이다. 그는 구원의 확신에 대한 바울의 위대한 진술인 로마서 8장에서 믿음에 대한 언급이 전혀 없다는 점을 상기시킨다.[45] 라이트는 확신에 대한 바울의 가르침이 믿음의 교리가 아니라 성령의 교리에 근거한다고 본다. 바울은 믿음 자체에 대한 믿음을 말하지 않는다. 우리 자신의 믿음보다 그리스도 안에서 이루신 하나님의 업적에 의존하게 한다. 우리의 믿음이 아니라 그리스도 안에 나타난 하나님의 사랑과 성령의 사역에 근거한 마지막 칭의의 확신을 말하는 것이다.

라이트에 따르면, 로마서 8장에 묘사된 성령을 따라 율법의 참된 의미와 요구를 이루는 삶을 보고 마지막에 하나님께 의롭다는 판결을 받을 사람이 누구인지 미리 알 수 있다. 따라서 라이트는 현재에도 칭의의 확신을 가질 수 있다고 인정한다. 그 확신의 근거는 지금 성령에 신실하게 순종하는 삶이다. 그런 삶 자체가 마지막에 의롭다는 판결을 받을 사람이라는 증거다. 하나님의 사랑이 그를 끝내 궁극적 구원에 이르게 하는 보장이다. 라이트는 나름 탄탄한 확신의 교리를 말하는 듯하다.

문제는 하나님의 사랑이 궁극적으로 보장하는 칭의는 여전히 조건적이라는 점이다. 최종 판결은 성령께 신실하게 반응한 신자의 전 생애

---

44   같은 책, 209.
45   같은 책, 210.

에 근거하여 내려질 것이다. 따라서 그것을 담대하게 확신할 수 있는 실질적 가능성은 매우 희박해진다. 우리 중 누가 자신의 신실함과 거룩함에 근거하여 주님의 심판대 앞에 설 엄두를 낼 수 있겠는가? 라이트는 믿음에 근거하여 확신을 가지려고 할 때 혼란에 빠질 수 있다고 지적하였다. 자신의 믿음을 계속 바라보며 믿음의 상태와 거기에 수반되는 강한 감정의 유무에 따라 확신을 가늠하는 오류를 범할 수 있다는 것이다. 이 지적은 정당하다. 그러면 공정한 비교 분석을 위해 라이트의 입장에서는 이와 유사한 혼란이 생기지 않는지 의문을 제기해 보는 것이 필요하다.

라이트는 우리가 이룬 업적이 아니라 그리스도 안에서 하나님이 성취하신 업적에 의존해야 한다고 주장한다. 우리 자신의 신실함이 아니라 하나님의 신실하심과 사랑에 근거하여 미래 칭의를 확신할 수 있다는 것이다. 그럼에도 마지막에 하나님 앞에서 의롭다 함을 얻을 사람이 누구인지를 현재 이 시점에서 말할 수 있는 근거, 즉 미리 확신할 수 있는 근거는 성령을 따라 사는 우리의 순종과 신실함에 있다. 자연히 궁극적 칭의와 구원에 이를 수 있을지 지금 확신하기 위해서는 성령께 신실하게 반응하여 성령의 열매를 맺고 있는지 계속 점검할 수밖에 없다. 이렇게 순종하는 삶을 살펴서 최종 칭의를 미리 확신하려고 하면 자신의 믿음을 바라보고 확신을 가지려고 할 때 못지않게 많은 혼란을 야기할 것은 자명하다.

거기에서 수많은 의문이 제기된다. 신자가 성령을 따라 얼마나 의롭고 거룩하게 살아야 마지막에 의롭다 함을 얻을 것이라고 지금 확신하겠는가? 그것을 가늠하는 척도는 무엇인가? 어느 정도 신실한 삶을 살아야 그런 확신이 가능한가? 우리의 변화무쌍한 삶의 상태에 따라 그 확신은 요동칠 수밖에 없지 않겠는가? 사람마다 성화의 수준은 천차만별일 텐데 무엇을 기준으로 최종 칭의 판결이 내려진다는 말인가? 우리가 마지막 심판을 통과할 수 있는 거룩함의 경지에 이를 수 있다고 무엇이 보장하는가? 단순히 하나님의 사랑과 성령의 은혜가 그것을 보장한다고 말할 수는 없지 않는가? 그 성화의 수준까지 이르는 것은 성령의 도움이 있어야 하지만 결국 우리가 감당해야 할 몫이 아닌가?

성령이 한결같이 자신의 역할에 신실하다는 것은 얼마든지 확신할 수 있다. 하지만 성령께 반응해야 하는 우리도 과연 끝까지 신실할 수 있는지는 전혀 확신할 수 없다. 그것이 아직도 죄성을 가진 신자의 고민이고 갈등이다. 라이트의 견해는 이런 신자의 실존적 고뇌와 불안을 해소하기보다는 오히려 증폭시킬 수 있다. 라이트가 그토록 못마땅하게 여기는 루터가 말한 번뇌하며 고통받는 영혼을 양산할 수 있는 가능성이 다분하다는 말이다.

루터가 바울 본문에 자신의 실존적 고민을 투사해서 읽어서 칭의의 복음을 그 처방책으로 왜곡시켰다고 신랄하게 비판한 라이트가 아이러니하게도 루터가 고뇌한 바로 그 문제를 다시 부활시킨 셈이다. 라이트는 전통적 칭의론이 마지막 심판대 앞에서 하나님께 의롭다 함을 받을 만큼 충분히 거룩하고 의롭게 행했는지 항상 염려하고 불안해하는 심약한 영혼들에 대한 목회적 관심이 앞선 탓에 바울의 가르침을 왜곡했다고 불평한다. 그러나 꼭 영적으로 불안정하고 연약한 사람만 그런 문제를 겪지는 않는다. 구원을 진지하게 추구하며 하나님 앞에 의롭다고 인정된 자로 서서 하나님과 화평한 관계를 누리기를 간절히 소원하는 사람이 이런 고민을 하지 않는 것이 오히려 이상하다. 거룩함을 추구하지 않고 나태와 방종에 빠져 있는 사람들이나 이런 두려움과 번민이 없을 것이다. 영적으로 성숙하며 거룩할수록 성령의 조명 앞에 드러나는 자신의 허물과 부족함에 예민해지며 아직도 성숙에 이르지 못한 데 대한 탄식과 신음이 깊어진다. 반면 영적으로 둔하고 어두운 사람은, 되지 못하고도 된 줄로 아는 자기기만적인 확신에 빠지기 십상이다.

라이트의 견해에 따르면, 이미와 아직(already but not yet) 사이의 종말론적 긴장을 해소하는 성령의 사역을 균형 있게 이해하기 힘들다. 성령이 아직 이루어지지 않은 최종 칭의에 대한 소망을 따라 일하시나, 이미 성취된 칭의에 의존하는 믿음을 통해 일하시는 측면은 무시된다. 그것은 라이트가 믿음을 통해 이미 이루어진 칭의는 부인하고 소망에 근거한 최종 칭의에 역점을 두기 때문이다. 그러나 그리스도 안에서 이미 확정된 칭의에 대한 믿음과 아직 완성되지 않은 구원에 대한 소망은 성령 안에서 하나로 묶여 있다. 그것이 바로 로마서 5:1-11에서 바울이 피력한 바다. 거기서 바울이 말하는 소망의 확실성은 믿음으로 이미 의롭다 함을 받은 데 근거한다.

그래서 바울은 로마서 5:1을 "그러므로 우리가 믿음으로 의롭다 하심을 받았으니"로 시작한다. 그 믿음에 기초한 "소망이 우리를 부끄럽게 하지 아니함은 우리에게 주신 성령으로 말미암아 하나님의 사랑이 우리 마음에 부은 바 됨"이라고 했다(5:5). 바울은 이미와 아직 사이에 존재하는 소망이 우리를 부끄럽게 하지 않는 이유를 성령이 우리 마음에 부어 주시는 하나님의 사랑 때문이라고 했다. 그런데 이 하나님의 사랑은 죄인을 의롭다 하시기 위해 그리스도가 피를 흘리심으로 확증하신 사랑이다. 곧 칭의의 복음을 통해 밝히 드러난 사랑이다. 하나님과 원수 된 죄인들을 하나님과 화목케 하시고 의롭게 하시기 위해 하나님의 아들이 그들을 대신해서 하나님의 저주와 진노를 받으신 바로 그 사랑이다. 따라서 하나님의 사랑을 우리 마음에 부어 주시는 성령의 사역은 그의 피로 이미 의롭다 함을 받았다는 칭의의 복음에 기초한다. 또한 그 성령의 사역은 칭의의 복음에 대한 믿음을 통해 역사한다. 그런데 라이트의 견해에서는 이 사랑을 전달하는 성령의 사역이 시작되는 칭의의 바탕이 무시됨으로써 소망도 확실한 근거를 상실하게 되는 것이다.

바울은 소망도 죄인을 의롭다 함을 통해 확증된 하나님의 사랑이 영원불변하다는 사실에 의존하며 그 사랑에 근거한 하나님의 선언도 변개될 수 없는 진리라고 했다. 그래서 바울은 "의롭다 하신 이는 하나님이시니 누가 정죄하리요"라고 반문한 것이다(롬 8:33-34). 우리는 믿음으로 말미암아 이미 의롭다 함을 받았다는 확신 위에 서서 하나님의 보좌 앞으로 담대히 나아가 하나님과 화평을 누리며 하나님의 영광을 바라고 즐거워한다. 이 소망이 우리를 실망시키지 않는 확실한 이유는 죄인들을 의롭다고 하시기 위해 당신의 아들을 희생하심으로써 확증하신 우리를 향한 하나님의 사랑이 영원불변하기 때문이다. 그 사랑이 결국 우리 앞에 놓인 수많은 장애물과 대적하는 세력에도 불구하고 궁극적인 구원에 이르게 한다. 그 사랑 안에서 우리를 한 번 의롭다 하신 하나님은 우리를 위하시고 변호하시며 변함없이 우리를 의롭다고 하시기 때문이다(롬 8:31-34).

성화의 전 과정은 칭의의 바탕 위에서 진행된다. 이 칭의의 반석에서 끊임없이 솟아나는 하나님의 사랑은 우리의 소망이 결코 헛되지 않음을 확실히 보장한다. 우리 밖의 의로움에 전적으로 의존하는 칭의는 결국 우리 안에 하나님의 사랑을 부어 주며 소망의 견고함을 증거하는 성령의 강력한 역사를 반드시 수반한다. 이런 면에서 칭의론이 성령론의 바탕 위에 세워져야 한다는 라이트의 지적은 백번타당하다. 비록 그가 그런 신학적 작업에 성공하지는 못했을지라도 말이다. 우리 밖에서 이루어진 그리스도의 의로움만 의존할 때 우리 안에 그리스도와 성령이 내주하여 강하게 역사하기에 우리 안에 변화와 성화의 열매가 나타날 수밖에 없다. 따라서 칭의는 반드시 성화의 열매를 산출한다.

그러나 성화는 결코 칭의의 근거가 될 수는 없다. 칭의는 예수 그리스도가 십자가와 부활로 이루신 완전한 의로움에 근거하여 영 단번에 내려진 판결이니 성화의 진전이 있다고 발전하거나 부진하다고 조금이라도 무효화되거나 취소될 수 없다. 라일 감독(J. C. Ryle)이 말했듯이, 천국에 있는 성도들도 우리보다 더 칭의되지는 않았다.[46] 지금 우리가 서 있는 영원한 칭의의 반석은 우리가 연약하거나 성화가 더디다고 해서 결코 흔들리거나 변개될 수 없을 뿐 아니라 우리의 의로움으로 보완되거나 강화될 수 없다.

라이트가 주장하듯이, 칭의가 우리의 전 생애에 걸친 행함에 근거하여 내려지는 마지막 판결이라면, 그 칭의에 이를 수 있을지에 대한

---

[46] J. C. Ryle, *Holiness* (London: James Clarke, 1956), 330. 『거룩』(복있는사람).

불안과 두려움에서 자유할 수 있는 사람이 어디 있겠는가. 만약 칭의가 성화의 진전에 따라 완성된다면 우리의 칭의는 영원히 흔들리지 않는 반석인 예수의 의로움이 아니라 심히 흔들리는 기반인 인간의 의로움 위에 세워지게 된다. 불안한 기초 위에 세워진 칭의는 우리에게서 확신과 위로라는 고귀한 선물을 앗아 가는 대신에 가시지 않는 불안과 두려움이라는 형벌을 부과한다.

바로 이런 이유로 종교개혁자들이 칭의를 성화에 근거를 두는 로마 가톨릭의 가르침을 그토록 배격한 것이다. 종교개혁자들이 성경 주해에는 세심한 관심을 두지 않고 실존적 갈등의 시각을 투사하여 성경을 해석하는 우를 범했다고 볼 수 없다. 자신의 구원을 진지하게 추구하는 모든 영혼이 불가피하게 겪어야 할 실존적 문제에 대한 신학적 반성 없이는 성경에 충실한 해석뿐 아니라 목회적으로 책임 있는 성경 해석은 불가능하다. 바울도 단순히 이론적 신학자가 아니고 전도자이며 목회자였다. 그는 하나님과 바른 관계를 가지려고 힘써 본 사람이라면 누구나 경험하는 실존적 고뇌와 불안을 무시한 채 상아탑 위에서 고고한 성경신학을 세우려고 시도하지 않았다. 그가 전한 칭의의 복음에는 갈라디아서에서 볼 수 있듯이 상황적인 고려뿐 아니라 목회적이고 실천적인 관심이 깊숙이 녹아 있다. 성경 해석은 단순히 문맥적이고 구속사적인 고찰뿐 아니라 실존적이고 목회적인 측면 등 다층적 차원이 복합적으로 얽힌 실존의 복음을 읽어 내는 종합예술이다.

바울의
칭의론

6장

구약의 배경: 하나님의 의와 하나님 나라

바울이 전한 칭의의 복음은 구약의 토양에 깊이 뿌리내리고 있다. 그가 열광적으로 선포한 하나님의 의의 출현은 구약적 소망의 성취다. 여호와의 영광이 시온에 임하여(사 40:5; 60:1) 메시아를 통한 하나님의 왕적 통치가 수립되고(시 2:6; 110:2; 사 52:7) 모든 열방이 이 통치 아래 들어올 것(시 2:8; 72:8; 사 42:6; 49:6; 60:3; 슥 9:10; 14:9)이라는 소망이 실현된 것이다. 이 종말론적 하나님 나라의 도래는 이스라엘에게는 압제로부터의 해방과 구원의 날이며(사 62:11; 렘 30:17-24; 31:8-14; 겔 36:24-36) 동시에 하나님의 원수들에게는 심판이 임하는 두려운 날이다(욜 1:15; 2:31; 3:12-15; 사 24:17-23; 말 4:1). 종말에 나타날 하나님의 의는 하나님의 백성을 구원하는 동시에 악인들을 심판하심으로 하나님의 의로운 통치가 온 세계에 펼쳐지는 것이 목표다. 따라서 하나님의 의를 단순히 언약적 신실성이라는 개념으로 축소시킬 수 없다. 하나님의 의는 그보다 훨씬 더 포괄적인 의미를 내포한다. 하나님은 온 땅의 심판자이며 주관자로서 죄악된 세상을 바로잡고 유대인뿐 아니라 모든 민족을 당신의 통치 아래 복속시키는 위대한 구원 사역에서 그의 의로움을 나타내신다.

특별히 구약의 선지서는 하나님의 의로운 통치가 전 우주적으로 실현될 종말론적 하나님 나라가 앞으로 임할 메시아의 사역을 통해 구체화될 것이라고 증언했다. 오실 메시아는 많은 죄인의 죄를 대신 담당할 고난의 종으로서 "자기 영혼을 버려 사망에 이르게 하며 범죄자 중 하나로 헤아림을 받음"으로 "많은 사람을 의롭게" 할 것이다(사 53:11-12). 이러한 선지적 예언의 바탕에는 고난의 종으로서 메시아가 담당할 역할이 대속죄일에 드려질 속죄제물(레 4, 16장)이라는 사상이 깔려 있다. 이런 구약적 배경에서 바울은 예수 그리스도의 죽음을 고난의 종으로서 우리의 불의와 죄에 대한 하나님의 진노를 달래는 화목제물로 본 것이다(롬 3:25). 하나님은 많은 죄인을 의롭게 하시기 위해 당신의 아들을 육신으로 보내어 속죄단 위에 바쳐질 희생제물이 되게 하셨다. 여기서 하나님의 의가 찬란하게 드러난다. 인간의 불의와 죄에 대한 하나님의 공의와 자비, 진노와 사랑, 심판과 구원이 완벽한 조화를 이루며 나타난다.

따라서 그리스도를 통해 계시된 하나님의 의는 구원하는 의인 동시에 심판하는 의이며, 칭의인 동시에 정죄이기도 하다. 그리스도를 믿는 이들에게는 값없이 주어지는 칭의와 구원의 의이지만 십자가 위의 메시아에게는 심판하고 진노하는 하나님의 공의다. 하나님은 종말에 불의한 자에게 행하실 심판과 악인에게 쏟아부으실 진노의 잔을 찌꺼기까지 남김없이 당신의 아들에게 마시게 하셨다(시 75:8). 인간의 죄와 불의에 대한 말세의 심판을 그리스도 안에서 미리 행하신 것이다.

따라서 그리스도 안에서 나타난 하나님의 의는 온 세상에 하나님의 공의로운 통치를 회복하는 종말론적 구원인 동시에 심판이라는 관점에서 이해해야 한다. 인간의 불의에 대한 하나님의 진노가 십자가에서 진정됨으로써 세상을 하나님과 화목케 하는 공의와 평강이 강처럼 흐르게 되었다. 하나님이 예수 그리스도의 구속 사역을 통해 이루신 의로움은 인간의 죄로 말미암아 오염되고 파괴된 피조 세계를 하나님이 원래 의도하신 샬롬의 상태로 회복하는 하나님의 창조적 행위, 즉 새 창조의 사역이다.

예수 그리스도는 종말론적 하나님 나라에 대한 구약의 소망을 성취하기 위해 오셨다. 그는 이사야가 예언한 고난의 종(마 16:21; 17:22-23; 눅 24:7)으로서 대속죄일의 전통을 따라 속죄단에 바쳐질 어린 양으로 오셨다(요 1:29; 마 26:28). 예수 그리스도가 전한 하나님 나라 복음의 핵심은 의로움이었으며, 그의 십자가 고난과 부활은 이 의로움을 이루어 하나님 나라가 임하게 하며 온 천하 만민이 그 나라로 들어가게 하는 것이었다(눅 13:29).[1] 주님의 말씀에 따르면, 의로움은 하나님 나라에 들어가는 필수 조건인 동시에 하나님 나라의 축복이다(마 5:20). 바리새인과 서기관같이 자신의 행위를 통해 의롭다 함을 얻으려는 자가 아니라 성전에서 기도한 세리처럼 자신 안에 진정한 의로움이 없다는 것을 알고 하나님의 자비를 구하는 이가 오히려 하나님께 의롭다 함을 받는다. 하나님 나라의 의로움은 심령이 가난하고 애통하는 자, 의에 주리고 목마른 자에게 후히 주어지는 하나님의 은총이다(마 5:3-6). 복음서에 기록된 주님의 가르침과 여러 비유(만 달란트 빚진 자 비유, 탕자 비유, 포도원 품꾼 비유)가 이 의로움의 선물적 특성을 잘 밝혀 준다.

바울의 칭의론도 주님이 전한 하나님 나라의 복음과 맥을 같이한다. 일찍이 케제만(Käsemann)이 말했듯이, 바울의 칭의론이 바로 예수님이 전한 하나님 나라였다.[2] 예수 그리스도가 하나님 나라를 전했다면 바울은 하나님 나라를 전한 예수 그리스도를 전했다. 바울이 전한 복음의 핵심은 예수 그리스도의 십자가와 부활로 말미암아 예수님이

---

1 "사람들이 동서남북으로부터 와서 하나님의 나라 잔치에 참여하리니"(눅 13:29).
2 Ernst Käsemann, *Paulinische Perspektiven* (Tübingen: Mohr Siebeck, 1969). 133. 『바울신학의 주제』(대한기독교서회).

전한 하나님 나라가 임했다는 메시지다. 그리스도 안에 도래한 하나님 나라에 들어갈 수 있는 유일한 길로 칭의의 은혜를 제시한 것이다. 바울의 칭의론은 스스로를 구원할 수 있는 의로움이 전혀 없는 인류에게 값없이 주어지는 하나님의 의의 선물적 특성을 가장 선명하게 밝혀 주는 최상의 개념이다. 동시에 어떤 조건이나 차별 없이 유대인이나 이방인이나 모든 믿는 자에게 주어지는 전 우주적이고 보편적인 성격을 극명하게 드러낸다. 따라서 이방 선교의 사도로 부름받은 바울에게 칭의는 그가 전한 복음의 핵심 메시지였다는 것은 너무도 당연한 일이었다.

인간의 불의와 하나님의 의 출현

칭의 논쟁은 갈라디아서 2:11-13에 기록된 안디옥 사건이 발단이 되어 가열되었다. 그러나 그전까지 칭의론은 바울이 전한 중요한 메시지가 아니었다거나 선교 현장에서 불거진 유대인과 이방인 사이의 문화적 갈등을 해소하기 위해 정립된 것이라고 볼 수 없다. 시온에 임한 메시아를 통해 건설된 하나님 나라로 천하 만민을 초청하는 칭의의 복음 때문에 바울은 이방 선교에 헌신했던 것이다. 바울의 칭의론은 이방 선교의 부산물이 아니라 이방 선교를 추동한 근본 동인이었다. 갈라디아서에서 바울의 칭의론이 등장한 배경에는 할례와 같은 특정한 율법의 행위에 의존하는 유대주의자들과 논쟁하던 상황이 있었던 것이 틀림없다. 바울이 율법 의식과 행위로 이방인과 자신들을 차별화하는 유대인들에 대응하여 율법의 행위가 아니라 오직 믿음으로 의롭다 함을 받는다고 역설했다고 볼 수 있다.

그러나 바울은 특정한 율법 의식을 언약 백성의 표지로 내세우는 민족적 배타주의뿐 아니라 보편적 율법의 조항을 준수함으로써 의롭다 함을 얻으려는 유대인들의 도덕적 우월주의와 교만도 함께 배격한다. 바울의 비판 대상은 단순히 할례에 의존하는 행위만이 아니라 그와 맞닿아 있는 근원적 문제, 즉 그리스도의 은혜를 대적하는 모든 육신의 행위와 자랑으로 확대된다. 그래서 바울은 시내 산과 예루살렘, 율법과 은혜, 종과 자유자, 사라와 하갈의 비유를 통해 육신을 따르는 행위와 성령을 따르는 믿음의 길을 날카롭게 대립시켰다. 그는 육신을 자랑하고 신뢰하는 인간의 고질적 성향 때문에 그리스도 안에서 값없이 주어지는 복음이 변질될 수 있는 모든 위험에 대응해 단호하게 칭의의 진리를 선포한 것이다.

갈라디아서 2:16에서 바울은 인간의 보편적 부패성과 무능력을 말하는 본문으로 유대인들에게 잘 알려진 시편 143:2을 인용하여 "율법의 행위로 의롭다 함을 얻을 육체가 없다"고 못 박았다. 그 이유가 갈라디아서 3:10에서 분명히 제시되었다. "무릇 율법 행위에 속한 자들은 저주 아래에 있나니 기록된 바 누구든지 율법 책에 기록된 대로 모든 일을 항상 행하지 아니하는 자는 저주 아래에 있는 자라 하였음이라." 곧 율법은 율법에 기록된 모든 조항을 항상 행하지 않는 모든 사람에게 저주를 선언하기 때문이라는 것이다. 바로 이어서 바울은 예수 그리스도의 십자가 사건을 인간이 처한 이 곤궁의 근본적 해결책이라는 관점에서 해석한다. "그리스도께서 우리를 위하여 저주를 받은 바 되사 율법의 저주에서 우리를 속량하셨으니 기록된 바 나무에 달린 자마다 저주 아래에 있는 자라 하였음이라"(갈 3:13).

로마서 3:20에서도 바울은 똑같은 시편 본문(시 143:2)을 인용하여 인간이 처한 곤궁에 대해 결론짓고 오직 믿음으로 의롭다 함을 얻는다는 복음을 선언하는 교두보로 삼았다. 로마서에서 바울은 율법의 행위로 의롭다 함을 받을 육체가 없다는 사실이 보편적이며 범우주적이라는 점을 다각적이면서도 심층적으로 입증하는 데 상당한 지면을 할애했다. 로마서 1:18-3:20은 그리스도 안에서 하나님의 의가 출현하는 어두운 배경을 형성한다. "하나님의 진노가 불의로 진리를 막는 사람들의 모든 경건하지 않음과 불의에 대하여 하늘로부터 나타[났다]"는 말씀으로 시작하는 이 단락은 "복음에는 하나님의 의가 나타[났다]"는 말씀에 붙어 나온다(1:17). 여기에 하나님의 진노를 불러올 인간의 모든 경건치 않음과 불의에 대한 상세하고 치밀하며 포괄적인 목록이 펼쳐진다. 거기에서 한 사람도 예외가 될 수 없고 열거된 죄 중에 하나라도 걸리지 않을 사람이 없다. "의인은 없나니 하나도 없다"(3:10).

선택과 언약의 특권을 부여받은 유대인도 예외가 아니다. 율법을 자랑하는 자가 아니라 율법을 행하는 자라야 의롭다 함을 얻기 때문이다(2:13). 유대인들이 율법에 의지해서 하나님을 자랑하지만 그들의 행실이 율법의 참된 의미를 역행할 때 그들 때문에 하나님의 이름이 모독을 받는다(2:17-24). 그들은 율법 때문에 오히려 가중처벌을 받아야 할 입장이다. 하나님은 유대인이나 이방인이나 상관없이 "각 사람에게 행한 대로 보응하신다"(2:5).

⁹악을 행하는 각 사람의 영에는 환난과 곤고가 있으리니 먼저는 유대인에게요 그리고 헬라인에게며 ¹⁰선을 행하는 각 사람에게는 영광과 존귀와 평강

이 있으리니 먼저는 유대인에게요 그리고 헬라인에게라. ¹¹이는 하나님께서 외모로 사람을 취하지 아니하심이라. ¹²무릇 율법 없이 범죄한 자는 또한 율법 없이 망하고 무릇 율법이 있고 범죄한 자는 율법으로 말미암아 심판을 받으리라. (롬 2:9-12)

이 대목에서 바울 칭의론의 궁극적 지평은 최후의 심판이라는 사실이 분명해진다. 유대인과 이방인을 포함한 모든 인류가 세상을 공의로 심판하실 하나님 앞에 소환되어 유죄 판결을 받은 것이다.

⁹그러면 어떠하냐 우리는 나으냐 결코 아니라 유대인이나 헬라인이나 다 죄 아래에 있다고 우리가 이미 선언하였느니라. (롬 3:9)

¹⁹율법이 말하는 바는 율법 아래에 있는 자들에게 말하는 것이니 이는 모든 입을 막고 온 세상으로 하나님의 심판 아래에 있게 하려 함이라. (롬 3:19)

로마서 1:18-3:20에서 전개되는 바울의 핵심 논지는 유대인과 이방인이 모두 행위에 근거해서 마지막 심판을 통과할 수 없으며 그들의 불의와 죄로 인해 하나님의 진노 아래 있다는 판결이 이미 내려졌다는 점이다. 이 대목에서 하나님의 언약적 신실성이 아니라 하나님의 심판과 진노에 대한 법정적 개념과 관점이 두드러지게 나타난다.

로마서 3:21-30에서 바울은 1:18-30에서 밝힌 인간의 불의와 극명한 대조를 이루는 하나님의 의의 출현을 증언하였다. "이제는 율법 외에 하나님의 한 의가 나타났으니 율법과 선지자들에게 증거를 받은 것이라"(3:21). 바울에 따르면 율법은 하나님의 의와 대립되면서도 그 의를 증거한다. 율법은 인간의 죄를 깨닫게 하여 율법의 행위로 의롭다 함을 얻을 육체가 없다는 사실을 밝혀 줌으로써 우리를 그리스도께 인도하는 초등교사 역할을 한다(갈 3:24). 율법은 율법의 행위 외에 의롭게 되는 새로운 길을 가리킨다. 그것은 예수 그리스도를 믿음으로 말미암아 의롭다 함을 얻는 길이다. "곧 예수 그리스도를 믿음으로 말미암아 모든 믿는 자에게 미치는 하나님의 의니 차별이 없느니라"(롬 3:22). 여기서 하나님의 의의 선물적 특성이 부각된다.

바울이 로마서에서 사용한 의와 의롭다 함을 뜻하는 '디크'(δικ-)를 어간으로 하는 헬라어(δικαιόω, δίκαιος, δικαιοσύνη, δικαίωμα)는 뚜렷한 법정적 의미를 띤다. 구약에서도 '의롭게 하다'(히츠디크, הצדיק)는 동사가 히필형(또는 피엘형)으로 사용되어 재판에서 의롭다고 판결한다는 뜻을 전달한다(출 23:7; 신 25:1; 왕상 8:32; 대하 6:23; 욥 27:5; 잠 17:26; 사 5:23; 렘 3:11). 비슷한 맥락에서 바울도 '의롭게 하다'(디카이오오, δικαιόω)라는 단어를 '의롭다고 인정하다' 혹은 '의롭다고 간주하다'라는 의미로 사용하였다. 라이트도 그 동사를 실제적으로 의롭게 만드는 도덕적 변화가 아니라 법적 선언을 뜻한다고 본다. 그러나 라이트의 주장대로 그 용어가 언약 백성의 구성원으로 인정되고 선언된다는 의미로 사용한 예는 찾을 수 없다. 인간의 불의와 극명하게 대조되는 하나님의 의의 출현을 서술한 로마서 1:16-3:26의 문맥에서 이 단어의 사법적이고 법정적 의미가 선명하게 부각된다. 그리스도 안에 나타난 하나님의 의는 자신 안에 의가 전혀 없는 자들을 값없이 의롭다고 한다(롬 3:22-25). 여기서 의롭다 함의 의미는 '의롭다고 인정하다' '선언하다' '간주하다' '여기다'라는 뜻 외에 달리 생각할 여지가 없다. 로마서 4장에 '여기다'(로기조마이, λογίζομαι)라는 동사가 '의'(디카이오쉬네, δικαιοσύνη)와 함께 자주 사용되어(4:3, 5, 6, 9, 11, 22) 이런 법정적 의미를 더욱 확실하게 드러낸다. 따라서 로마서와 갈라디아서에 등장하는 믿음으로 의롭다 함을 얻는다는 말씀은 불의한 자를 법적으로 의롭다고 인정하는 하나님의 은혜로운 선언을 뜻한다.

예수의 죽음과 부활에 기초한 칭의

하나님의 의는 구원하고 심판하는 하나님의 행위일 뿐 아니라 믿는 자에게 값없이 주어지는 선물의 성격도 띤다. 그래서 "하나님의 은혜로 값없이 의롭다 하심을 얻은 자"가 되었다고 했다(롬 3:24). 그 선물은 바로 칭의의 선물이다. 그 선물이 주어질 수 있는 근거가 "그리스도 안에 있는 속량"이다(롬 3:24). 하나님이 불의한 자들을 의롭다고 할 법적 근거를 예수 그리스도의 대속적 죽음을 통해 제공한 것이다. 즉 당신의 아들을 인간의 불의에 대한 하나님의 진노를 대신 담당할 화목제물로 내어 주신 것이다. "이 예수를 하나님이 그의 피로써 믿음으로 말미암는 화목제물로 세우셨으니 이는 하나님께서 길이 참으시는 중에 전에 지은 죄를 간과하심으로 자기의 의로우심을 나타내려 하심이니"(롬 3:25). 하나님이 불의한 자를 의롭다 하시기 위해 당신의 아들을 진노의 대상이 될 희생 제물로 내어 주심으로써 그의 의로우심을 나타내셨다. 이 구절에서 하나님의 의는 하나님 자신의 의로움을 뜻한다.

따라서 로마서에 등장하는 하나님의 의는 그 의미가 상당히 포괄적이다. 그리스도 안에서 심판하고 구원하는 하나님의 객관적인 행위를 뜻하는 동시에 그 사건이 믿는 자에게 주관적으로 미치는 칭의의 선물을 함의하며, 그로 인해 드러나는 하나님 자신의 의로움을 의미하기도 한다. "곧 이 때에 자기의 의로우심을 나타내사 자기도 의로우시며 또한 예수 믿는 자를 의롭다 하려 하심이라"(롬 3:26). 악인을 의롭다 하는 것은 하나님이 혐오하신다고 했는데 바로 그 일을 행하는 자신을 의롭다고 할 수 있는 근거를 마련하기 위해 당신의 아들을 희생하신 것이다. 따라서 예수 그리스도의 십자가는 죄인의 칭의뿐 아니라 죄인을 의롭다고 하시는 하나님의 칭의의 법적 근거인 것이다. 예수 그리스도의 십자가에서 하나님의 공의와 사랑, 심판과 구원, 거룩과 자비가 완벽하게 결합된 의로움의 탁월한 결정체가 나타났다.

예수 그리스도는 구약의 예언과 소망대로 고난의 종이며 속죄단에 드려질 어린 양으로 오셔서 많은 사람의 죄를 짊어지고 대신 형벌을 받기 위해 골고다 언덕에 올라가셨다. 칭의에 대한 바울의 기독론적 선언은 이런 구약적 배경에 뿌리내리고 있다. "예수는 우리가 범죄한 것 때문에 내줌이 되고 또한 우리를 의롭다 하시기 위하여 살아나셨느니라"(롬 4:25). 바울은 칭의를 십자가뿐 아니라 부활에 근거해서 이해하였다. 부활은 예수 그리스도가 자기 자신을 화목제물로 드린 속죄제사가 하나님께 열납되어 죄의 문제가 해결되었다는 칭의의 확증이다. 그래서 바울은 만약 "그리스도께서 다시 살아나신 일이 없으면 너희의 믿음도 헛되고 너희가 여전히 죄 가운데 있을 것"이라고 했다(고전 15:17). 부활은 우리의 칭의뿐 아니라 예수의 칭의에 대한 확증이다. 하나님은 예수 그리스도를 죽은 자 가운데서 다시 살리심으로 그가 죄인이 아니라 의로운 하나님의 아들임을 선포하셨다(롬 1:4; 딤전 3:16). 십자가는 부활을 전제하며 부활은 십자가의 완성이다. 십자가와 부활이 하나로 결합되어 칭의의 온전한 법적 근거를 제공한다.

따라서 칭의의 근거는 우리 안에 전혀 없고 전적으로 예수 그리스도가 십자가와 부활로 완성한 의로움에 있다. 불경건한 자가 의롭다 함을 얻는 근거는 행함이 아니라 오직 믿음을 통해서 부여되는 인간 밖의 의로움이기에 신자는 자랑할 것이 없다(롬 3:27). 바울은 로마서 4장에서 오직 믿음으로 의롭다 함을 얻기에 자랑할 것이 없다는 논지를 아브라함의 믿음을 통해 확증하며 더욱 발전시킨다. 3:37의 자랑할 것이 없다는 선언과 아브라함이 행위로써 의롭다 함을 받지 않았기에 육체를 자랑할 것이 없다는 말씀이 평행을 이룬다(4:2). 일하는 것은 자랑의 근거가 될 수 있으나 일을 아니할지라도 경건하지 않은 자를 의롭다 하시는 이를 믿는 것은 모든 육체의 자랑을 배제한다. 바울은 계속 경건치 않은 자, 일을 하지 않은 자를 의롭다고 하신다는 말을 통해 칭의가 우리 안에 있는 어떤 경건이나 우리가 일한 것에 전혀 근거하지 않는다는 점을 각인시킨다(롬 4:4-8).

믿음마저도 의롭다 함을 얻는 근거가 될 수 없다. 만약 바울이 칭의의 근거로서 믿음을 말했다면 믿음이 또 하나의 행함, 보상받아야 할 일이나 공로가 되며 그가 힘써 강조한 내용과 완전히 상충되는 주장을 한 셈이 된다. 믿음의 가치는 믿음 자체가 아니라 오직 일을 아니할지라도 경건치 않은 자를 의롭다 하시는 하나님만 바라보는 데 있다. 믿음은 행위와는 대조적으로 칭의의 근거가 전적으로 우리 밖에 있는 하나님의 행하심, 즉 십자가와 부활로 이루신 하나님의 구원 행위에 있다고 인정하는 것이다. 곧 믿음의 유일한 가치와 효력은 이것이다. 경건치 않은 자, 자신 안에 의롭다 함을 받을 근거가 전혀 없는 죄인들에게 완전한 칭의의 근거를 제공하기 위해 당신의 아들을 내어 주고 다시 살리신 하나님을 전적으로 의존하는 것이다.

따라서 믿음은 우리 밖에 있는 의로움, 즉 예수 그리스도의 십자가와 부활로 이루신 의로움을 붙잡는 빈손이며, 그 의로움이 법적으로 우리에게 인정되는 방편이다. 믿음이라는 채널을 통해 우리 안에 전혀 없고 우리의 행위나 경건으로 도달할 수 없는 의로움이 우리 것으로 인정된다. 비록 바울의 가르침에서 전가라는 명시적 언급은 없을지라도 그 논리가 함축적으로 담겨 있음을 부정할 수 없다.

우리 죄가 그리스도에게 전가되었다는 언급이 명시되지 않았더라도 하나님이 우리 죄가 예수께 돌려져 그가 죄가 되었다는 말씀을(고후 5:21)[3] 우리 죄가 그리스도에게 옮겨졌다 혹은 전가되었다는 뜻으로 이해하는 것을 거부하기는 힘들 것이다. 우리 죄가 그리스도에게 전가되었다는 것을 인정하지 않는 신학자는 없을 것이다. 죄의 전가라는 명시적 언급이 없음에도 불구하고 죄의 전가는 인정하면서, 그리스도의 의가 전가된다는 생각은 말이 안 되는 이야기라고 원천 봉쇄하려는 시도는 상당히 모순처럼 보인다. 고린도후서 5:21에서 우리 죄가 예수께 전가되었다는 것과 역으로 그의 의로움이 우리에게 전가되었다는 사상이 평행을 이룬다고 보는 것은 무리한 교리적 비약이라기보다 자연스러운 해석학적 귀결이다. 이미 살펴보았듯이, 바울서신에 전가

---

[3] "하나님이 죄를 알지도 못하신 이를 우리를 대신하여 죄로 삼으신 것은 우리로 하여금 그 안에서 하나님의 의가 되게 하려 하심이라"(고후 5:21).

의 의미를 전달하는 본문들(롬 4:25; 5:12-21; 고전 1:30; 고후 5:21; 갈 2:20-21; 빌 3:8-9)과 다양한 이미지들이 존재함에도 이런 의미를 깡그리 무시해 버리는 것은 올바른 성경 해석이 아니다. 전가 개념을 도외시하면 칭의에 대한 바울의 가르침은 온전히 이해할 수 없다.

앞에서 분석했듯이, 전가 개념에 대해 라이트가 특별한 반감을 보이는 이유는 예수 그리스도의 구속 사역과 개인의 칭의, 그리고 율법과의 관계에 대한 견해가 다르기 때문이다. 라이트는 의의 전가보다 참여로 인한 칭의를 고집함으로써 예수 그리스도의 죽음과 부활이 각 개인에게 머무는 율법의 저주를 제거하고 율법의 요구를 온전히 이루는 의로움으로 칭의의 법적 근거를 확보한다는 점을 부각시키지 못한다. 그러나 죄인인 우리가 의롭다는 판정을 받기 위해서는 죄가 그리스도께 전가되어 처리된 것으로는 충분치 않고 더 적극적인 의로움의 근거가 있어야 한다. 라이트의 비난과는 반대로, 예수 그리스도의 대리 속죄로 말미암아 죄인들에게 인정되는 의로움의 실체에 확고히 뿌리내리지 않은 칭의야말로 법적 허구가 되는 것이다.

칭의의 열매: 성화와 영화

바울은 성화의 모든 과정이 그리스도 안에서 이미 확정된 칭의를 바탕으로 진행된다고 가르친다. 칭의는 성령을 따라 사는 삶으로 앞으로 성취해 가야 하는 것이 아니라 예수 그리스도가 우리 대신 율법의 저주를 받아 이루신 우리 밖의 의로움에 근거하여 이미 내려진 판결이다. 바울은 성화를 다루는 부분(롬 5-8장)에서 의롭다 함을 얻는다는 동사를 계속 부정과거 시제로 사용하였다.[4] 그는 로마서 5:1에서 앞에서 진술한 칭의의 복음, 즉 예수 그리스도의 죽음과 부활에 의존하는 믿음으로 의롭다 함을 얻는다는 진리(롬 3:21-4:25)를 요약한 바탕 위에서 하나님과 화평을 누리는 신자의 삶을 논했다. 하나님과의 화목한 관계, 성령의 내주, 소망 가운데 즐거워함은 모두 이미 확정된 칭의의 열매이며 결과인 것이다.

바울은 성화뿐 아니라 궁극적인 구원의 완성까지 칭의의 당연한 귀결이자 산물로 보았다. 그래서 "이제 우리가 그의 피로 말미암아 의롭다 하심을 받았으니 더욱 그로 말미암아 진노하심에서 구원을 받을 것"이라고 했다(5:9). 5:1-11에서 바울은 이미 믿음으로 의롭다 함을 얻은 사람은 결국 진노하심에서 구원받고 영화에까지 이르게 된다는 확신을 내비쳤다. 거기서 앞으로 등장할 칭의와 영화를 하나로 묶는 위대한 선언을 예고하였다(8:30).

로마서 5-8장에서 바울은 이미 확정된 칭의가 미래의 영화까지 보장한다는 확신의 근거를 다각적으로 제시하였다. 5:12-21에서 아담과 그리스도를 대비한 이유도 의롭다 함을 얻은 사람이 궁극적인 구원에 이르게 될 것을 확신하는 이유를 강화하기 위해서였다. 아담의 불순종이 불러온 정죄와 사망이 모든 사람에게 미쳤다면 그리스도의 순종으로 말미암아 칭의와 영생은 모든 믿는 자에게 더욱 풍성하고 확실하게 임한다는 것이다. 5:21에서 바울의 대조는 절정에 이른다. "이는 죄

---

[4] 예외적으로 '의롭게 되다'는 동사가 5:19에서 미래 시제로, 8:33에서 현재 시제로 사용되었다. 그러나 이 단어가 과거 시제로 쓰인 5:17-18의 문맥에서 5:19를 볼 때, 그것은 믿는 많은 사람에게 반복적으로 일어나는 칭의의 지속적인 의미를 표현한 것이라고 볼 수 있다.

가 사망 안에서 왕 노릇 한 것같이 은혜도 또한 의로 말미암아 왕 노릇 하여 우리 주 예수 그리스도로 말미암아 영생에 이르게 하려 함이라." 여기서 의는 "의롭다 하심을 받은 선물"(참고. 5:16, 17, 18, 19)을 뜻한다.[5] 이 선물은 죄의 지배에서 해방되어 은혜의 지배 아래 놓이는 것을 수반한다. 그리고 그 결국은 영생이다.

이어 6장에서 바울은 이 주제를 확장시킨다. 믿음으로 그리스도와 연합한 사람은 의롭다 함을 받았을 뿐 아니라 죄의 지배에서 해방되어 거룩함의 열매를 맺게 되었다는 것이다. "너희가 죄로부터 해방되고 하나님께 종이 되어 거룩함에 이르는 열매를 맺었으니 그 마지막은 영생이라"(6:22). 여기서 바울은 죄로부터 해방, 은혜의 지배, 거룩의 열매, 영생을 모두 그리스도 안에서 의롭다 함을 받은 결과 흘러나오는 은혜로 보았다. 그리스도 안에서 칭의와 그 열매들, 즉 해방과 성화와 영화가 구원의 한 세트인 것이다.

바울은 8장에서 칭의에서 영화에 이르는 구원의 과정이 성령 안에서 어떻게 진행되는지 밝힌다. 6장과 7장에서 바울이 밝힌 죄와 사망의 법에서부터 해방된 자유가 성령 안에서 실현된다. "이는 그리스도 예수 안에 있는 생명의 성령의 법이 죄와 사망의 법에서 너를 해방하였음이라"(8:2). 의롭다 함을 받은 신자는 성령을 따라 살기 때문에 하나님을 기쁘시게 하며 율법의 요구를 이루는 거룩함의 열매를 맺는다(8:4). 예수를 죽은 자 가운데서 살리신 성령이 이미 우리 안에 거하심은 장차 우리 몸이 부활할 것에 대한 확실한 보장이다(8:11). 따라서 우

---

5 토마스 슈라이너, 『로마서』, 368.

리 안에 내주하는 성령은 영생의 보증이며, 우리가 하나님의 자녀이자 상속자로서 그리스도와 함께 영광을 받을 것을 확증한다(8:14-17). 우리가 받는 고난이나 우리의 연약함은 이 확신을 약화시키지 않는다. 왜냐하면 우리 안에 계신 성령이 고난 속에서도 소망 가운데 인내케 하시기 때문이다(8:18-25). 동시에 성령이 우리의 연약함을 도와 말할 수 없는 탄식으로 우리를 위해 간구하신다(8:26-27). 하나님이 그 아들의 형상을 본받게 하기 위해 미리 정하시고 부르신 이들에게는 모든 것이 합력하여 그 정하신 뜻이 결국 이루어지게 하신다(8:28-29). 그래서 바울은 "미리 정하신 그들을 또한 부르시고 부르신 그들을 또한 의롭다 하시고 의롭다 하신 그들을 또한 영화롭게 하셨느니라"고 확신 있게 선언했다(8:30). 여기서 바울은 예정과 부르심과 칭의만이 아니라 영화까지 이미 일어난 사건처럼 과거 시제로 표현했다. 미래에 일어날 일이 이미 확정된 것처럼 말이다. 이는 이미 의롭다 함을 받은 칭의는 앞으로 영화롭게 될 확실성까지 담보하고 있음을 함의한다.

마지막으로 바울은 하나님의 영원한 사랑에 근거하여 궁극적인 구원의 확신을 한층 고조시켰다(8:31-39). 그리스도 예수 안에 있는 영원 불변한 하나님의 사랑에서 우리를 끊을 수 있는 그 어떤 것도 하늘과 땅과 현재와 미래에 존재하지 않는다(8:38-39). 그 사랑은 과거에 하나님이 자신의 아들을 아끼지 않고 내어 주심으로 확증되었으며, 현재 그와 함께 모든 것을 주시며 우리를 위하시고 하나님 우편에 계신 그리스도가 우리를 위해 간구하심으로 나타난다(8:31-34). 이 모든 축복과 특권은 우리가 궁극적인 구원을 확신할 수 있는 근거다. "그리스도 예수 안에 있는 자에게는 결코 정죄함이 없는" 이유다(8:1). 최후의 심판에서 우리를 고소하고 대적하는 모든 세력 앞에서도 최종적 신원과 구원의 확실성이 흔들릴 수 없는 까닭은 하나님이 우리를 의롭다 하시니 그 누구도 우리를 정죄할 수 없기 때문이다(8:33-34).

바울의 가르침에 따르면, 칭의(그 이전에는 예정)에서 영화까지의 모든 구원의 은혜는 황금 사슬로 엮여 있다. 이 은혜의 황금 사슬은 하나님의 영원불변한 사랑에 닻을 내리고 있고 하나님의 전능한 손에 붙잡혀 있기에 그 무엇도 끊을 수 없다. 하나님은 의롭게 하신 이를 반드시 거룩하게 하시고 영화롭게 하신다. 하나님이 미리 정하시고 부르시며 의롭다 하신 이를 결국 영화롭게 하시는 그의 구원 역사를 누구도 저지할 수 없다. 우리 안에 구원을 시작하신 이가 그 구원을 완성하신다. 죄의 지배로부터의 해방, 양자됨, 성령의 내주, 성화, 소망 가운데 인내(견인), 영화가 모두 칭의의 선물에서 흘러나오는 특권과 은혜다. 이런 측면에서 칭의는 그리스도 안에서 진행되는 구원의 전 과정을 힘차게 떠받치고 있는 은혜의 반석이다.

로마서 5-8장은 그리스도 안에서 이미 내려진 확정적인 칭의에서부터 필연적으로 수반되는 성화와 견인과 영화로 인해 궁극적 구원이 보장된다는 사실을 밝힌다. 그래서 믿음으로 의롭다 함을 얻었다는 서언으로 시작하여(5:1) 그리스도 안에 있는 자에게는 결코 정죄함이 없으니 하나님이 저를 의롭다 하시기 때문이라는 결론으로 끝맺는다(8:1, 33-34). 바울의 가르침에 따르면, 성화를 통해서 칭의가 확정되는 것이 아니라, 성화와 영화는 칭의의 필연적 열매이며 결과다. 로마서 5-8장 어느 부분에서도 바울은 성화를 통해 의롭다 함을 얻는다고 말하지 않는다.

칭의와 최후 심판

어떤 면에서는 바울의 칭의론도 이중적 관점에서 이해할 수 있다. 신자는 이미 믿음으로 말미암아 의롭다 함을 받았으나 궁극적으로 누리게 될 영화로운 상태와 축복을 아직 기다려야 한다. 성령은 이 칭의의 현재적이고 미래적인 측면 사이의 종말론적 긴장을 적절하게 완화하는 기능을 담당한다. 성령은 이미 의롭다 함을 받은 자에게 주어지는 선물인 동시에 아직도 기다려야 하는 영화의 보증이다. 성령은 의롭게 된 사람에게 부여되는 아들됨의 특권과 그리스도와의 연합을 통한 해방과 성화의 은혜를 누리게 하는 동시에 아직 이루어지지 않은 영화, 즉 아들의 영광에 참여하는 것에 대한 소망을 심화시킨다.

성령은 예수 그리스도의 십자가와 부활에 의존하는 믿음 가운데 역사하는 동시에 종말론적 구원의 완성을 바라보는 소망을 통해 역사한다. 이 소망을 가진 자마다 그의 깨끗하심과 같이 자신을 깨끗하게 한다(요일 3:3). 이 믿음과 소망이 의롭다 함을 얻은 신자의 삶을 경건하게 만드는 두 가지 원동력이다. 성령은 믿음이 근거한 기독론적 바탕과 소망이 바라보는 종말론적 축을 긴밀하게 결합하여 사랑의 열매를 산출한다. 결국 의롭다 함을 받은 사람의 삶은 믿음과 소망과 사랑으로 특징지어진다.

따라서 거룩함과 사랑은 칭의의 현재적이고 미래적인 측면 사이에 배양되는 필연적 산물이다. 거룩함은 현재적 칭의를 진전시키는 요인으로 작용하거나 미래적 칭의의 조건이나 근거가 되지 않는다. 예수 그리스도의 십자가와 부활이 획득한 외래적 의로움에 근거한 칭의는 궁극적 구원과 영생을 확실하게 보장할 정도로 풍성한 은혜의 원천이다. 그 의로움의 선물에서 무한히 흘러나오는 은혜의 부요함을 밝히 드러내는 것이 성화와 견인과 영화다. 그것은 칭의의 열매이지 결코 그 근거가 아니다. 신자는 처음부터 마지막까지 동일한 칭의의 바탕, 즉 이미 확정된 칭의의 판결 위에서 신앙생활을 한다. 비록 종말에 가서야 의인됨의 영광스러운 상태와 특권을 누리게 되지만 그때 재확인될 칭의의 선언은 이미 내려진 칭의의 내용과 근본적으로 다르지 않다. 칭의의 유일한 근거 또한 예수 그리스도의 십자가와 부활로 이룬 의로움이라는 점에는 전혀 변화가 없다. 이 점에서 칭의의 이중적 관점과 라이트의 이중적 칭의는 분명한 차이를 드러낸다.[6]

라이트는 전통적 칭의론이 행위에 따른 최후의 심판을 간과한다고 비판한다.[7] 그런 지적에 대응하여 오직 믿음으로 의롭다 함을 받는다는 말씀과 행함을 따라 심판받는다는 말씀이 어떻게 서로 조화되는지

---

6   라이트는 전통적 이신칭의의 교리를 출발점으로 삼을 때 우리가 현재 행하는 모든 행위가 오직 믿음의 원리를 방해하는 것처럼 보이는 문제에 봉착할 것이라고 우려한다(같은 책, 215). 그는 자신이 제안한 해석의 틀에서 "그리스도인의 삶 속에서 행위들의 위치"를 더 올바르게 이해할 수 있는 길을 발견하게 된다고 주장한다. 그러나 칭의론의 바탕에서만 그리스도인의 행함은 그 참된 자리를 되찾으며 적절한 기능과 특성을 회복한다. 그 행위는 칭의의 열매이지 칭의를 향해 조금이라도 기여하는 공로적 기능을 하거나 미래의 은혜를 따내기 위한 수단이 되지 않으니 자랑을 철저히 배제한다. 하나님의 전적인 은혜만을 자랑하며 감사하는 특성을 영구히 잃지 않는다. 따라서 칭의의 바탕 위에 세워진 그리스도인의 삶과 윤리는 겸손과 감사라는 특징을 가진다. 성화는 겸손을 통해 거룩해지는 과정이다. 아이러니하게도 성화의 가장 큰 위협이 거룩함 자체다. 거룩해질수록 더 큰 위험에 빠지기 쉬우니 그것은 자신이 이룬 거룩함을 은근히 의존하는 영적 자만이다. 그런 위험은 라이트처럼 우리의 행함이 은혜의 소산일지라도 그것을 미래의 칭의를 향한 조건으로 상정할 때 더욱 커진다. 그렇게 되면 우리의 행위가 하나님의 전적인 은혜에 대한 순수한 감사의 표현이라는 성격은 퇴색되고 상대적으로 칭의를 향한 공로로서 기여하는 성격이 짙어진다. 거기서부터 우리의 행함은 감사와 확신과 자유와 겸손이라는 참된 경건의 바탕을 잃어버리게 된다.

7   같은 책, 160-165.

에 대한 논의가 불가피해진다. 논란의 여지가 있는 로마서 2:5-16 외에도 로마서 14:10-12, 고린도후서 5:10에서 바울은 분명히 신자도 심판을 받는다고 했다.[8] "우리가 다 반드시 그리스도의 심판대 앞에 나타나게 되어 각각 선악간에 그 몸으로 행한 것을 따라 받으려 함이라"(고후 5:10). 이런 말씀이 오직 믿음으로 받는 현재적 칭의와 행함에 따른 최종적 칭의로 이원화하는 근거가 될 수 있는가? 앞에서 살펴보았듯이, 바울은 칭의를 점진적으로 이루어지거나 종말에 가서야 성화에 근거해서 완성되는 것이 아니라 그리스도 안에서 믿는 자에게 이미 내려진 판결이며 그 무엇도 변개할 수 없는 확정적 선언으로 보았다. 그렇다면 이미 의롭다 함을 받은 사람들이 행함을 따라 심판을 받는다는 말씀은 도대체 무슨 뜻이란 말인가.

간혹 전통적 칭의론은 행함을 따라 심판받는다는 사실을 망각한 채 아무렇게나 살아도 믿기만 하면 구원받는다는 식으로 방종과 나태를 조장하는 교리인 듯 악용되곤 한다. 그러나 이신칭의의 진리를 굳게 믿는다고 주장하면서 거짓을 행하는 자들은 그들이 행한 대로 심판받는다는 말씀을 꼭 기억해야 한다. 성범죄를 저지르고도 진정한 회개 없이 버젓이 목사 노릇 하는 자, 온갖 비리와 편법과 불의를 행하고

---

[8] 이 구절은 통상 바울이 마지막에 의롭다고 판결하시는 기준을 제시한 것뿐이라고 이해한다. 대표적인 예로 더글라스 무, 『NICNT 로마서』(솔로몬), 211-220를 참고하라. 만약 어떤 사람이 율법의 요구를 다 행하면 하나님께 의롭다 함을 받는다고 가정하고 말한 것이라고 본다. 율법의 행함으로는 의롭다 함을 얻을 육체가 없다는 결론에 이르는 문맥에서 이 구절을 이해해야 한다는 것이다. 그에 반해 라이트는 이 말씀을 최종 칭의를 뜻하는 구절로 해석한다. 여러 해석의 가능성 중에서 바울이 이 대목에서 최후 심판의 보편적 원리를 제시했다는 견해도 무시할 수 없다. 성경 다른 부분에서도 행함을 따라 심판하신다는 말씀이 등장한다. 마 16:27; 요 5:28-29; 계 20:13; 22:12를 참고하라.

도 참된 회심 없이 용서받았다는 자작 위로와 확신으로 충만하여 철면피적 뻔뻔함을 만면에 머금고 여전히 유명한 목사로, 신자로 활보하는 자들은 반드시 그들이 행한 대로 심판받을 것이다. 그리스도 안에서 값없이 의롭다 함을 받은 믿음은 우리가 그리스도의 죽으심과 연합하여 끊임없이 죄와 옛 자아에 대해 죽게 하고 거룩함의 열매를 맺게 한다. 자신의 불의와 악행을 회개하고 돌이켜 거룩하게 살지 않은 자는 칭의론을 믿는다고 아무리 떠들어 대도 그의 악함에 따라 심판받을 것이다.

이런 실천적이고 목회적인 측면에서 볼 때 행함을 따라 심판받는다는 말씀은 이신칭의의 교리와 대립되기보다 그 오용의 위험을 막아 주는 보완 장치 역할을 한다. 그렇다면 신학적으로도 둘은 상호 배제가 아닌 상호 보완의 관점에서 이해할 수 있을까? 어떻게 보면 마지막에 행함으로 심판받는다는 말씀은 칭의의 교리를 허물기보다는 오히려 온전히 세우는 기능을 한다. 칭의의 판결은 행위에 따른 최후 심판 때까지 유보되는 것이 아니라 믿는 자에게 이미 내려졌으며 마지막 심판을 통해 최종 확정되고 공개적으로 선언될 것이다. 따라서 칭의에 대한 마지막 확인과 공개적 재천명은 오직 공적 심판의 절차를 통해서만 온전하게 실행될 수 있다. 심판대 앞에서 많은 사람이 믿는다고 고백할 것이다. 주님이 말씀하신 대로 "그 날에 많은 사람이 나더러 이르되 주여 주여 우리가 주의 이름으로 선지자 노릇 하며 주의 이름으로 귀신을 쫓아내며 주의 이름으로 많은 권능을 행하지 아니하였나이까" 하며 자신의 믿음과 행함을 과시할 것이다(마 7:22). 그렇다면 그들이 고백하는 믿음의 진위를 어떻게 가려낼 것인가? 여기서 심판이 불가피하다는 사실이 분명해진다.

심판은 우선적으로 주님이 자주 말씀하신 알곡과 쭉정이, 참 믿음과 거짓 믿음, 위선자와 참 신자를 가려내 영구히 분리시키는 방편이다. 믿는다고 하면서 거짓을 행한 위선자는 불신자와 똑같이 그 행한대로 보응을 받을 것이다. 그들의 행함 없는 믿음이 그들을 의롭다 하기보다 오히려 혹독한 심판을 자초할 것이다. 아무리 대단한 믿음을 표방할지라도 이런 위선자들에게 심판은 칭의가 아니라 정죄를 확증하는 심판이다. 그때에 주님께서 "내가 너희를 도무지 알지 못하니 불법을 행하는 자들아 내게서 떠나가라"고 하실 것이다(마 7:23). 주님은 그들을 "풀무 불에 던져 넣으리니 거기서 울며 이를 갈게 되리라"고 하셨다(마 13:42, 50).

그러나 이 심판의 적극적인 측면은 정죄가 아니라 칭의의 확증이다. 마지막 심판대에서 주님은 위선자는 정죄하시나 참 신자는 사탄의 고소 앞에서 강력하게 변호하실 것이다. 자신의 피로 그가 이미 정결케 되고 의롭게 되었음을 완벽하게 변호하실 것이다. 이것이 바울이 줄기차게 강조하는 바다. "누가 능히 하나님께서 택하신 자들을 고발하리요 의롭다 하신 이는 하나님이시니 누가 정죄하리요 죽으실 뿐 아니라 다시 살아나신 이는 그리스도 예수시니 그는 하나님 우편에 계신 자요 우리를 위하여 간구하시는 자시니라"(롬 8:33-34). 따라서 이 심판의 적극적인 면은 참 신자에게 칭의와 영생을 확증한다는 점이다. 더이상 믿는 자에게 정죄와 영벌에 이르는 심판은 없다. 예수 그리스도가 대신 십자가에서 정죄의 심판을 받으셨기 때문이다. 그래서 주님은 "내가 진실로 진실로 너희에게 이르노니 내 말을 듣고 또 나 보내신 이를 믿는 자는 영생을 얻었고 심판에 이르지 아니하나니 사망에서 생명으로 옮겼느니라"고 하셨다(요 5:24).[9]

신자에게도 그가 "몸으로 행한 것을 따라 받는다"는 말씀이 그대로 적용되는 이유는 신자의 행위에 따라 하나님의 종말론적 인정과 칭찬과 상을 받기도 하고 그것을 잃기도 하기 때문이다. 신자의 선한 행실은 그의 믿음이 참인지 증명해 주며 그가 어떤 위인인지 분명히 드러내 주는 척도다. 선한 나무에서 선한 열매가 맺힌다. 마찬가지로 참 포도나무인 예수 그리스도에게 접붙임을 받아 새 생명을 탄생케 하는 방편이 믿음이라면, 그 믿음은 반드시 새 생명의 열매를 산출할 수밖에 없다. 따라서 신자에게 마지막 심판은 예수 그리스도의 피로 의롭다 함을 받은 칭의의 열매가 신자의 삶에 얼마나 부요하게 나타나는지 밝혀 주는 기능을 한다.

신자가 믿음으로 의롭다 함을 받으면 그 즉시 그리스도와 함께 죄에 대해서 죽고 그리스도와 함께 살리심을 받아 새 생명 가운데 행하게 된다(롬 6:4). 곧 그는 영적으로 이미 부활하여(엡 2:1, 5; 골 3:1) 부활의 생명과 능력을 누리는 것이다(엡 1:19-20). 영적으로 다시 살아나는 것과 마지막 육체의 부활은 하나로 연결되어 있다. 신자 안에 내주하는 부활의 영인 성령이 예수 그리스도를 죽은 자 가운데 다시 살린 것처럼 우리의 죽을 몸도 다시 살릴 것이다(롬 8:11). 신자가 영적으로 살아나 그 안에 내주하시는 성령이 이미 부활의 능력으로 역사하신다는 사실이 마지막 육체의 부활과 영생을 확실히 보장해 준다. 믿음으로 의롭

---

[9] "그를 믿는 자는 심판을 받지 아니하는 것이요 믿지 아니하는 자는 하나님의 독생자의 이름을 믿지 아니하므로 벌써 심판을 받은 것이니라"(요 3:18).

다 함을 받은 사람은 이미 영적으로 소생했으며 마지막에 죽을 육신도 소생할 것이다. 이 영적 소생과 육적 소생은 새 창조 사역의 두 측면이며 불가분리적으로 연합되어 있다. 새 창조의 영인 성령이 내주하는 사람에게 둘 중 하나만 일어나는 것은 불가능하다.

따라서 영적 부활뿐 아니라 육적 부활까지 칭의의 열매인 동시에 칭의의 확증이다. 하나님이 그리스도를 죽은 자 가운데서 다시 살리심으로 그리스도가 의로우심을 입증하셨듯이[10] 마지막에 우리를 다시 살리심으로 우리를 의롭다 함을 확증하신다. 하나님이 우리의 죽을 몸을 다시 살리시는 행위 자체가 우리가 의롭다고 만천하에 공개적으로 선언하는 행위인 셈이다. 신자는 마지막 심판대에서 부활하여 아들의 형상으로 변화된 몸으로 설 것이다. 그렇다면 그는 이미 공개적으로 의롭다 함을 받은 이로 나타나는 것이다. 반대로 악인도 부활하여 영벌을 받을 형태의 몸으로 심판대 앞에 선다는 것은 이미 그들이 정죄받았음을 뜻한다. 모든 인간은 육체의 부활로 인해 그들의 영원한 운명이 영생과 영벌로 극명하게 갈린 상태에서 최후의 심판대 앞에 선다. 그렇기에 부활과 심판을 완전히 일치시킬 수는 없지만 이원화할 수도 없다.

---

10 바울은 그리스도의 부활을 하나님의 아들됨의 선언이라고 했다. "성결의 영으로는 죽은 자들 가운데서 부활하사 능력으로 하나님의 아들로 선포되셨으니 곧 우리 주 예수 그리스도시니라"(롬 1:4). 이 구절을 "그는 육신으로 나타난 바 되시고 영으로 의롭다 하심을 받으시고"(딤전 3:16)라는 말씀과 연결해서 이해할 때, 보스(Vos)의 말처럼 그리스도의 부활은 그가 의롭다는 하나님의 선언이라고 할 수 있다. "예수 그리스도의 부활은 그가 의롭다는 하나님의 실제적 선언이다. 그의 소생 자체가 그의 칭의를 증거한다"(Christ's resurrection was the *de facto* declaration of God in regard to his being just. His quickening bears in itself the testimony of his justification). Geerhardus Vos, *Pauline Eschatology* (Grand Rapids: Eerdmans, 1994), 151. 『바울의 종말론』(좋은씨앗).

최후의 심판에서 신자에게는 이미 부활로 인해 가시화된 칭의에 대한 공적 확증과 선포가 있을 것이며, 그가 범한 죄악에 대한 사죄와 함께 그가 행한 선에 대한 인정과 상이 결정될 것이다. 악행에 대한 사죄의 근거도 그리스도의 피로 의롭다 함을 얻은 데 있으며 선행에 대한 인정과 상급의 근거도 칭의다. 우리의 선행과 의로움이 하나님의 완전한 의의 기준에 비추어 볼 때 미미하기 짝이 없고 흠투성이임에도 불구하고 하나님이 그것을 의롭게 여기시고 그에 대한 상급까지 약속하셨다. 칭의는 하나님이 신자의 전인, 즉 그의 존재뿐 아니라 그의 행함도 의롭다고 하신다는 의미인 것이다.[11] 신자의 의로운 행실은 오직 칭의의 바탕 위에서만 하나님을 기쁘시게 하기에 그 자체가 조금이라도 칭의에 기여하는 공로가 될 수는 없다.

따라서 신자의 의로운 행실이 아니라 그리스도의 피로 이루신 칭의의 선언이 최후의 심판에서 결정적으로 작용한다. 자신의 의로움에 의존해서 의롭다 함을 얻고 그 결과 부활과 영생에 이를 수 있는 육체는 없다. 오직 그리스도의 십자가와 부활로 이룬 의로움으로 말미암아 영 단번에 내려진 하나님의 판결이 부활과 영생이라는 열매를 산출한다. 칭의가 현재 맺는 열매는 신자의 영이 살아나 부활의 생명을 누리는 새로운 삶이며, 그 마지막에 나타나는 열매는 육체의 부활이다. 곧 성화의 완성, 영화다. 그리스도의 피로 의롭다 함을 받은 신자는 반드시 마지막 심판대 앞에 부활하여 그리스도와 같은 영광스러운 모습으로 설 것이다. 전 생애에 걸쳐 성령을 따라 신실한 삶을 살았을지라도 불

---

11 이 점에서 칼뱅은 '행위를 통한 칭의'는 배격하면서도 '행위의 칭의'는 인정하였다.

완전한 성화의 상태로는 그 심판을 통과할 수 없다.

두렵고 떨림으로 이루어 가야 할 구원

신자의 의로운 삶과 행실은 마지막 심판과 최종 칭의의 근거가 아니라 현재적 칭의와 미래적 확증인 영화 사이에 필연적으로 나타나는 열매다. 그것은 현재적 칭의의 결과인 동시에 증거이며 궁극적 구원, 즉 영화의 첫 열매이며 보증이다. 믿음으로 의롭다 함을 받는 즉시 그리스도와 함께 일으킴을 받고 하늘에 앉힌 바 된다. 부활과 영화가 이미 시작된 것이다. 신자는 이미 영적으로 부활하고 하늘에 속한 존재가 되었지만 아직도 육체적 부활과 영광스러운 형상으로의 변형을 기다리고 있다. 종말론적 두 측면인 이미와 아직은 불가분리적으로 연합되어 있다. 이미 부활의 영과 능력에 사로잡힌 사람은 그 영으로 말미암아 결국 죽을 몸도 부활할 것이다. 따라서 마지막 심판대에서 부활하여 영광스러운 모습으로 서게 될 사람은 이미 그 안에 부활의 생명이 약동하며 하늘에 속한 삶을 사는 사람이자, 생명의 성령의 법으로 말미암아 죄와 사망의 법에서 해방되어 거룩함의 열매를 맺는 사람이다.

물론 이런 거룩함의 열매는 자동적으로 맺히지 않는다. 성령과 육신의 소욕이 치열하게 대립되는 상황에서 신자는 힘겨운 선택을 해야 한다. "성령을 따라 행해야 하며"(갈 5:16) "영으로써 몸의 행실을 죽[여야]"(롬 8:13) 한다. 그래서 바울서신에는 이런 권면이 가득하다. "죄가 너희 죽을 몸을 지배하지 못하게 하며"(롬 6:12) "너희 자신을 죽은 자 가운데서 다시 살아난 자같이 하나님께 드리며 너희 지체를 의의 무기로 하나님께 드리라"(롬 6:13). "너희 몸을 하나님이 기뻐하시는 거룩한 산 제물로 드리라"(롬 12:1). 성령으로 몸의 행실을 죽이고 몸을 성령의 종이 되게 하느냐 아니면 몸의 정욕과 충동에 굴복하여 몸을 죄의 도구로 방치하느냐에 성화의 승패가 달려 있다.

바울은 "두렵고 떨림으로 구원을 이루라"고 했다(빌 2:12). 여기서 바울은 믿음으로 말미암아 받는 구원의 선물적 특성(엡 2:8)이 아니라 아직도 완성되어야 할 구원의 측면을 말했다. 곧 궁극적 구원의 단계, 즉 영화에 이르기를 힘쓰라는 말이다. 그러므로 바울이 말하는 이루어 가야 할 구원은 미완성인 성화다. 이 성화는 인간의 자력으로 이루어 갈 수 없고, 오직 성화의 유일한 원천이며 원동력인 성령이 우리 안에서 강력하게 역사하실 때 가능하다. 그래서 바울은 "너희 안에 행하시는 이는 하나님"이시라고 했다(빌 2:13).

우리 안에 행하시는 성령 하나님은 우리의 자유의지를 무시하고 강압적으로 역사하시지 않고 우리의 뜻과 자유로운 선택을 통해 일하신다. 바울은 "너희에게 소원을 두고 행하게 하신다"고 했다(빌 2:13). 곧 하나님의 기쁘신 뜻을 우리도 원하고 행하게 하신다(to will and to do)는 것이다. 우리의 문제는 하나님의 뜻을 원하지도 않고 행하지도 않는다는 데 있다. 우리에게는 선택할 수 있는 자유도 실천할 수 있는 능력도 없다는 것이다. 우리 안에 내주하시는 성령은 이 두 문제를 해결해 주신다. 성령은 우리 마음 판에 하나님의 법을 새기는 새 언약의 영이며(렘 31:31-33), 우리 마음의 굳은 살, 즉 불순종의 완고함을 제거하여 하나님의 법에 순종하는 부드럽고 연한 마음 살이 돋아나게 하는 새 창조의 영이다(겔 36:26-28). 성령은 우리를 향한 하나님의 기쁘신 뜻을 깨닫게 하시고 그 뜻을 행하려는 자원하는 마음을 주신다. 하나님이 원하시는 것을 우리도 간절히 원하는 심령의 자유가 주어지는 것이다. 동시에 성령은 선한 의지와 소원이 있어도 그것을 실천에 옮기지 못하는 연약한 우리를 도우신다. 우리의 선한 의지와 결심을 번번이 좌절시키는 우리 안에 있는 죄의 법(롬 7:23)과 우리 밖의 거대한 세상의 압력 그리고 죄의 세력까지 제어하는 생명의 성령의 법이[12] 우리가 소원을 실행할 수 있도록 자유의 능력을 부여한다. 이같이 우리 안에서 자신의 기쁘신 뜻을 위해 일하시는 성령 하나님의 역사하심이 헛되지 않도록 두렵고 떨림으로 우리 구원을 이루어 가야 한다는 것이다.

그러므로 이미와 아직 사이에 진행되는 성화의 과정에는 두렵고 떨림이 존재한다. 의롭다 함을 받은 신자의 삶에 두려움과 확신은 공존하며 서로의 특성을 온전케 한다. 이 두려움은 확신의 결여가 아니라 오히려 확신 때문에 온다. 하나님께 의롭다 함을 받고 지극히 사랑받는다는 사실을 확신하는 사람은 그 은혜와 사랑에 제대로 반응하지 못할까 봐 두려워한다. 진정한 사랑에는 두려움의 요소가 있다. 우리를 사랑하시는 분을 슬프게 하지 않을까 하는 두려움인 것이다. 이는 율법 아래 있는 종의 두려움이 아니라 하나님에게서 지극히 사랑받는 자녀들 안에 있는 복음적 두려움이다. 그들은 끊임없이 죄로 치우치게 하는 죄성이 그들 안에 도사리고 있기에 하나님의 사랑을 거슬러 행할 수 있다는 사실을 두려워하며, 성령으로 몸의 행실을 죽이는 경건 생활에 부단히 힘쓴다. 이런 두려움과 구원의 확신이 신앙생활에 잘

---

[12] "이는 그리스도 예수 안에 있는 생명의 성령의 법이 죄와 사망의 법에서 너를 해방하였음이라"(롬 8:2).

배합되어 있을 때 경건의 추진력으로 작용한다.

우리의 확신에 이런 두려움이 깃들어 있어야 참된 구원의 확신이라고 할 수 있으며, 우리를 죄와 방종에 빠지지 않도록 보존하여 궁극적 구원에 이르게 한다. 이런 두려움이 없는 구원의 확신은 사람들을 나태와 방종에 빠지게 한다. 자신 안에 구원의 목표를 향해 성화가 점진적으로 진행되는 증거와 열매가 전혀 나타나지 않아도 자신은 믿음으로 구원받았다는 확신으로 충만하다면 그것은 무서운 자기기만이다. 사탄은 진정으로 구원받은 이들의 확신은 자꾸 흔들어 대는 반면 거짓 구원의 확신을 가진 이들의 자기기만은 더욱 강화시킨다. 그래서 자기가 구원받았다는 것을 전혀 의심하지 않게 만들어 영원한 파멸에 이르게 한다.

한국교회에 만연한 값싼 은혜의 메시지는 교인들을 진리의 영이 아니라 미혹의 영이 주는 거짓 확신에 빠지게 한다. 자신이 이미 의롭다 함을 받았고 궁극적 구원에 이를 것이라는 확신은 그 구원의 목표가 자신 안에서 점진적으로 이루어지고 있는 증거와 열매를 통해서 점검되어야 한다. 이미 믿음으로 의롭다 함을 받은 사람은 성화의 열매를 통해 그 믿음의 진정성이 입증되어야 한다. 거룩함의 열매를 맺지 못하는 믿음은 그 참됨이 증명되지 않은 믿음이다.

따라서 신자의 거룩한 삶과 행실은 최종 칭의의 근거나 공로가 아니라 이미 내려진 칭의의 믿음이 참되다는 증거다. 우리의 행위는 우리를 의롭게 하는 것이 아니라 우리의 믿음이 참이라는 사실을 입증하는 역할을 한다(Our works does not justify us but justify our faith). 오직 믿음으로 의롭다 함을 받는다는 것은 우리의 의로움이 아니라 오직 우리 밖의 의로움, 즉 예수 그리스도의 의로움만을 붙잡는다는 것을 뜻한다. 우리 밖의 의로움만 의존하는 믿음은 반드시 우리 안에 의로움을 산출한다. 우리 밖에서 이루어진 예수 그리스도의 의로움을 붙잡을 때 부활하신 그리스도가 성령을 통하여 우리 안에 거하시고 행하시기 때문이다. 칭의가 참되다면 지체 없이 성화가 따라온다. 칭의는 성화에 근거하지 않지만 성화 없이 칭의만 존재하지는 않는다. 그리스도 안에서 칭의와 성화는 긴밀하게 연합되어 있으며 항상 함께 나타난다. 따라서 성화 없이 칭의로만 구원받지 못한다. 거룩함 없이는 주를 보지 못할 거라고 했다. 성화는 칭의의 공로적 조건이나 근거가 아니지만 칭의의 필연적 열매. 성화가 칭의를 확립하지는 못하지만 칭의가 참되다는 것을 입증한다.

칭의와 하나님 나라

빌립보서 2장에서 바울이 말하는 구원은 공동체적 성화라고 볼 수 있다. 하나님의 기쁘신 뜻은 우리를 아들의 형상과 영광에 참여하게 하시는 것이다. 그리스도의 장성한 분량이 충만한 데까지 자라는 것은 나 혼자가 아니라 공동체가 더불어 지향해야 할 목표다. 그리스도의 성품을 닮은 성령의 열매를 비롯하여 모든 그리스도인의 덕목은 공동체의 토양에서만 자란다.

라이트가 우리에게 안겨 준 중대한 도전은 칭의를 개인 구원에 국한시키지 말고 교회론적 맥락에서 이해해야 한다는 점이다. 칭의는 하나님의 새 언약 백성인 교회의 정체성을 규정하는 핵심 개념이다. 교회는 그리스도의 피로 의롭다 함을 받은 이들이 그 의의 열매를 누리는 공동체다. 하나님의 새 언약 백성이 되어 성령 안에서 임재하시는 하나님과 화평을 누리며 삼위 하나님을 섬기는 새로운 성전이며 하나님 나라의 공동체다. 성령 안에서 의와 평강과 희락을 누리는 하나님 나라가 교회에 실현된 것이 바로 칭의의 열매다(롬 14:17). 이 하나님 나라 공동체에 들어가는 조건은 믿음으로 값없이 얻는 의로움이다. 그래서 교회가 전파하는 복음의 핵심은 칭의며 이 복음을 듣고 믿는 자에게 사죄와 의롭다는 하나님의 선언을 대언한다. 교회의 입문 의식인 세례도 칭의에 근거한다. 세례 시에 수세자에게 칭의가 공적으로 선언된다. 우리는 그리스도와 연합하는 것과 똑같이 우리 밖에서 이루어진 의로움에 근거하여 그리스도의 몸인 교회와 연합하게 된다. 하나님 나라의 백성으로서 교회의 일원이 되는 자격이 전적으로 우리 밖에서 주어지기에 우리 안에 자랑할 것이 없다. 그래서 교회는 육신을 자랑하거나 신뢰할 것이 없고 십자가를 자랑하며 성령으로 봉사하는 이들의 공동체다.

    칭의는 교회의 정체성뿐 아니라 교회 봉사의 원리를 규정한다. 칭의의 바탕 위에 세워진 사역의 원리는 "모든 겸손과 온유로 하고 오래 참음으로 사랑 가운데서 서로 용납하"는 것이다(엡 4:2). 공로와 보상 원리를 따라 작동되는 세상의 시스템과는 달리 교회는 은혜의 원리를 따라 인정받는 하나님 나라의 가치관이 주관하는 공동체다. 또한 칭의가 교회 생활과 예배의 특성을 결정한다. 교회의 예배와 성찬은 성령 안에 이미 임한 하나님 나라를 맛보며 장차 도래한 그 나라를 대망하는 행위다. 교회의 선포는 그리스도의 의로움으로 성취된 하나님 나라의 복음이다. 교회에서 칭의의 복음이 성령의 능력을 전파하여 성령 안에서 의와 화평과 희락을 누리는 하나님 나라가 실현되어야 칭의론은 방종의 라이선스가 아니라 거룩함의 통로로 작용할 수 있다.

나아가 칭의 교리는 하나님과 사람 사이에 막힌 담뿐 아니라 사람과 사람 사이에 쌓인 높은 장벽을 제거하며 인종과 성별과 신분의 차이에서 오는 분열을 치유한다. 동시에 그리스도 안에서 한 믿음과 소망을 가지고 한 성령 안에 연합하게 한다. 오직 그리스도를 믿음으로 의롭다 함을 얻는 데는 율법을 자랑하는 유대인이나 율법이 없는 이방인 사이에 차별이 없으며 같은 믿음으로 한 백성이 된다.

따라서 칭의는 개인 구원뿐 아니라 교회와 하나님 나라를 이해하는 핵심 사상이다. 하나님은 예수 그리스도로 말미암은 의의 열매가 개인과 교회에만 국한되지 않고 온 세상에 확산되기를 원하신다. 성령 안에서 현실화된 하나님 나라의 첫 열매인 하나님의 임재와 사랑과 평강과 희락이 교회에서 세상으로 파급된다. 성전에서 생명수가 흘러나오고 샬롬이 강같이 흐르는 구약의 소망이 새로운 성전인 교회를 통해 실현된다. 사망이 왕 노릇 하고 마른 뼈가 가득한 골짜기 같은 이 세상에 교회에 충일한 그리스도의 부활의 생명력과 생기가 확산되어 거대한 하나님의 군대를 일으키는 역사가 일어난다(겔 37장). 하나님이 새로운 성전인 교회(엡 2:21-22)를 부활하신 그리스도와 성령으로 충만케 하여(엡 5:18) 거기서부터 흘러 나가는 생명수로 온 누리를 적시고 썩어짐에 종노릇하는 피조물을(롬 8:21) 새롭게 하며 만물을 회복하고 충만케 하신다. 바울은 이 종말론적 비전을 내다보며 교회를 정의하기를 "교회는 그의 몸이니 만물 안에서 만물을 충만하게 하시는 이의 충만함"이라고 했다(엡 1:23). 만물을 충만케 하신다는 말씀은 교회로부터 전파되는 하나님 나라의 복음과 하나님을 아는 지식과 그 임재와 권능이 세상에 충만하여 세상을 주관한다는 것을 뜻한다.

결국 그리스도의 십자가와 부활을 통해 이루신 의로움으로부터 흘러나오는 은혜의 풍성함이 인간의 죄로 말미암아 와해된 온 피조 세계를 치유하고 회복시켜서 하나님의 의로운 질서와 통치가 온 세계에 온전히 실현되는 종말론적 하나님 나라가 도래하게 한다. 그러므로 바울이 전한 칭의의 복음은 개인의 구원에만 국한되지 않고 하나님이 그리스도 안에서 온 세상을 당신과 화목케 하시고 죄로 파괴되고 오염된 온 우주를 갱신하여 의로 다스리는 하나님 나라를 포괄한다.

맺음말

라이트의 도발적인 책을 읽고 정신이 번쩍 들었다. 그의 주장이 5백 년 기독교 전통의 근간을 뒤흔들 정도로 위협적이어서만은 아니었다. 그동안 안일하게 머물며 보호받고 있던 전통적 교리의 둥지가 해체되는 듯한 위기의식을 느꼈기 때문만도 아니다. 별다른 자극과 도전이 없는 상태에서 전통 교리의 체계에 안주하여 아무런 발전 없이 멈추어 버린 사유의 세계를 발견하고 정신이 번쩍 든 것이다.

라이트의 칭의론은 그동안 너무도 당연시하며 가르쳐 온 전통적 칭의론이 탄탄한 성경적 기반 위에 세워져 있다고 과연 설득력 있게 입증할 수 있는지 고민하게 해 주었다. 마치 쪽 복음을 전하듯 성경에서 몇몇 증거 구절을 찾아 교리의 틀에 꿰맞추듯 칭의론에 접근하는 것이 아닌 새로운 방식으로 칭의의 복음을 설파할 필요성에 눈뜨게 해 주었다. 신구약 성경 전체의 맥락에서 언약과 하나님 나라를 포괄하는 관점으로 칭의의 부요한 의미를 드러내야 한다는 도전을 받은 것이다. 칭의가 단순히 개인 영혼 구원에 국한하는 개념이 아니라 새로운 이스라엘인 교회를 통해 온 피조 세계를 새롭게 함으로 만물 안에 하나님의 의롭고 자비로운 통치가 실현되는 종말론적 지평으로 확장된다는 비전을 일깨워 주었다. 이러한 도전을 맞아 앞으로 이런 작업을 계속 해야겠다는 다짐을 했다. 이 점에서 라이트 박사에게 깊이 감사한다.

비록 바울의 칭의론을 해석하는 관점과 틀은 끝없는 평행선을 달리며 결코 조화를 이룰 수 없겠지만, 그럼에도 하나님의 진리에 충실하여 하나님의 위대한 구원 계획과 사역을 최대한 드러내는 신학 연구를 지향하는 데는 서로 이견이 없을 것이다. 비록 이 땅에서 관점의 일치가 이루어지지 않을지라도 서로 다른 견해는 오히려 하나님의 진리를 영화롭게 하는 공동의 목표를 향해 달려가는 데 자극과 도전과 채찍이 될 것이다. 우리의 신학과 해석은 아무리 탁월할지라도 완성으로 가는 도상에 서 있기에 누구도 완전에 이르렀다는 오만에 빠질 수 없다. 그것은 비판하는 사람이나 비판받는 사람이나 매한가지다. 라이트의 비판을 통해 전통적 입장의 발전이 촉진되었다면 그에 대한 반격들이 라이트가 새로운 도약을 이루는 계기가 되길 바란다. 비록 신학 논쟁 자체는 치열하고 엄중할지라도 이런 공방을 통해 하나님 나라는 더욱 진보할 것이다.

톰 라이트 칭의론 다시 읽기

초판 발행_ 2016년 5월 11일
초판 2쇄_ 2016년 7월 30일

지은이_ 박영돈
펴낸이_ 신현기

펴낸곳_ 한국기독학생회출판부
등록번호_ 제313-2001-198호(1978.6.1)
주소_ 04031 서울시 마포구 동교로 156-10
대표 전화_ (02)337-2257 팩스_ (02)337-2258
영업 전화_ (02)338-2282 팩스_ 080-915-1515
홈페이지_ http://www.ivp.co.kr 이메일_ ivp@ivp.co.kr
ISBN 978-89-328-1449-0

ⓒ 박영돈 2016

책값은 뒤표지에 있습니다.
무단 전재와 복제를 금합니다.